律令国家の祭祀と災異

小林宣彦著

吉川弘文館

序言　本書の刊行趣旨と構成

一　本書の刊行趣旨

古代祭祀とは何か。

この単純に見える命題に取り組むのが本書の目的である。

何故祭祀は行われるのか。私見を述べれば、祭祀の目的は祈願である。神に対して、祈願をすることが祭祀の本質である。であるから、「神祇令」における一三種一九度の恒例「祭祀」とは別に、大祓は恒例「神事」として規定された。大祓は神事であるが、祈願でないため、恒例祭祀には含まれなかったと考えられる。律令国家祭祀とは、七世紀末〜八世紀にかけて成立した律令国家による神への祈願であり、その祭祀を適切に運用するため、さまざまに制度化されたのである。

それでは、律令国家の祈願とは何か。それは、国家の平安である。とくに、稲作という当時の基幹産業に祈願が集中した。農耕とは自然を相手にする産業である。旱魃・霖雨・大風などの自然災害は、農耕に深刻な被害をもたらす。それによって稲の収穫量が減ってしまえば、国家の収入も減ってしまうことになるから、事態は深刻であった。また、疫病も深刻な災害であった。当時の低い医療知識・技術では、疫病は死をもたらす災厄であったろう。国家にとって、農耕の不作や疫病の蔓延は、社会の混乱につながる事態であり、忌避すべきものであった。そのため、その原因ともなる災害に対処することは、必須事項だったのである。

当時の科学的知識では、災害のメカニズムを解明することは不可能であったが、古代人は、災害を神の祟り・怒りと捉え、対処を試みた。それは、災害が神の祟りであるならば、神の祟りを鎮めれば災害も鎮まるという対処法であった。この祭祀構造が体系化され、律令国家祭祀の成立へとつながっていった。律令国家祭祀は、霊験の示現と祟りの鎮圧が基本であり、いかにすればより効験があるのかという発想で制度化していった。律令国家にとって、祭祀とは国家の平安を目的とした行政の一環であった。

本書では、以上の構想を基に、古代の祭祀構造を明確にし、律令国家祭祀の成立・制度化の過程を明らかにするものである。

二　本書の構成

それでは、本書の具体的な構成について、以下説明したい。

本書は三部構成になっている。

第一部は、災異と古代神祇祭祀の関係性とその構造について考察を行う。古代神祇祭祀とは、災異を強く意識したものであった。古代においては、「災異は神の祟りによって生じる」と捉えられた。災異が神の祟りによって生じるということは、「神の祟りを鎮めれば災異も鎮静化する」ということにつながる。この、「神の祟りを鎮静化する」「神の祟りが起きない状態にする」ための手段が古代祭祀であった。そして、古代国家にとって、災異の鎮静化は、国土の保全のために欠かせないものであったから、祭祀を制度化したのである。

古代祭祀を検討する際には、その祭祀構造を解明することが重要である。それは、「誰が（祈願者）」「どこで（祭祀場）」「何に（祭祀対象）」「何のために（祭祀の目的）」「どのようにして（祭祀の方法・儀礼）」祭祀を行ったのかということを解き明かしていくことである。同一の神社で行われる祭祀だからといって、同様の性格とは限らないということである。第一部では、「災異＝神の祟り」であり、祭祀はそれを鎮静化するものという関係性について検討する。また、災異に対しては、神祇祭祀だけでなく、仏教や天命思想に基づいた儀礼も行われており、災異への対処を考察する上では欠かせない課題である。そこで、神祇祭祀との関係を軸に、災異の思想的背景について、多角的に検証する。

第二部では、災異と古代国家祭祀の構造について考察を行う。主に律令制成立期を中心に、律令国家祭祀という祭祀制度の成立について検討する。律令国家祭祀とは、律令国家が祈願者となる祭祀である。「律令国家が」「何のために」「どのようにして」祭祀を行ったのかということを、「神郡」を取り上げて解き明かしていく。律令国家祭祀は、主に災異を防ぐことを念頭に置いたものであり、律令国家にとっては国土保全のための行政的事項であったことを論証していく。

また、第二部では、神位（神階）についても検証する。神位とは、神に奉じる位階であるが、これは幣帛と同様の性格を持っていた。祭祀において、幣帛の奉献は、最も重要な儀礼の一つである。神位は、奉献品の一種として始められ、平安時代に入り、序列的要素が加わり、制度化していったものである。神位を考察することによって、祭祀における奉献品の重要性を検証していく。

第三部は、祭祀の場である神社とその周縁について考察を行う。同一の神社で祭祀が行われても、祈願者が異なれば、祭祀の性格は変わる。それは、国家と国司の関係においても同様である。国家的規模の祭祀と一国単位の祭祀とでは、国家行政と国司行政という違いがある。そして、それぞれの祭祀対象（神社）は必ずしもリンクするわけではなく、各国では独自の祭祀が行われていた。第三部では、神社という祭祀場で行われる祭祀の構造を検証し、律令制下の神社の性格について検討していく。

また、第三部では、神社管理についても考察を行う。神社とは誰のための施設であるのか。律令国家祭祀が行われるから国家の施設であるのか。この、神社がどこの所属であるのかという問題は、律令国家祭祀の構造を解き明かすためには欠かせない課題である。そこで、神社の清浄を軸に、神社管理の課題について検証していく。「神祇令」においては、祭祀の際に清浄が求められ、祭祀に携わる者は斎戒が必要とされた。しかし、多くの場合、斎戒を求められる者は、祭祀の前（長くても一ヵ月前から）であり、恒常的な清浄が求められたわけではない。一方、神社は恒常的な清浄が求められた。これは、神社は神が鎮座する場であるという要素も大きいだろうが、果たして、「祭祀場は常に清浄でなければならない」という価値観は、不変のものなのだろうか。不変でない場合、何故、神社は恒常的清浄が求められるようになったのだろうか。神社管理の問題を検討することで、律令国家祭祀の構造的展開について解明していく。

さらに、第三部では、祭祀者についても考察を行う。神社祭祀における祭祀者は、祈願者が違えば、祭祀者も異なる場合がある。律令国家の祭祀者は、神社管理者となっていくが、祭祀場と神社建物の所属は同一でない場合があった。このように、古代の神社を取り巻く環境は、実はかなり複雑である。祭祀者の考察を行うことで神社の多重構造的性格を検証し、律令国家祭祀の構造を解明していく。

本書は、これまで発表してきた諸論を中心に構成されている。次に各章とその初出をあげるが、本書を構成するにあたり、大幅に加筆修正したものが少なくない。どのように論が進展したのか比較していただければ幸いである。

序章　律令国家祭祀の構造

初出：「古代の官社と名神に関する一試考」（『國學院大學大學院紀要―文学研究科―』第三二輯、二〇〇一年三月）

：「古代における「公務」と「神事」の区別―延暦十七年三月二十九日官符を中心に―」（『神道研究集録』第一六輯、二〇〇二年三月）

第一部　古代祭祀と災異

第一章　律令期神祇制の再検討

初出：「律令期神祇制の再検討―霊験と祟りをめぐる神事のシステム化を中心に―」（『國學院雑誌』第一一二巻第二号、二〇一一年二月）

第二章　古代の「罪」と「祟り」

初出：「「樹伐の罪」と「稲荷神の祟」について」（『朱』第六一号、二〇一八年三月）

第三章　古代における災異への対処とその思想的背景

初出：「律令期における災異への対処とその思想的背景に関する基礎的考察―神・仏・天のうち神祇の対処を中心に―」（『神道宗教』第一九九・二〇〇号、二〇〇五年十月）

第四章　律令国家における神仏関係

初出：「八・九世紀における神仏関係について―朝廷からの視点を中心に―」（『國學院雑誌』第一〇四巻第一一号、二〇〇三年十一月）

：「8・9世紀の朝廷の宗教意識について」（『國學院大學21世紀ＣＯＥプログラム神道と日本文化の国学的研究発信の拠点形成研究報告』二〇〇三年十二月）

第二部　律令国家と祭祀

第一章　古代の神事構造と神郡の成立

初出：「日本古代の神事と神郡に関する基礎的考察」（『國學院雑誌』第一一三巻第一一号、二〇一二年十一月）

第二章　律令制の成立と祭祀

初出：「律令制の成立と祭祀―出雲神郡の成立を中心に―」（『國學院雑誌』第一一六巻第九号、二〇一五年九月）

第三章　令制下の国造

初出：「律令制下における国造の性格と位置付けについて」（『國學院雑誌』第一〇三巻第四号、二〇〇二年四月）

第四章　奈良時代の神位の性格

初出：「神階奉授に関する一考察」（岡田莊司編『古代諸国神社神階制の研究』岩田書院、二〇〇二年八月）

第三部　国家祭祀と神社

第一章　律令祭祀の成立と神社

初出：「律令祭祀の成立と神社」（『神道宗教』第二四三号、二〇一六年七月）

第二章　古代の神社とその周縁

初出：「古代の神社社殿管理の問題について」（『神道宗教』第一八一号、二〇〇一年一月）

：「祝部小考」（『学習院史学』第四〇号、二〇〇二年三月）

：「古代の神社修理に関する覚書」（『神道研究集録』第一七輯、二〇〇三年三月）

第三章　国家祭祀と神税

初出：「令制下の神税とその管理の問題について」（『國學院大學大學院紀要―文学研究科―』第三四輯、二〇〇三年三月）

第四章　国家祭祀と神主

初出：「八・九世紀における神社と神主の性格について」（『神道宗教』第一九五号、二〇〇四年七月）

目次

図表目次

序章　律令国家祭祀の構造
——官社・名神・神祇官を中心に——

はじめに

古代日本の七世紀末から八世紀にかけて律令制が成立し、祭祀が制度化された。国家的神事を規定した神祇令がつくられ、国家祭祀を掌る役所として神祇官が設けられた。国家祭祀を行うために、国家から幣帛が奉じられる社が全国から選定された。その中には国家から神戸や神田が充てられ、「祝（部）」と称される神職が置かれた神社もあった。これにより、国家祭祀が行われる神社が定められ、そこには国家祭祀を行うための祭祀者が置かれ、その中でも、ある特定の神社には、国家から経済基盤が設定されたのである。

それでは、果たして、律令制が成立する過程で、祭祀を制度化する意味はどのようなものだったのだろうか。この単純なようで複雑な問題に対し、祭祀の構造を基に考えてみたい。

一　官社に関する問題

八・九世紀の祭祀や神社に関する考察は、その史料上の問題から、「国家祭祀」や「天皇祭祀」が議論の中心になっている。古代の祭祀や神社の研究は、古代の公文書の検討が中心になるため、自然、国家の視点を通したものになる。

国家は、諸国の神社のうち、霊験のある神社を選び、祈年祭幣帛を奉る神社とし、その名を「神祇官記」「神祇官帳」に記載して「官社」と称した。これが『延喜式』巻第九・十の「神名」に引き継がれた。

祈年祭班幣を、律令国家の構造に組み込んで論じた研究としては、早川庄八氏の論が挙げられる(1)。早川氏は、「日本の律令国家は、嘗てのヤマトを中心とする地域的政治権力が全国に拡大されたという形態をとってあらわれたが、その内部には、旧来のヤマト政権のありかたと、そこにおける王権のありかたとが、ほとんど原理的に変更されないままに包摂されていた」とし、「律令国家の王権＝天皇権力の主要な基盤も、その地域的権力にあった」と指摘した。そして、律令国家は全国統治のための国家であり、旧来の地域的権力と王権とを国家に取り込みつつ、その地域的権力による全国統治の正当性を新たに主張する必要があったとし、その一例が祈年祭であったと指摘したのである。早川氏によれば、祈年祭は「中国の儀礼に範をとり、同時に日本の民間で行なわれていた農耕予祝行事を基礎として、旧来の王権の執行する祭祀とは別個に、国家の祭祀として律令国家によって新たに設定せられたもの」であり、祈年祭には次の二つの機能が付与されていると指摘した。

①「班幣」という行為を通じて行なわれる諸国神社・諸国祭祀の統制と、その中央集権化。

②「班幣」という行為を通じて全国に広められる、地域的権力による日本国統治の正当化の宣布。

さらに早川氏は、月次・新嘗の二祭がヤマトの地域的王権に起源をもつ宮廷祭祀であったのに対し、祈年祭は「律令国家の形成とともに国家の祭祀として設けられた新しい祭祀であった」と指摘し、その理由として次の五点を挙げた。

⑴祈年祭は、中央では神祇官に百官人を召集して挙行され、同時に諸国の国庁においても国司主宰のもとに執行されたという意味で、まさに国家祭祀であった。しかし、この祭祀の本義は「班幣」であり、天皇の参加をともなわなかった点に着目すれば、祈年祭が、旧来の地域的王権による宮廷祭祀とは別に、新たに国家祭祀として設けられたものであると推測できる。

⑵祈年祭の班幣の対象はすべての官社であったが、全国の大小の官社すべてに対して幣帛を頒つのは、通常の年では祈年祭だけである。

⑶祈年祭という名称は中国に由来する可能性が大きい。

⑷祈年祭の班幣にさいして宣べられる祝詞は、月次祭の祝詞全文の前に御年神への称辞を置いたものである。この御年神への称辞は、日本全土の一年の豊作を祈ったものであるが、祝詞の最後の段にある水分に坐す神への称辞も、ヤマト盆地に流入する河川の水源に位置する神々に対して年穀の豊穣を祈ったものである。このように、一つの祝詞の中で、同一性質のものを二種の異なる神に対して祈るという不自然は、祈年祭を国家の祭祀として新たに設けるにさいして、普遍的・一般的な豊穣の神としての御年神への称辞を加えたため生じた重複であると考えられる。

⑸御年神は民間の農民一般の信仰の対象であったとしても、ヤマト王権が独自に奉斎する神ではなかった可能性が

大きい。

以上の理由から、早川氏は、祈年祭の成立は、七世紀後半に、律令国家の形成にともなって国家の祭祀として新たに設けられたと推測したのである。(2)

また早川氏は、班幣祭祀の構造について、次の二点を根拠にして、「祈年祭」と「月次祭・新嘗祭」という区分をした。

①祈年祭には天皇の行う予備行事がないのに対して、月次祭・新嘗祭にはその予備行事があり、さらに祭の当夜には神今食・新嘗の神事がある

②祈年祭は全国の官社を班幣の対象としているのに対して、月次祭・新嘗祭は畿内周辺・畿外の特定大社をその対象としている

これに対し、加藤優(3)・渡辺晋司(4)・古川淳一(5)の諸氏は、大宝令以前は、祈年祭は月次祭・新嘗祭と同じく畿内を対象として班幣がなされ、大宝令施行以後に祈年祭が全国規模で班幣されるようになったと論じた。

さらに、加藤氏は、

(ア)「神祇令」の「其祈年月次祭者、百官集神祇官、中臣宣祝詞、忌部班幣帛」という記述は、祈年祭・月次祭の祭儀が同じであることを示しているが、新嘗祭はそれより小規模である

(イ)祈年祭・月次祭の祝詞はほとんど同一であるが、新嘗祭のそれは短い

以上の二点を挙げ、「祈年祭・月次祭」と「新嘗祭」という区分が適当であると指摘したのである。(6)加藤氏は、「月次祭」「新嘗祭」は班幣儀礼のみを指す語、「神今食」「新嘗」は天皇の神事を指す語であって区別されねばならず、月次祭・新嘗祭においては、祈年祭と同様、天皇は関与しなかったと指摘した。(7)

班幣祭祀に関する研究は、早川氏の論に代表されるように、天皇・律令国家による在地統制支配という政治史の枠組みで考察されるようになり、国家イデオロギーの面から捉える研究が主流となった(8)。川原秀夫氏は、私社が官社になる場合、

①国家による司祭者の選任
②祭祀料徴収権の否定
③社殿の造営・修理、清浄の維持(9)
④祈年祭幣帛時における祝部の入京
⑤国司の管理

以上の五点が義務付けられると指摘した(10)。川原氏は、官社制の形成過程を「孝徳期以前に国造が一身に体現していた在地の行政的支配権と祭祀的支配権とを如何に切り離していくかという過程でもある」と捉え、官社制の目的を「郡領層の在地社会に対する支配力を容認しなければ個別人身支配を行いえない現実に対して、国家がイデオロギー統制を強め、郡領層の在地支配力を弱体化させることにあった」と指摘した(11)。川原氏の論は、国造が在地の行政的支配権と祭祀的支配権とを兼ね備え、その国造・首長のもつ在地統治能力を国家が剝奪するために、私社の官社化が行われたというものである。さらに川原氏は、官社制という制度は、神祇官・国司を媒介として、伊勢神宮をヒエラルヒーの頂点に置き、その下に全官社を在地の階級秩序とは無関係に並列に置いて統括する制度であるとした。官社制はあくまでも班幣を目的とした制度であり、班幣は「最高神である天皇の祖先神を最高位に置くために、系譜関係のない神を下位に置くことを目的に創出した方法」であるとした(12)。

また大関邦男氏は、官社制成立の目的は「律令制の導入によって従来の王権の守護神の祭祀を再編強化すること」

であるとし[13]、官社制成立の指標は次の三点であると指摘した。

①祈年祭を中心とする班幣祭祀

②国家の要請に見合った社殿の造営・維持管理[14]

③天皇に仕奉すべき百姓の中から律令制神職を選出し、①と②を行わせる

大関氏は、「律令国家が祭祀・神社行政の重要な柱の一つとして目指したのは、神社独自の祭祀を掌握することではなく、あくまで祈年祭などで幣帛を班かつことにすぎなかった」と捉え、「律令国家が幣帛を班かつことを通して目指したのは、神々を天皇の支配下に位置付けたうえで、それらの神々が天皇・律令国家を加護する体系をつくりあげることにあった」と指摘した[15]。さらに、官社の神々には、天皇・律令国家を加護するという「呪術的奉仕」が求められたことも指摘している。

官社に関しても、天皇・朝廷が神を取り込んで支配構造の中に置くことが目的である、とする研究が多く見かけられる。例えば、「祈年祭は、地域的権力（＝ヤマト王権）が律令国家に成長する過程において、その地域的権力による全国統治の正当性を主張した一例である」または、「祈年祭は、神を天皇・律令国家の支配下に位置付けることで、在地人民支配を精神的に推し進めることを目的としたものである」などのイデオロギー論である。

ところが、「神祇令」二〇条を見ると、国家祭祀や即位儀礼の規定、または国家的神事などに官人が関わる規定がほとんどであり、統制的意味は見られない。これは、「僧尼令」二七条のほとんどが僧尼の行動を規定するものであることと対照的である。これは、仏寺が統制される対象であるのに対し、神祇は統制の対象ではないことを示していると思われる。

また、「国家による在地支配の過程において、国造・在地首長の持つ祭祀的支配権を奪うことが行政的支配権を剝

奪することにつながる」とする説については、そもそも「祭祀的支配権」の形態が不明瞭である。さらに、「伊勢神宮を頂点に置き、その下に全官社を並列に置いて支配・統制する」とする説も、その理念が、制度にも実態にも反映されておらず、根拠も不明確なように思える。

そもそも、官社と非官社の区別があること自体、イデオロギー論においては矛盾する。官社化が、神の支配と人民支配を目的としたものであるならば、なぜすべての神社を官社にしないのか。神の支配が在地支配につながるのならば、公地公民の理念を完成させるために、すべての神を支配すれば、すべての在地を支配できることになる。とくに霊験のある神を選んで官社に定める必要はなく、すべての神を官社にすれば、支配の理念に沿うはずである。神の支配構造の中で、官社・非官社の別をつくることにどのような意味があるのだろうか。非官社の神はその存在を認められないか、在地において何の影響力もないと見なされていたのであろうか。以上の点から、律令国家において「神社支配＝人民支配」とする理念には、大きな矛盾があるのである。

岡田精司氏は、伊勢が全国すべての神社の上に位置付けられているとする説に対して、「伊勢神宮は歴史的には、古代では天皇だけの守護神であり[17]、「私幣禁断の制」によって民衆とは無縁の存在であった。神宮関係以外では、神明造をモデルとした一般の神社建築は、幕末近くまでほとんど存在しなかった。伊勢神宮が「国家の宗廟」として全国の神社の上に置かれ、国民に崇拝を強制するのは、明治から敗戦までの国家神道の時代のことである。歴史的事実を無視して神社の起源を悠久の太古に遡らせようとする方向と共に、戦時下の思想統制の復活を見る思いがする」と述べ[18]、伊勢と全国の神社とのヒエラルキー関係を否定している。

イデオロギー論は、様々に論理矛盾しているのである。

「律令国家による正当性の主張」や「神を奪い人民を支配する施策」といった、人民支配もしくは政治のツールとして国家によって設定されたのでなければ、班幣祭祀は何のために制度化されたのか。

本書では、右の疑問点を念頭において、班幣祭祀について考察するものである。

二　官社制と名神制

本節では、はじめに奈良時代を中心に、官社化の目的について述べてみたい。まずは、官社化の事例を次にいくつか挙げたい。

・『続日本紀』大宝二年（七〇二）七月癸酉条
詔。伊勢太神宮封物者。是神御之物。宜准供神事。勿令濫穢。又在山背国乙訓郡火雷神。毎旱祈雨。頻有徴験。宜入大幣及月次幣例。

（大宝二年に、山背国乙訓郡の火雷神を「大幣及月次幣例」とした。旱魃のときに祈雨を行えば頻繁に徴験があったためである）

・『続日本紀』宝亀九年（七七八）十二月甲申条
去神護年中。大隈国海中有神造島。其名曰大穴持神。至是為官社。

（宝亀九年に大隈国の大穴持神が官社となったのは、大穴持神が海中に島を造ったためである）

・『続日本紀』宝亀十一年十二月丁巳条
陸奥鎮守副将軍従五位上百済王俊哲等言。己等為賊被囲。兵疲矢尽。而祈桃生白河等郡神一十一社。乃得潰囲。自非神力。何存軍士。請預幣社。許之。

（宝亀十一年に陸奥国の桃生郡・白河郡の一一神が「幣社」となったのは、蝦夷との戦いの際に「神力」が発揮されたからである）

右によれば、国家が官社を定める理由としては、神の霊験を重視する側面が見られる。天平九年（七三七）の詔[19]において、「其在諸国能起風雨。為国家有験神未預幣帛者。悉入供幣之例」（諸国で国家のために霊験を示しているにもかかわらず、未だ班幣の対象になっていない神は、悉く「供幣の例」に入れよ）とあるように、官社化の前提には、「国家のために霊験を為す神」であることが求められていたのである。

それでは、官社化の目的が、「神験」（＝神の霊験）の希求だとすると、班幣の目的はどこにあるのだろうか。

・『類聚国史』延暦十七年（七九八）九月癸丑条

定可奉祈年幣帛神社。先是。諸国祝等毎年入京。各受幣帛。而道路僻遠。往還多難。今便用当国物。

右によれば、奈良時代は、諸国の祝は毎年入京して祈年祭幣帛を受け取っていたが、延暦年間に、「道路僻遠にして、往還に難多し」という理由で、各官社の鎮座する国が幣帛を準備することが定められたのである。

この定に対しては、律令国家の衰退を示すものとする説[20]が出された。巳波利江子氏は、官社制度初期（天平期）には神祇官の地方神社統制の色合いが濃いが、奈良時代後期には在地の豪族が官社制度を逆利用しはじめ、中央と在地の力関係の逆転があったと指摘し[21]、「官」の権威が八世紀後半に後退したという前提で論じた。

これに対し、小倉慈司氏は、延暦期以降も官社の数が増加したことを指摘し、八世紀において律令国家の衰退は見られないと論じた[22]。小倉氏は、延暦十七年の国幣の制度が律令国家の衰退であることを証明するためには、

前提一、式内社の大部分は奈良時代からすでに官社になっていた

前提二、奈良時代には、祝部がきちんと神祇官に幣帛を受け取りにきていた

以上の二つの前提が必要であるとした[23]。小倉氏は、延暦十七年以降も数多くの神社が官社化されつづけたことを指摘し、律令制度の衰退を示すとは言えないとし、「令制当初から班幣制度がうまく機能していたとはとても考えられず、恐らく奈良時代を通じて実際に神祇官に参集したのは、主に畿内の官社に限られていたのではないか」と推測した。さらに、班幣制度は「神祇統制を目的としたものではなく、むしろ国家の天神地祇奉斎という理念・建前を主としたもの」であるとし、「だから強制力を伴わなかったのであり、実効性にも乏しかった」と指摘した。従うべき見解であると思う。班幣祭祀を人民支配のツールとするのであれば、祭祀と支配との関係を明らかにする必要がある。しかもそれは、日本の古代社会の構造から導き出すべきものであり、他地域や他宗教の構造を敷衍しても、考察の前提にはならない。

それでは、班幣祭祀の構造を明確にし、古代社会において、どのような機能を果たしていたのか考えてみたい。

現代のような科学的知識や技術、進んだ医療の知識や技術、高度なインフラ、これらの先進的技術・知識がない時代、旱・霖雨・大風・地震・噴火・疫病・虫害などの災異は、死や社会的混乱につながるものであった。当時は、考えうる様々な方法で災異に対処したであろうことは想像に難くない。そして、それらの対処の中に、祭祀も含まれていたのである。

古代においては、災異を神の仕業と捉えた。怒などの神意が祟りとなり、災異を発生させると考えていた。祟りは、怒りなどの神意によって発生しているとされているから、災異を鎮静化するためには祟りを鎮める必要がある。そして、祟りを鎮めるには神怒を解くことが必要となる。この作業が祭祀につながっている。古代の共同体にとっては、祭祀を行って神に謝し、さらに平安を願うことが、共同体の保全のために必要な作業であった。そして、そのためには、必要となる情報があった。一つは、いずれの神が災異を発生させているかというものであり、もう一つは、神意

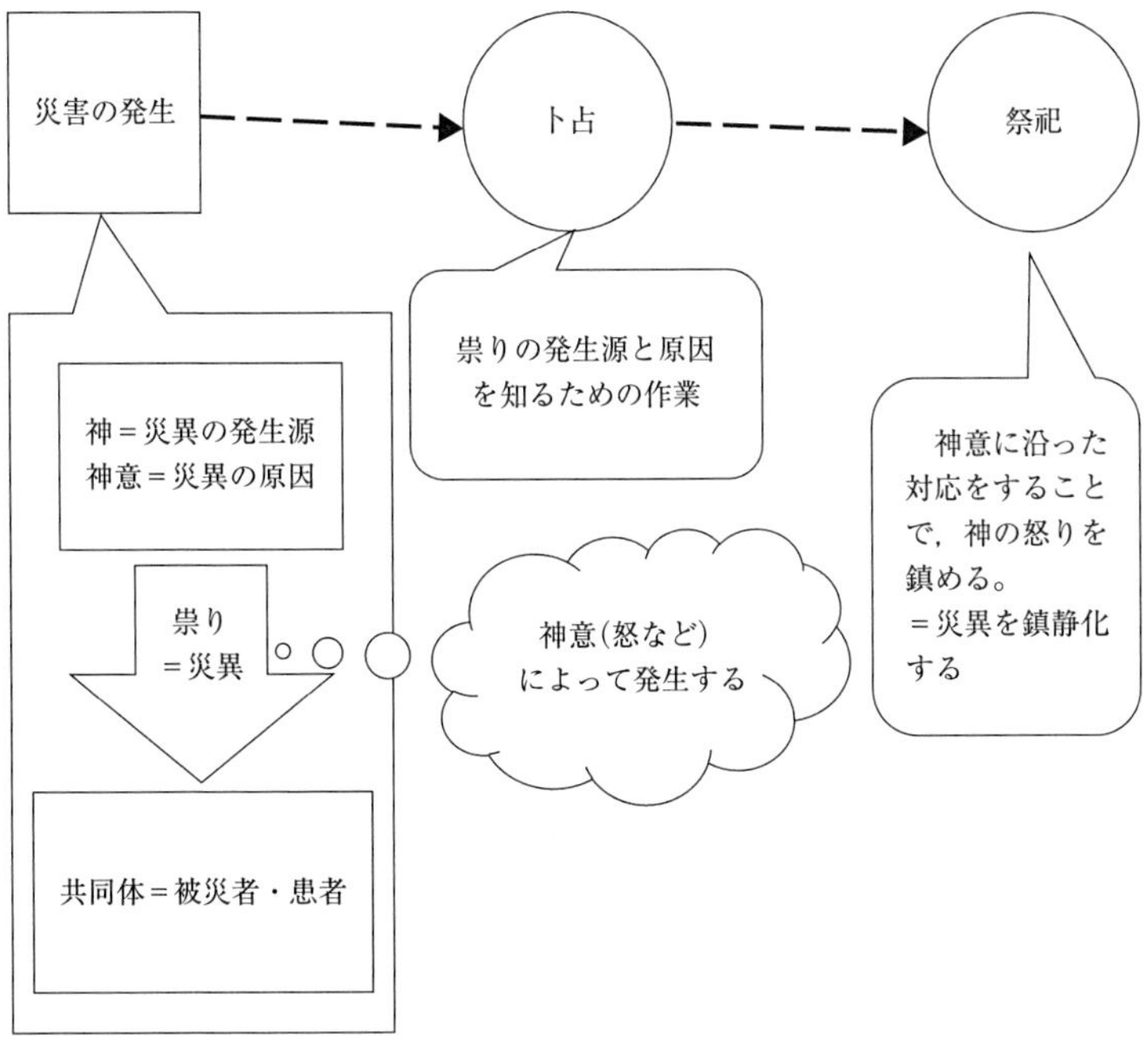

図1　災異時の祭祀

の内容である。いずれの神が、何が原因で祟りを発生しているのか分からなければ、神怒を解く祭祀を行うことはできない。恒例的に霊験の示現を願う祭祀であれば、対象は明確であり、祈願内容なども決まっているが、災異に対応する祭祀においては、対象や対処法に関する情報が必要となる。

　神と人との関係性については、『日本書紀』神代下第九段の第一の一書において、皇孫が「顕露」を治め、大己貴神が「神事・幽事」を治めるとしている。国史における天下《あめのした》の世界観は、見える世界（顕）と見えない世界（幽）があり、現世の政治は皇孫すなわち天皇が治め、幽界は神々の世界としているから、神々は見えない存在である[24]。この見えない世界の存在に対して、現世の保全のために祭祀を行うのである。本来、災異の発生源や原因を知ることは不可能である。しかし、それを可能にしていたのが卜占である。

　災異が発生し、「災異は祟りなのか」「いずれの神の祟りなのか」「祟りの原因は何か」などを特定するために卜占を行い、災異の発生源と原因を知ることができれば、祭祀で対処することが可能になる。卜占は、神意を確認し、災異の源泉と原因とを特定する手段なのである。神意を確認する手段としては、他に「夢見」や「神憑」なども国史で確認できるが、律令国家の制度に組み込まれた方法は神祇官の「卜兆」と陰陽寮の「占筮」であった。そして、神祇官や陰陽寮による卜占の結果報告を受け、朝議において対応を審議・決定したのである。

古代の祭祀は、その行政的性格が指摘できるのであって、恒例祭祀において常の保全を図り、災異時には祭祀によって災異の鎮静化を図ったのである。

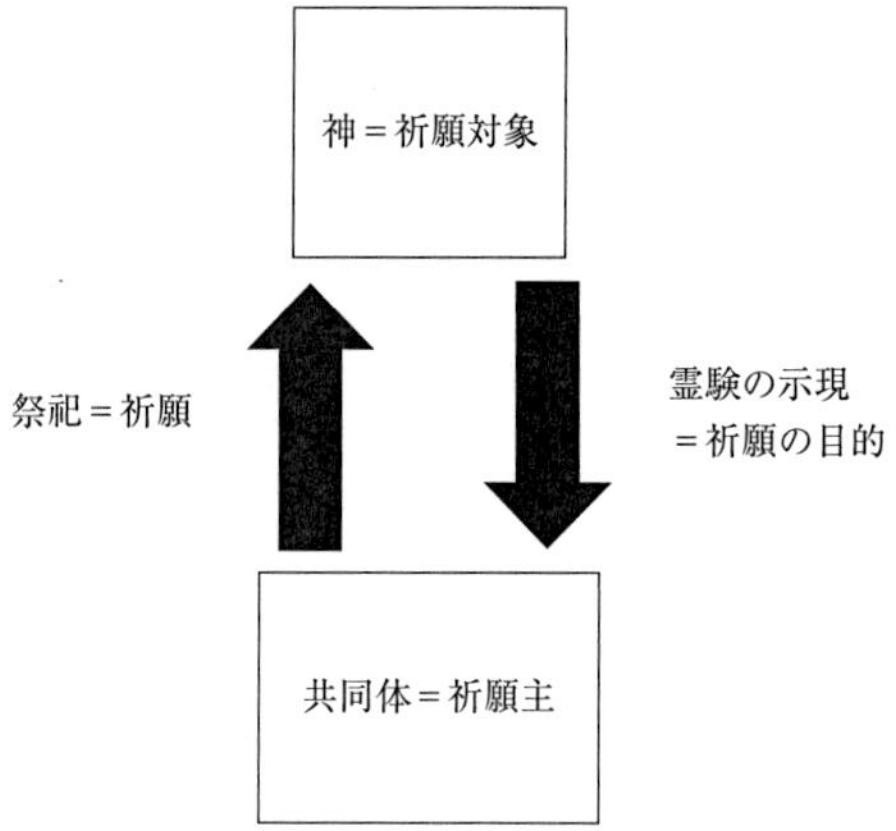

図２　恒例祭祀

古代における神とは、霊験の示現を祈願する対象であり、同時に災異の発生源でもあった。その神を祀る神社は、恒例祭祀や災異時の祭祀の場・施設として、氏族や在地集落などの奉斎集団によって奉斎されていた。氏族や在地集落は、祈願主として自己の平安を祈願する。この神の霊験を、朝廷が直接的または国司・郡司の報告によって認めると、国家によって祈年祭幣帛が奉じられるようになる。律令制の在地神職である祝が神祇官に幣帛を受け取りに来て、それを持ち帰って神社に奉じるというシステムができあがったのである。これにより、諸国の神々の霊験は国家にも向けられ、国家が祈願主となった恒例祭祀が行われる。天平九年の詔において、「国家に霊験を示す神を供幣の例に入れる」目的は、恒常的な国家の保全を図る点にあったと言えよう。

ただし、恒例祭祀のシステムはできあがったが、小倉氏も指摘するように、その実効性について疑問視されている。

延暦十七年に、「道路僻遠、往還多難」を理由に、鎮座する国で祈年祭幣帛を準備することになった。これは、都から遠く離れた地域から毎年祝を入京させることが現実的ではないことを朝廷も認めたからである。しかしながら、そもそも、国家が幣帛を準備し奉じることに祭祀上の意味があるにもかかわらず、諸国で準備した幣帛では、祭祀の構造上、国家祭祀とはならない。延暦十七年に、すべての祈年祭幣帛が各国で準備されるようになったわけではなく、従来通り神祇官に受け取りに来るべき神社もあった。こうした神祇官幣と国幣との区別は、畿内を中心とした特定神祇奉幣への移行期と捉えることができよう。

平安時代に入ると、国家祭祀においては名神奉幣が中心になる。

それでは、『延喜式』に「臨時祭」として位置付けられる名神祭の特徴とはどのようなものであろうか。国史においては、名神の特徴は予防祭祀である。奈良時代の臨時的祭祀は、例えば、雨が降らなければ雨を祈る祭祀である。これは、すでに発生した災異を鎮静化するための祭祀である。それに対し、名神祭祀の特徴は、災異が発生しないように予め祈る祭祀である。[25] とくに国史においては、天長年間から、名神の記事が頻出するのに対応するかのように、災異の予防祭祀の記事も頻出する。[26] 神祇令の恒例祭祀にも、予め災異を避ける祭祀として設定されているものがあるが、平安時代になり、新たに予防のための臨時奉幣が設定されるにともない、特定の神社を名神に選び、奉幣対象社として設定したと考えられる。

名神の記事が頻出する一方、嘉祥年間に至っても、霊験を理由に官社に預かっている神社もあるから、[27] 官社に霊験を求めることは依然として国家祭祀の基本であった。ただし、延暦年間から祈年祭幣帛が神祇官幣と国（司）幣とに分けられたように、国司にも国家祭祀の権限が委譲され、朝廷が直接把握する範囲は特定化されていく。朝廷による直接的な奉幣対象社は特定化する一方で、卜占によって明らかになった災異の原因に対する遣使奉幣が一つの軸として加わり、それが名神奉幣として成立したと考えられる。

三　災異における名神祭祀の役割

本節では、災異に対する神祇祭祀の特徴について述べてみたい。

律令国家は、班幣をもって官社に幣帛を奉じることで、国家を保全するための祭祀を行ったが、平安時代に入ると名神が国家祭祀の対象として重視された。

古代の名神に関する諸研究を次にいくつか挙げてみたい。

〔嶋田鋭二説〕

八、九世紀段階での有力社を国衙の政治的要求に従って再編したもの。(28)

〔熊谷保孝説〕

官社数の増加のために奉幣・祈願の対象とする神社として諸国を代表する神社が選ばれたもの。(29)

〔巳波利江子説〕

桓武朝における官社制度の再編成によるもの。名神は、官社中社格の高い神。(30)

〔並木和子説〕

名神は祈雨奉幣の流れの中で大社から選定される有験の神社。名神制は神祇体制の再編成であり、その意図は、神祇官を通じての全国主要社の直接把握であった。(31)

〔小倉慈司説〕

名神祭のための制度。延暦年間にいたって臨時奉幣の機能が官社から分離され、名神制度として成立した。(32)

［川原秀夫説］

名神制は新たな制度だが、実態としては官社制補強の意味を持った。名神がそれまでの官社から必ずしも選ばれていないのは、名神制が平安時代初期の在地社会の勢力変化に対応する要素も持っていたため。(33)

以上、名神に関する先行研究では、「名神制度は延暦期における官社制度の再編成」であると指摘するものが大半を占めており、名神の選出基準などは未だ明確にされていないものの、「朝廷が主に官社の中から名神を選出し、祈年祭以外の律令祭祀を特別に執り行うシステムを新たに作り上げたものが名神制度である」という理解であろう。

本節では、名神奉幣の具体的な内容を検討し、名神が設定された意義・目的を明らかにしたい。

まずは、名神奉幣を史料から追ってみたい。

表1から名神の特徴を挙げると、名神奉幣は予防祭祀に関するものが多いということになるであろう。(34)名神が頻出する以前の祭祀は、例えば雨が降らない場合に雨が降るように祈るなどの祭祀であったが、これは、災異が起きてからその災異を取り除く祭祀である。それに対し、天長年間ごろから名神が頻出するのに対応するかのように、災異が起こらないように予め祈る「災異予防の祭祀」が頻出するのである。(35)

災異を予防する祭祀とは、災異を予め回避することを目的とする「予防祭祀」であるが、表1からも分かるように、災異予防の時期は六〜八月が多いのが特徴である。祈禱内容の特徴としては、「生育途中の穀物が風雨の被害に遭わないことを祈る」というものである。

・『類聚国史』弘仁七年（八一六）七月癸未条

勅。風雨不時。田園被害。此則国宰不恭祭祀之所致也。今聞。今茲青苗滋茂。宜敬神道大致豊稔。庶俾嘉穀盈畝

表1　災異に対する予防の儀礼

年・月	目　的	対　処	備　考
弘仁元. 7		名神奉幣(畿内)	夏苗已茂，秋稼始熟，恐風雨失時，嘉穀被害
12. 8	護秋稼	名神奉幣	今嘉穀垂穂，多稔方熟，恐風水為災，致其傷害
天長3. 6	防疫癘・祈豊年	転読大般若経(御在所・大極殿)	
8. 8	防風雨之災	奉幣(名神・伊勢)	
9. 7	防風雨	名神奉幣(五畿内七道諸国)	
10. ⑦	予為攘防・勿損年穀	名神奉幣(天下諸国)	
承和元. 7	防淫霖	名神走幣(畿内)・修法(諸大寺・諸国)	
元. 6	祈甘澍・防風雨	転読大般若経(大極殿)	
2. 7	預攘風雨之災	名神走幣(天下)	
3. 7	攘災未萌	名神奉幣(五畿内七道諸国)	方今時属西成，五穀垂穂，如有風雨愆序，恐損秋稼
4. 6	予防風雨・莫穀損年	名神奉幣(五畿内七道諸国)	
5. 7	祈秋稼	名神奉幣(内外諸国)	
7. 6	予防風雨	名神奉幣(五畿内七道諸国)	頃者澍雨頻降，嘉穀滋茂，如有風災，恐損農業
9. 9	防災於未然	奉幣(伊勢・天下名神)	去四月四日御卜曰，来年春夏間，可有疫気
15. 6	防止雨害	名神奉幣(五畿内七道諸国)	陰陽寮申云，今玆秋雨応為害者若不予防，恐損年穀
嘉祥2. 2	護防	名神奉幣・転読・礼観音(五畿内七道諸国)	陰陽寮言，今年疫癘可滋，又四五月応有洪水
貞観15. 2	消災疫於未然	名神奉幣・転読・礼懺(五畿内七道諸国)	陰陽寮言，今茲天行応慎，稼穡不登，以歳当三合
17. 12	予攘除水旱疾疫兵喪火災	名神奉幣・転読・念薬師観音号(五畿内七道諸国)	明年当三合

※マル付数字は閏月を示す。

黎元殷富。宜仰畿内七道諸国。其官長清慎斎戒。奉幣名神。禱止風雨莫致漏失。

右の勅によれば、「風雨時ならず、田園害を被る」という災異は国宰が祭祀を敬わないために起きたものとされ、「青苗滋茂」のころに「神道を敬い大いに豊稔を致す」ことが必要であるとして、名神奉幣をさせ、風雨が止むことを禱らせている。「青苗滋茂」のころとは六〜七月であり、稲を中心とする作物が生育している時期でもある。作物が順調に育っている時期に旱魃・霖雨・大風などの災異が起こって不作となることを回避するため、六〜七月ごろに、災異を予防する祭祀が行われ、さらに、国ごとに予防祭祀を行わせるなど、その重要性は増していく。

また、予防祭祀は卜占ともリンクしており、承和十五年（八四八）には、陰陽寮によって「秋雨の予防（祭祀）をしなければ、おそらく年穀を損なうであろうから、五畿内・七道諸国に名神への奉幣を行わせ、予め雨の害を防ぐべきである」とする上申が行われている[36]。このほかに卜占を受けて予防祭祀が行われた事例としては、陰陽寮が「今年は疫病が流行り、さらに四月から五月にかけて洪水が起こる」と言上したのに対し、それを防ぐために名神への奉幣と国分二寺・定額寺での転読などが行われたもの[37]、同じく陰陽寮の「不作になる」という言上を受けて、災異を未然に防ぐために名神への奉幣と国分寺・定額寺での転読などを諸国に行わせたもの[38]、「来年の春から夏に疫病が流行る」という御卜を受けて、それを未然に防ぐために伊勢大神宮と名神に奉幣が行われたもの[39]などを挙げることができる。

また、仏教でも予防儀礼が行われているが[40]、その萌芽は天平年間に見られ、風雨の調和を図り穀物を成熟させるために転読と悔過が行われた事例が確認できる[41]。

以上のように、平安時代に、作物が順調に成長している時期に風雨などの災異を予防する意識が定着すると、卜占において「災異の原因は予防祭祀を行わなかった所為である」という理由が呈されるまでになり、災害予防を強調した祭祀は欠かすべからざる重要な祭祀へと位置付けられていったのである。

名神奉幣が予防祭祀とリンクしてその重要性が増す一方で、嘉祥年間に至っても霊験を理由に官社に預かっている神社があることは前述したが、官社に霊験を求める姿勢そのものは変わらず、災害に対する祈禱は官社でも行われていたであろうと考えられる。

•『続日本後紀』承和四年十二月庚子条

大宰府言。管豊前国田河郡香春岑神。辛国息長大姫大目命。忍骨命。豊比咩命。惣是三社。元来是石山。而上木惣無。至延暦年中。遣唐請益僧最澄躬到此山祈云。願縁神力。平得渡海。即於山下。為神造寺読経。爾来草木蓊鬱。神験如在。毎有水旱疾疫之災。郡司百姓就之祈禱。必蒙感応。年登人寿。異於他郡。望預官社。以表崇祠。許之。

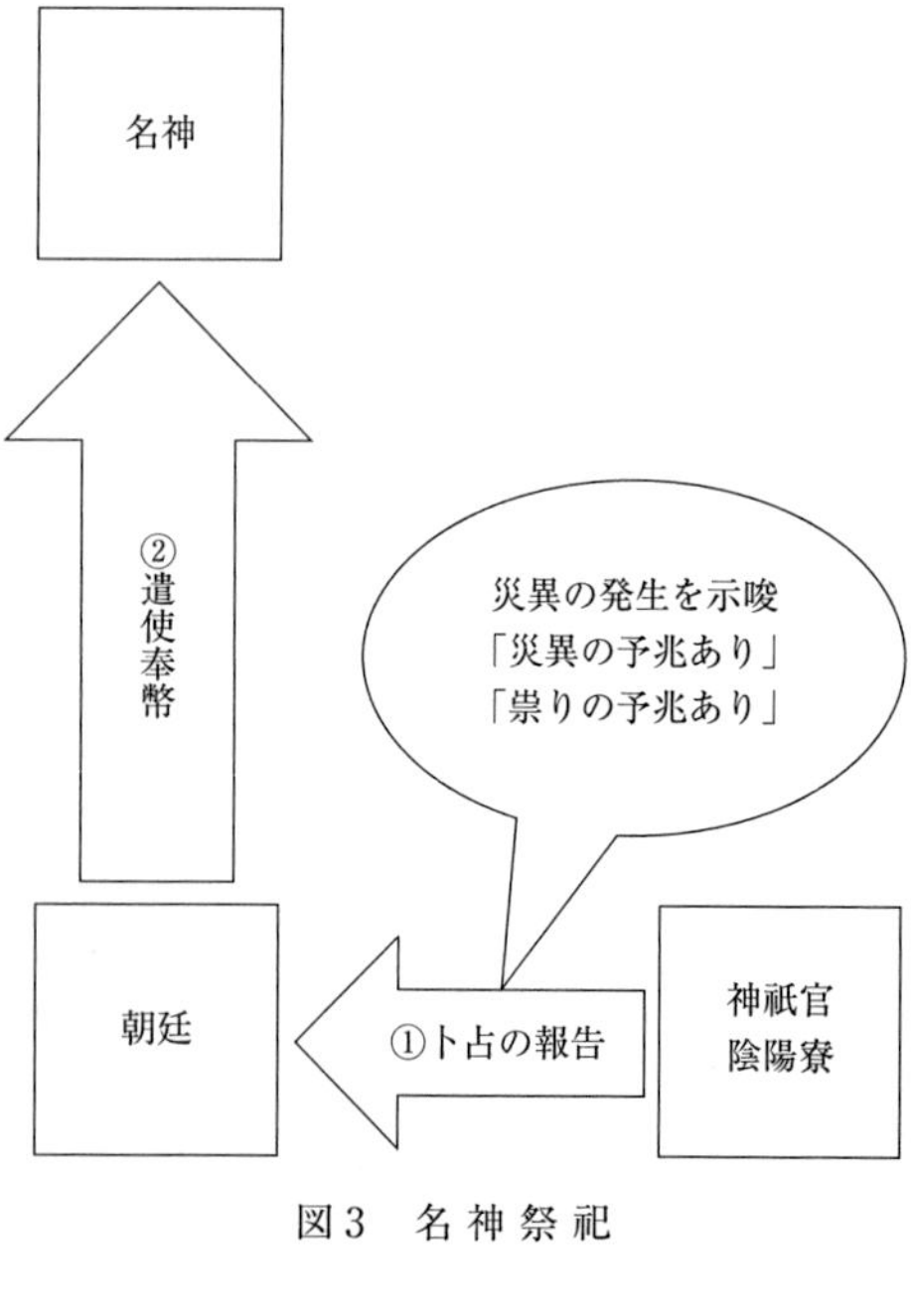

図3　名神祭祀

右の史料は、豊前国田河郡香春岑に坐す辛国息長大姫大目命・忍骨命・豊比咩命の三神に対して、郡司や百姓が、旱魃や疫病などの災害があるたびに祈禱をしたところ、必ず霊験を示してもらったので、その崇敬をあらわすために官社の申請をし、それが許されたというものである。

崇祠をあらわすために官社の申請をしているわけであるから、辛国息長大姫大目命・忍骨命・豊比咩命に対する在地の信仰は大きいものであったが、もともと三神の霊験は田河郡のみに向けられており、その霊験は一郡内にとどまるものであった。それが、官社に認定して祈年祭幣帛を奉じることによって、三神に対して、国家も保全の祭祀を行うようになったのである。

・『日本後紀』弘仁五年七月庚午条

勅。畿内。近江。丹波等国。頃年旱災頻発。稼苗多損。国司黙然。百姓受害。其孝婦含冤。東海蒙枯旱之憂。能吏行県。徐州致甘雨之喜。然則禍福所興。必由国吏。自今以後。若有旱者。官長潔斎。自禱嘉澍。務致粛敬。不得狎汚。如不応者。乃言上之。立為恒例。

また右の勅によれば、旱魃によって作物が育たないのは国司が何もしない所為だとし、旱魃のときは国司が潔斎して自ら嘉澍を禱ることが必要であるとしている。「能吏行県、徐州致甘雨之喜」とは『後漢書』にある「百里嵩が徐州の刺史となったとき、旱天の地方を通過すると必ず甘雨が降った」という故事である。国の禍福は国司によるとし、国司による祭祀は国内行政として必要とされていた。国司が国内の霊験ある神祇を奉斎することは奈良時代から求められていたことであるが(42)、それは、所管内の保全を求める国司行政の一つであった。

そして、田河郡の守護神とも言える辛国息長大姫大目命・忍骨命・豊比咩命に対して、村落などが自らの共同体の平安を祈ると同時に行われていた郡司の祭祀は、所管内の保全のために行っていた郡司行政の一種だったのである。

四　神祇官の特立に関する試論——古代社会の公務と神事

ここまで、古代祭祀の行政的側面を論じてきたが、古代祭祀の社会的機能は、支配のツールというよりは、保全のために必要な行為と考えられていたのであって、その精神性よりも、実利的性格から古代祭祀の特徴を捉えるべきであろうと思う。食料不足に陥ったときに「海外から輸入すればよい」という時代のメンタリティで、古代社会の価値感を「非科学的」とするのは酷であろう。通史的に、日本列島は様々な環境条件が引き起こす災異に向き合わねばならず、現代社会であれば科学的知識や技術をもって対応しても、古代社会では祭祀を含めた宗教的儀礼をもって向き合わねばならなかった。古代律令国家祭祀を「災害に対する国家的対処の一手段」「行政の一種」として位置付けることは、古代祭祀の本質を考える上で重要である。それは、古代社会だけではなく、「神社・祭祀・儀礼の地域性や多様性」「神社・祭祀の継続性」などを解明する視点にもつながる。古代社会においては「神が存在する」ことを前提に、祭祀に対して実利的効果を求めていたのである。古代の祭祀構造を明らかにし、そこに立脚する祭祀制度を検証することが重要であろうという私論である。

古代祭祀の行政的側面を論じる際に、不可解とされる問題の一つとして、神祇官の特立が挙げられる(43)。神祇官という役所は、祭祀を含めた神事行政を担う部署であり、いわば、国家を保全するための神事を管掌する役所である。問題が生じた際の決定権は太政官にあるから、実態としては太政官の下部組織にあたる。実態としては太政官の下部組織である神祇官が、なぜ太政官組織に組み込まれなかったのであろうか。そして、なぜ神祇「省」ではなく神祇「官」なのであろうか。

古くは『令集解』の令釈に、「神祇者是人主之所重。臣下之所尊。祈福祥。求永貞。无所不帰神祇之徳。故以神祇官為百官之首」と載せ、中世には北畠親房が「以当官置諸官之上、是神国之風儀、重天神地祇故也」と見解を述べている。これらは、神祇は人にとって尊いものであるから、神祇に関する役所が筆頭であるとする解釈である。ただ、神祇は尊くとも、神祇官自体の地位はそれほど高くはないので、「百官之首」「諸官之上」というほどの役所ではない。

まずは、神祇官が筆頭の役所とされた点から私見を述べたい。

この点に関しては、孝徳天皇の大化元年（六四五）に蘇我石川麻呂が奏言した、「先以祭鎮神祇。然後応議政事」に対応すると考えられる。「神事は政事に優先する」ということであるが、これは、物事の順序を意味しており、事があった場合、まずは神事で対応し、その後に政事でも対応すべきということであろう。こうした価値観が基になっているのであれば、神事に関する役所である神祇官が、政務を担う太政官よりも順序が先とされ、筆頭とされたのは不自然ではない。

次に、神祇官の特立の問題について考えてみたい。

• 『類聚三代格』巻七　郡司事

太政官符

応任出雲国意宇郡大領事

右被大納言従三位神王宣偁。奉勅。昔者国造郡領職員有別。各守其任不敢違越。慶雲三年以来令国造帯郡領。寄言神事動廃公務。雖則有闕怠。而不加刑罰。乃有私門日益不利公家。民之父母還為巨蠹。自今以後。宜改旧例国造郡領分職任之。

延暦十七年三月廿九日

右は、延暦年間（七八二～八〇六）に、出雲国造と意宇郡領との兼任を禁止したものである。「昔者国造郡領職員有別。各守其任不敢違越」（昔は国造と郡領の職員は別であり、その任を守り、越権することはなかった）とあり、国造と郡領を兼任することはなかったとする。国造の職掌に関しては、「慶雲三年以来令国造帯郡領。寄言神事動廃公務」（慶雲三年〈七〇六〉以降は、国造と郡領が兼任され、神事を理由に公務を怠ることがある）とあるから、少なくとも出雲国造においては、その職掌は「神事」であったことが分かる。公務とは政事と同様、一般的な政務や行政であろう。神事を理由に公務を疎かにする問題によって、「宜改旧例国造郡領分職任之」（旧例を改めて、国造と郡領とは職を分けて任じるようにせよ）として、兼任が禁止されたのである。「旧例」とは慶雲三年以前のことを指しており、令制当初は、神事の職と公務の職は兼務しないのが通例であったと考えられる。つまり、律令制成立時においては、神事の職と公務・政事の職は「異なるもの」「区別するもの」とされ、「職員」も「職掌」も区別されていたことがうかがえる。

こうした、公務と神事の区別という理念が律令制の成立時には存在していたため、神事を掌る神祇官は、政事・公務を担う太政官とは切り離され、役所として特立したと考えられる。

古代社会における神事は、共同体の保全を目的に行われ、実利的性格の強いものであった。そのため、国家の保全を目的とした祭祀は、行政的側面をもち、法制化され役所も設置されたのである。その際、神事は公務と区別されていたため、太政官に対して特立し、さらに、事があった場合、「神事→政事」の順序で対応するという理念により、百官の筆頭に位置付けられたと考えられる。古代社会において、神事は尊重されるべきものであったが、神祇官の特立と筆頭については、神事行政と一般行政との関係性を視野において考えるべきであろう。

実態としては、神祇官は国家祭祀を滞りなく執行するための役所であり、事があった場合の対処は、神事的対応であっても公務的対応であっても、決定権は太政官にあり、朝議において決められていた。そして、決定した事項に沿って、神祇官は神事の手続きと準備を行っていたのである。

おわりに

以上、律令国家祭祀について、いくつかの論点を取り上げて論じてみた。

古代祭祀の目的は、共同体の保全にある。この実利的性格をもって、祭祀は律令国家によって制度化された。法律に規定され、役所も設置された。

神祇官は、国家祭祀を滞りなく執行するための役所である。神事と公務の職を区別するという理念によって太政官とは別置され、神事優先の建前から百官の筆頭に位置付けられた。神事優先とは言え、それは対応の順序を示すものであり、実態としては、神祇官は神祇令に沿って神事や事務を行い、重要な案件は、神事も政事も太政官が決定していたのである。

律令国家の祭祀は幣帛を奉じることが基本であるから、諸国の神社に幣帛を奉じるため、遣使奉幣のほかに、「班幣」という制度が創出された。官社化の基準の一つは霊験の示現の有無であった。奉斎集団の祭祀対象の神社に、国家も幣帛を奉じることで、霊験を国家にも向けることを意図していた。国家が直接的に管理する神社もあるが、ほとんどの神社は奉斎集団との関係が密接であった。

祝に班つ幣帛は国家が準備するのが基本であったが、延暦年間になると、班幣は神祇官幣と国司幣とに区別された。これは、毎年すべての官社の祝を神祇官に参集させるという制度自体に無理があったと考えられている。国家祭祀にもかかわらず幣帛を国司に準備させることは、祭祀の構造上、矛盾があるのだが、国家としては実行性を優先させたのである。

平安時代になると、しきりに卜占によって「祟り」が報告されるようになり、朝廷はその対応に追われるようになる。災異が発生していれば謝の祭祀を行って鎮静化を図り、災異の予兆が報告されれば、祭祀を行って災異の予防につとめた。予防祭祀では遣使奉幣が行われたが、その対象はすべての官社ではなく、特定の神社が選ばれた。その対象の中心となったのが平安時代の新たな祭祀制度の軸となった名神である。

もちろん、恒例祭祀も依然として行われており、官社化の指定も九世紀を通して確認できる。ただし、国家祭祀の負担は多くは国司に委譲されていった。こうした流れによって、国司は国家祭祀との関係を強めていき、諸国で行われる国司祭祀にも影響を与え、後の国衙祭祀の再編にもつながっていったと考えられる。

この後、朝廷が直轄する祭祀はこの後も変遷していき、名神祭祀も、その多くが国司に負担が委譲されるようになり、対象神社はさらに特定化していくことになる。

註

（1）早川庄八「律令制と天皇」（『日本古代官僚制の研究』岩波書店、一九八六年）。

（2）早川氏が問題としているのは、宮廷祭祀ないし国家祭祀としての祈年祭の起源であり、むしろ民間における農耕儀礼としての予祝行事は広範に存在していたとする。そうであればこそ、律令国家が、旧来の王権による祭祀とは別に、国家祭祀として祈年祭を新たに設定することが容易に実現したと指摘する。

（3）加藤優「律令制祭祀と天神地祇の惣祭」（『奈良国立文化財研究所研究論集』Ⅳ、一九七八年）。

（4）渡辺晋司「大幣と官社制度」（『神道及び神道史』三一・三二合併号、一九七八年）。

（5）古川淳一「班幣祭祀の成立」（『歴史』七四、一九九〇年）。

（6）加藤前掲註（3）論文。

（7）森田悌「祈年・月次・新嘗祭の考察」（『解体期律令政治社会史の研究』国書刊行会、一九八二年）、古川前掲註（5）論文も同様の見解を示す。

ただし、月次祭・新嘗祭に天皇の神事と予備行事がともなうことは、やはり祈年祭との大きな相違点となろう。この点について古川氏は、月次祭の祝詞や祭儀には神今食を行うことの反映がまったく見られないため、月次祭と神今食がセットとなるかは疑問であるとし、さらに、神今食が月次祭の成立まで無条件に遡らせることはできないと指摘した。

（8）岡田精司「律令的祭祀形態の成立」（『古代王権の祭祀と神話』塙書房、一九七〇年）、同「古代における宗教統制と神祇官司」（『古代祭祀の史的研究』塙書房、一九九二年）、矢野建一「律令国家の祭祀と天皇」（『歴史学研究』五六〇、一九八六年）など。

(9) 川原氏は、私社が官社になる場合の条件として社殿の造営・修理・清浄の維持を挙げているが、官社すべてが社殿を有していたとは考えられず、少なくとも奈良時代における義務としては、神社の清掃にとどまるのではなかろうか。
(10) 川原秀夫「国司と神社行政」(林陸朗・鈴木靖民編『日本古代の国家と祭儀』雄山閣出版、一九九六年)。
(11) 川原氏は、「古代における祭祀統制とその変質」(『歴史学研究』五七三、一九八七年)の中で、首長制の根幹を「共同体に対する災厄を抑え、共同体成員の精神的支柱となるための神(始祖)の霊威を継承する系譜意識」にあると指摘した。
しかし、小倉慈司「古代在地祭祀の再検討」(『ヒストリア』一四四、一九九四年)は、『令集解』「儀制令」春時祭田条の研究の問題点を取り上げ、在地農耕祭祀において首長の階級的支配は読み取れないとし、祭祀の存在は必ずしもそのまま首長支配や強固な閉鎖的共同体・集団を意味しないと指摘している。
(12) 川原前掲註(10)論文。
(13) 大関邦男「官社制の再検討―奉斎制度の側面から―」(『歴史学研究』七〇二、一九九七年)。
(14) 関和彦『日本古代社会生活史の研究』(校倉書房、一九九五年)と大関前掲註(13)論文によれば、神社社殿の造営が、在地社会において自然発生的に行われていた形跡が見られるとしている。しかしながら、朝廷により神社修造の勅が出されていることを考えれば、神社社殿の普及には国家の影響が大きいと考えられる。
(15) 大関邦男「律令制と神職」(林陸朗・鈴木靖民編『日本古代の国家と祭儀』雄山閣出版、一九九六年)。
(16) 国史などには、「非官社」という語句は存在しない。『類聚三代格』嘉祥四年(八五一)正月二十七日官符「応国内諸神不論有位無位叙正六位上事」では、「官社」に対して「未だ公簿に載せざる」という記載がある。公簿とは『続日本紀』慶雲三年(七〇六)二月庚子条の「神祇官記」であろう。本来、「非官社」よりも、「未載公簿社」「未官社」という語句が、相当とも考えられるが、官社ではない神社のことを、当時「未載公簿社」と呼称していたかは疑問であるので、本論では「非官社」と記すことにする。
(17) 「伊勢大神宮」に奉幣・祈禱が行われ、国家の平安が祈られたことは、伊勢神宮が「天皇のみ」の守護神であったことを意味しない。
(18) 岡田精司「神社建築の源流―古代日本に神殿建築はあったか―」(『考古学研究』四六―二、一九九九年)。
(19) 『続日本紀』天平九年(七三七)八月甲寅条。
(20) 岡田前掲註(8)論文。

(21) 巳波利江子「八・九世紀の神社行政―官社制度と神階を中心として―」(『寧楽史苑』三〇、一九八五年)。
(22) 小倉慈司「延喜神名式『貞』『延』標柱の検討」(『延喜式研究』八、一九九三年)。
(23) 小倉慈司「八・九世紀における地方神社行政の展開」(『史学雑誌』一〇三―三、一九九四年)。
(24) 国史において、伊弉諾尊が淡路の幽宮に「隠」れるという表現は、「幽界の存在=見えない存在」になるという世界観を表現している。
(25) この予防の祈禱は、仏教側においても見られ、すべてを利用しようとする姿勢が見られる。
(26) 名神への奉幣を国司が執り行い、幣帛料は正税が用いられた事例もある(『類聚国史』弘仁七年〈八一六〉七月癸未条、『続日本後紀』承和三年〈八三六〉七月壬午条、『同』承和三年十一月丙寅朔条)。この場合は、神戸がある名神神社でも正税が用いられている。
(27) 『続日本後紀』嘉祥二年(八四九)四月庚寅条、『同』嘉祥二年七月癸酉条など。
(28) 嶋田鋭二「封建制形成期のイデオロギー」(『講座 日本史』二、東京大学出版会、一九七〇年)。
(29) 熊谷保孝「律令時代の名神」(『律令国家と神祇』第一書房、一九八二年)。
(30) 巳波前掲註(21)論文。
(31) 並木和子「平安時代の祈雨奉幣」(『平安時代の神社と祭祀』国書刊行会、一九八六年)。
(32) 小倉前掲註(23)論文。
(33) 川原秀夫「律令官社制の成立過程と特質」(林陸朗先生還暦記念会編『日本古代の政治と制度』続群書類従完成会、一九八五年)など。
(34) 岡田莊司「十六社奉幣の成立」(『國學院大學日本文化研究所紀要』五九、一九八七年。後、『平安時代の国家と祭祀』〈続群書類従完成会、一九九四年〉に再録)は名神の中から特定数社が選ばれ、特定数社奉幣が確立したとしている。臨時奉幣では、岡田莊司・並木和子編「臨時神社奉幣表」(『國學院大學日本文化研究所紀要』五九・六二、一九八七・八八年)参照。
(35) 稲に対する風雨の災害を事前に防止することについては、すでに岡田莊司・藤森馨の両氏が指摘しているところである。両氏は祈年穀奉幣の特色を「災害を未然に阻止する予防祈願にあった」と位置づけ、祈年穀奉幣の起源は、天長元年(八二四)の名神奉幣・伊勢太神宮奉幣の記事が初見と言えると指摘している(岡田前掲註(34)論文、藤森馨『平安時代の宮廷祭祀と神祇官人』大明堂、二〇〇〇年）。
(36)『続日本後紀』承和十五年（八四八）六月丁酉条。
(37)『続日本後紀』嘉祥二年（八四九）二月甲戌条。
(38)『日本三代実録』貞観十五年（八七三）二月二十三日戊午条。
(39)『続日本後紀』承和九年（八四二）九月辛亥条。
(40)『類聚国史』天長元年（八二四）四月丁未条、『同』天長三年六月壬寅条、『続日本後紀』承和元年（八三四）六月己酉（三十日）条など。
川原前掲註(33)論文は、神仏関係について、神仏ともに験あるものすべてを利用しようという意識であったと論じている。
(41)『続日本紀』天平十一年（七三九）七月甲辰条。
八世紀ではこのほかに『続日本紀』天平宝字二年（七五八）八月丁巳（十八日）条では、大史（＝陰陽寮）が「『黄帝九宮経』では三合の歳（＝太歳・太陰・害気の三神相合の年）には水旱疾疫の災害が起こる」という、いわゆる「三合勘文」を奏上しており、それに対して孝謙天皇は、災異を防ぐために天下諸国すべての者に「摩訶般若波羅密」を念誦させている。
(42)『類聚三代格』神護景雲元年（七六七）四月二十四日勅。
(43) 有富純也「神祇官の特質―地方神社と国司・朝廷―」（『日本古代国家と支配理念』東京大学出版会、二〇〇九年）など参照。

第一部　古代祭祀と災異

第一章　律令期神祇制の再検討
——霊験と祟りをめぐる神事のシステム化を中心に——

はじめに

戦後、日本古代の神祇を対象とした研究は、律令支配体制を神祇制がいかに精神的に補完するかというイデオロギー論の枠組みの中で論じられてきたが、(1)近年、岡田莊司氏によって、神祟論という新たな方向性が提示された。(2)古代の神事を考える上では、いかにして霊験を示現させようとしていたか、そして、祟りの発生をいかに回避しようとしていたかという両方の視点が重要となる。例えば、雨という自然現象を、時に「甘雨・嘉雨・甘澤（ウマシアメ）」と呼び、時に「淫雨・霖雨（アシキアメ）」と呼んだのと同様に、神祇も、恩恵をもたらす崇敬の対象である一方で、災異を引き起こす畏怖の対象でもあった。古代においては、村落でも朝廷でも、自然から受ける恩恵と被害への所感が、神祇への崇敬と畏怖へとつながっていたのである。律令期の神祇制を考察する上では、「霊験の示現」と「祟りの回避」は考慮せねばならない概念であり、律令期にシステム化される神事は、両概念を軸とした考察が試みられねばならないだろう。

以上の視点を踏まえて、律令期における神祇制の再検討を試みたい。

一 「災異＝神祟」に対応する神事

日本の古代において、神事の意義をどのように考えていたのかという神事観を端的にあらわしている一つに崇神紀の記事がある。崇神天皇の五～七年条は、災異や反乱などの国内の混乱が記されており、日本古代の神事の特徴を確認する上でも興味深い記事である。

［崇神紀Ⅰ］

崇神天皇五年からの国内の混乱を天神地祇の咎によるものと推察し、謝罪の祭祀を行った。そして神浅茅原に行幸し、神々を集めて卜占をした。すると倭迹迹日百襲姫命に大物主神が憑依して「私を敬い祭るべし」と告げたことをうけて、祭祀を執り行うが、一向に霊験が顕れない。そこで天皇が沐浴斎戒し殿内を清浄にして祈ると、その夜、夢に貴人が現れて自らを大物主神と名乗り、「我が子の大田田根子をして私を祭らせれば、たちどころに平穏になるだろう。海外の国も自然に帰伏するにちがいない」と告げたため、大田田根子をして大物主神を祭る神主とした。

まず、右から確認できるのは、次の三点である。

①災異は天神地祇の祟り・怒り・咎などによって発生する。
②神の祟りを鎮めるためには謝罪の祭祀を執り行う。
③祟りを鎮静化する手段を卜占によって知り得た。

災異に対する祭祀で重要となるのは、災異を神の祟りと特定する際に「いずれの神なのか」「何に対して怒り、祟りを発生させたのか」などの情報を知ることである。この情報なくして災異の鎮静化は望めない。「いずれの神が何に対して怒り、祟りを発生させ災異につながったのか」という、言わば「祟りの原因」を究明するのが卜占や蓍亀である。(3) 卜占によって「災異＝祟り」と特定した後には、「災異を発生させている神」と「祟りの理由」を究明し、祟りを鎮める祭祀が行われる。祭祀とは災異を鎮静化させる手段なのである。

つまり、古代においては、災異が発生した場合、卜占によって、災異を神の祟りと特定して、その原因を知ることができれば、祭祀などの手段によって祟りを鎮め、災異を鎮静化させることが可能と考えられていたのである。(4)

律令期には、こうした「災異（祟り）と対処（祭祀）」の関係がシステム化されていく。次に挙げた、貞観六年（八六四）に、富士山の噴火を受けて蓍亀を行ったところ、浅間名神の祝と禰宜が神事を怠っていることが原因であるとし、浅間名神に奉幣・鎮謝・解謝を行ったという記事にある、「富士山の噴火→蓍亀→鎮謝・奉幣」は「災異→災異原因の究明→対処」のシステムに沿った一例である。

・『日本三代実録』貞観六年八月五日己未条

下知甲斐国司云。駿河国富士山火。彼国言上。決之蓍亀云。浅間名神禰宜祝等不勤斎敬之所致也。仍応鎮謝之状告知国訖。宜亦奉幣解謝焉。

また、天長年間（八二四～八三四）以降は、「災異→卜占→対処」のシステムに加えて、「災異の予知と予防」という神事が頻出している。これは、「災異＝祟り」であるならば、事前に祟りを察知して祭祀を行えば災異を予防することが可能だとする考え方である。それまでは、災異が発生してから、その原因究明を卜占によって行い、祭祀などによって対処していたが、災異が発生する以前に卜占によって祟りを予察してその原因を究明し、事前に祭祀を行うことで災異を回避するという、災異予防の神事が行われるようになったのである。貞観八年に、「信濃国水内郡の三和神と神部神の忿怒により兵疾の災いが発生する」と神祇官が奏言したことを受けて国司による奉幣が行われたとする次の記事は、予防祭祀の事例と言えよう。

・『日本三代実録』貞観八年二月七日癸丑条

神祇官奏言。信濃国水内郡三和。神部両神。有忿怒之心。可致兵疾之災。勅。国司講師虔誠潔斎奉幣。幷転読金剛般若経経千巻。般若心経万巻。以謝神怒。兼厭兵疾。

災異を予察しても具体的な神や祟りが特定されない場合には、災異を予防するための祭祀が名神を中心に行われている。例えば、承和年間には、神祇官の御卜によって疫病の流行を予知、また、陰陽寮によって雨害を予知したため、それら災異を予防するために名神へ祭祀や奉幣が行われている次の記事が見出せる。

・『続日本後紀』承和九年九月辛亥条

勅。去四月四日御卜曰。来年春夏間。可有疫気。宜奉幣於伊勢大神宮。兼奠幣於天下名神。防災於未然。

・『続日本後紀』承和十五年六月丁酉条

勅曰。陰陽寮申云。今茲秋雨応為害者若不予防。恐損年穀。宜令五畿内七道諸国。奉幣於名神。以防止雨害。

予防祭祀は、神祇官や陰陽寮などの卜占があって初めて成り立つ神事であるから、基本的に臨時祭祀である。名神が重視されているのが特徴であり、しだいに恒例化していく。

古代において卜占・蓍亀とそれに伴う神事は、災異の鎮静化と予防を担うものであり、国家にとっては行政の一環であった。

二　祟りの特徴をめぐって

祟りの特徴を挙げると、第一点目は、発生の原因に明確な基準がないということである。神祇によっても祟りの発生原因は異なっている。次に掲げる、石上神宮に収めてあった兵器を山城国に移したことによって「聖体不予」となった延暦二十四年（八〇五）の記事や、良岑木連が神戸の行政に関して旧例に従わなかったとして「無有効験」となってしまった嘉祥二年（八四九）の記事、旧例に反して神主を設置したために大和国三歳神の「祟咎」が生じたとされる貞観八年（八六六）の記事などは、祟りの事例として挙げられるが、これらに共通するのは、「旧例に反している」という点である。

•『日本後紀』延暦二十四年二月庚戌条

造石上神宮使正五位下石川朝臣吉備人等。支度功程。申上単功一十五万七千余人。太政官奏之。勅曰。此神宮所以異於他社者何。或臣奏云。多収兵仗故也。勅。有何因縁所収之兵器。奉答云。昔来天皇御神宮。便所宿収也。去都差遠。可慎非常。伏請卜食而運遷。是時文章生従八位上布留宿禰高庭。即脩解申官云。得神戸百姓等款偁。比来。大神頻放鳴鏑。村邑咸怪。不知何祥者。未経幾時。運遷神宝。望請奏聞此状。蒙従停止。官即執奏。被報宣偁。卜筮吉合。不可妨言。所司咸来。監運神宝。収山城国葛野郡訖。無故倉仆。更収兵庫。即而聖体不予。典闈建部千継。被充春日祭使。聞平城松井坊有新神託女巫。便過請問。女巫云。今所問不是凡人之事。宜聞其主。不然者。不告所問。仍述聖体不予之状。即託語云。歴代御宇天皇。以慇懃之志。所送納之神宝也。今践穢吾庭。運収不当。所以唱天下諸神。勒諱贈天帝耳。登時入京密奏。即詔神祇官幷所司等。立二幄於神宮。御飯盛銀笥。

副御衣一襲。並納御輦。差典闈千継充使。召彼女巫。令鎮御魂。女巫通宵忿怒。託語如前。遅明乃和解。有勅。准御年数。屈宿徳僧六十九人。令読経於石上神社。詔曰。天皇御命爾坐。石上乃大神爾申給波久。大神乃宮爾収有志器仗乎。京都遠久成奴流爾依弖。近処爾令治牟止為弖奈母去年此爾運収有流。然爾比来之間。御体如常不御坐有流爾。大御夢爾覚志坐爾依弖。大神乃願坐之任爾。本社爾返収弖之。无驚久无咎久。平久安久可御坐止奈母念志食。是以鍛冶司正従五位下作良王。神祇大副従五位下大中臣朝臣全成。典侍正五位上葛井宿禰広岐等乎差使弖。礼代乃幣帛幷鏡令持弖。申出給御命乎申給止申。辞別弖申給久。神那我良母皇御孫乃御命乎。堅磐爾常磐爾。護奉幸閉奉給閉止称辞定奉久止申。遣典薬頭従五位上中臣朝臣道成等。返納石上神社兵仗。

•『続日本後紀』嘉祥二年六月庚戌条

越前守従四位下良岑朝臣木連卒。木連。故大納言贈従二位安世朝臣第一男也。容儀閑雅。声価有藹。初除大学助。以父憂去職。天長八年正月除従五位下。叙下野介。秩満入京。任式部少輔。承和三年除従五位上。拝陸奥守五年三月叙正五位下。八年正月除左中弁。十一年正月叙従四位下。任越前守。木連自恃良家子。而齢且少壮。欲立功名。好施異治。為諸神戸。所行之政。不拠旧例。殊是察々。同寮禁之。距而不肯。遂因此失。立受其咎。悔而改之。無有効験。卒時年卌六。

•『日本三代実録』貞観八年二月十三日己未条

神祇官奏言。大和国三歳神。旧无神主。而新置之。致祟咎実由此。仍更停焉。

旧例は「慣例・先例・古例」とも換言でき、いわゆる明文化されていない約束事である(5)。祟りは不明確な原因によって生じるものであるため、保全を維持するためには、神事を旧例に随って行うことが重視されていた。とくに、石上神宮の事例で明らかなように、旧例に違えれば天皇といえども祟りを受けてしまう可能性があり、神事における旧例の踏襲が重要であった状況が理解できる[6]。国家にとっても、国家祭祀を成立させながらも、なるべく旧例に随い、祟りの発生を抑える必要があった。先述の［崇神紀Ⅰ］では、大物主神が「我が子である大田田根子」に祭られることを望んでおり、他者の祭祀では霊験が顕れないとあった。このような「神祇または神社に所縁のある者が神事を担う」とする不文律的な旧例は、律令期でも重視され、神主や祝になる共同体（氏族・ムラなど）が定まっていることが多いのはその所為と考えられる[7]。

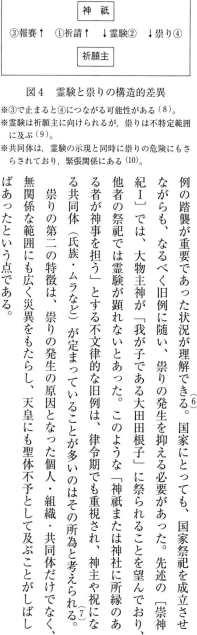

　祟りの第二の特徴は、祟りの発生の原因となった個人・組織・共同体だけでなく、無関係な範囲にも広く災異をもたらし、天皇にも聖体不予として及ぶことがしばしばあったという点である。

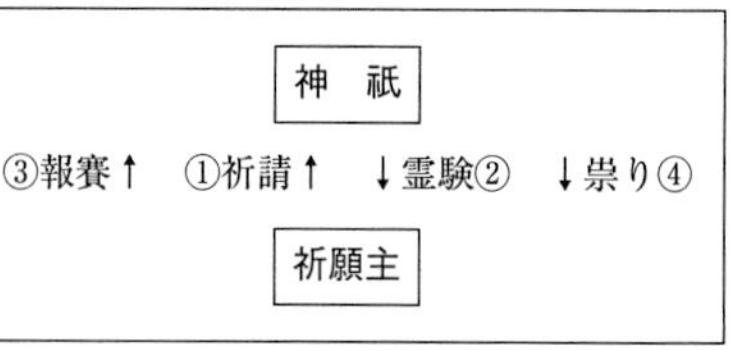

図４　霊験と祟りの構造的差異

※③で止まると④につながる可能性がある（8）。
※霊験は祈願主に向けられるが，祟りは不特定範囲に及ぶ（9）。
※共同体は，霊験の示現と同時に祟りの危険にもさらされており，緊張関係にある（10）。

例えば、次に掲げた、春日神山における狩猟と伐採が神の咎につながるとして、災異が国家に及ぶことを恐れての禁制や、鴨川の上流で狩猟の獲物を洗うことによって下流にある神社が穢れ、その汚穢の祟りを発生させているとする御卜、各国での神事の闕怠が祟りを発生させ、それが国家規模の災異を招いているとする勅などからは、祟りが、それを引き起こした当事者だけでなく、不特定多数の広い範囲に及ぶと考えられていたことが指摘できる。

•『類聚三代格』巻一　神社事

太政官符

応禁制春日神山之内狩猟伐木事

右被中納言従三位兼行左兵衛督陸奥出羽按察使藤原朝臣良房宣偁。春日神山四至灼然。而今聞。狩猟之輩触穢斎場。採樵之人伐損樹木。神明攸咎。恐及国家。宜下知当国厳令禁制者。国宜承知。仰告当郡司并神宮預。殊加禁制。兼復牓示社前及四至之堺。令人易知。若不遵制旨。猶有違犯者。量状勘当。不得容隠。

承和八年三月一日

•『続日本後紀』承和十一年十一月壬子条

鴨上下大神宮禰宜外従五位下賀茂県主広友等欵云。所謂鴨川。経二神社指南流出。而王臣家人及百姓等。取鹿彘於北山。便洗水上。其末流来触神社。因玆。汚穢之祟屢出御卜。雖加禁制。曽無順慎者。勅。宜仰当国迄于河源。厳加禁断。若違犯者。禁其身申送。国郡司幷禰宜祝等許容之者。必処重科。

•『日本三代実録』貞観六年七月二十七日辛亥条

勅曰。去年七月廿五日。頒下五畿幷伊賀。伊勢。志摩。遠江。相摸。上総等国云。鎮護国家。消伏災害。尤是敬神祇。欽祭礼之所致也。是以格制頻下。警告慇懃。今聞。諸国牧宰不慎制旨。専任神主禰宜祝等。令神社破損。祭礼疎慢。神明由其発祟。国家以此招災。今欲令諸社一時新加華餝。而経月踰年。未有修造。宜早加修餝勿致重怠。

右の通り、霊験は祈願者に対して示現するが、祟りは不特定の範囲に災異として及ぶのである。また前節でも述べたが、祟りを発生させないことは、災異の予防にもつながることであった。

•『続日本紀』宝亀七年（七七六）四月己巳条

勅。祭祀神祇。国之大典。若不誠敬。何以致福。如聞。諸社不修。人畜損穢。春秋之祀。亦多怠慢。因玆嘉祥弗降。災異荐臻。言念於斯。情深慙惕。宜仰諸国。莫令更然。

右の宝亀七年の勅で、「神社を穢れたままにして常祀を行わないなどの神事の怠りによって、嘉祥がなく災異が頻発している」と責問し、その責任の所在を明確にしているが、祝部による神事の闕怠をなくすことは、災異を減らし、嘉祥を受けることにつながると考えられていた。四時祭の幣帛を祝部が受け取りに来ないため、斉衡年間に貢調使・大帳使に預けて各国に送り[11]、さらに貞観十七年には税帳使・大帳使・朝集使の三箇使に預けて送っているが、これも、幣帛を奉らないことによる霊験の不現と祟りの発生を防止する対策である。

・『類聚三代格』巻一　祭幷幣事

太政官符

応附送税帳大帳朝集等使諸社不受祈年月次新嘗等祭幣帛事

右得神祇官解偁。件等祭幣帛。依祝部不参納置官庫。謹案斉衡二年五月廿日格偁。武蔵。下総。安房。常陸。若狭。丹後。播磨。安芸。紀伊。阿波等国不受幣帛。自今以後。宜附貢調大帳等使送之者。而貢調使不着此官。但税帳大帳朝集使等為例来着。今如格条。外国諸社不受幣帛可附大帳使。畿内祝部不受幣帛未被処分。望請。畿内外国不受幣物同附件三箇使班送。但頒幣帛之日不参祝部者。須依格先科祓令慎将来。若猶不悛。将従解却。謹請官裁者。右大臣宣。依請。

貞観十七年三月廿八日

右では、祝部の不参を責問しながらも、神事の闕怠による祟りとそれがもたらす災異を防ぐために、税帳使・大帳使・朝集使に幣帛を預けて届けさせるなど、対策には常に苦慮していたことがうかがえる。

さらに、崇神紀では、大物主神を大田田根子に祭らせ、神々を祭ったことにより、天下平安と五穀豊穣が実現したのだが、［崇神紀Ⅱ］では、「他神」を祭るときは卜占をして「不吉」と出れば祭れないなど、神事には慎重さが必要とされることが記されている。

［崇神紀Ⅱ］

大田田根子を大物主神を祭る神主、物部連の祖である伊香色雄を大物主神の「神班物者」にしようと占ったところ「吉」と出る。そこで他の神々を祭ろうと占うが、これは「不吉」とでる。そして大田田根子を大物主神を祭る神主とし、さらに長尾市を倭大国魂神を祭る神主とした後に、再度、他の神々を祭ろうと占ったところ、今度は「吉」と出たため、八十万の神々を祭り、天社・国社・神地・神戸を定める。こうして疫病は途絶え、国内はようやく平穏となった。

大物主神の祭祀を行うにあたっては、他の誰よりも縁者である大田田根子でなければならなかったのであり、神々を祭る際にも、卜占を行って「吉」の結果が出なければ、祭祀を行うことはできなかった。

古代においては、祟りの発生原因に明確な基準がなく、その発生範囲も不特定に及ぶために、霊験を祈ると同時に祟りを避けることが第一義的に意識されねばならず、旧例の遵守や慎重さが重視されたのである。

ところで、次に掲げる詔勅は、国司と祭祀に関するものである。

・『続日本紀』天平宝字七年九月庚子朔条

勅曰。疫死多数。水旱不時。神火屢至。徒損官物。此者。国郡司等不恭於国神之咎也。又一旬亢旱。致無水苦。数日霖雨。抱流亡嗟。此者国郡司等使民失時。不修隄堰之過也。自今以後。若有此色。自目已上宜悉遷替。不須久居労擾百姓。更簡良材速可登用。遂使拙者帰田。賢者在官。各修其職務無民憂。

・『続日本紀』神亀二年七月戊戌条

詔七道諸国。除冤祈祥。必憑幽冥。敬神尊仏。清浄為先。今聞。諸国神祇社内。多有穢臭。及放雑畜。敬神之礼。豈如是乎。宜国司長官自執幣帛。慎致清掃。常為歳事。又諸寺院限。勤加掃浄。仍令僧尼読金光明経。若無此経者。便転最勝王経。令国家平安也。

•『類聚三代格』巻八　農桑事

勅。夫農者天下之本也。吏者民之父母也。勧課農桑令有常制。比来諸国頻年不登。匪唯天道乖宜。抑亦人事怠慢。宜令天下勤事農桑。仍択差国司恪勤尤異者一人。幷郡司及民中良謹有誠者郡別一人。専当其事。録名申上。先以粛敬禱祀境内有験神祇。次以存心勧課部下百姓産業。若其所祈有応。所催見益。則可専当之人別有褒賞。

神護景雲元年四月廿四日

•『日本後紀』弘仁五年七月庚午条

勅。畿内。近江。丹波等国。頃年旱災頻発。稼苗多損。国司黙然。百姓受害。其孝婦含冤。東海蒙枯旱之憂。能吏行県。徐州致甘雨之喜。然則禍福所興。必由国吏。自今以後。若有旱者。官長潔斎。自禱嘉澍。務致粛敬。不得狎汚。如不応者。乃言上之。立為恒例。

•『類聚国史』弘仁七年七月癸未条

勅。風雨不時。田園被害。此則国宰不恭祭祀之所致也。今聞。今茲青苗滋茂。宜敬神道大致豊稔。庶俾嘉穀盈畝黎元殷富。宜仰畿内七道諸国。其官長清慎斎戒。奉幣名神。禱止風雨莫致漏失。

天平宝字七年（七六三）には、「疫病・水旱・不審火などの災異が頻発した原因は、国郡司による神事の怠りであった」とする勅が出されている。「疫死多数。水旱不時。神火屢有徒損官物。此者国郡司等不恭於国神之咎也」とあって、国郡司の神事の怠りによる神の咎によって災異が引き起こされたとするのだが、ここで注目したいのは、国郡司が怠ったのは「国神」の神事という点である。神亀二年（七二五）の詔では、「国司自らが国内の神社を清掃し、幣帛を執ることを歳事とすべし」とあり、神護景雲元年（七六七）の勅では、「国司の職掌として、国内の霊験があるとされる神祇を祀るべし」とある。また、弘仁五年（八一四）の勅では、畿内・近江・丹波で旱などが頻発するのは国司の心がけが悪いためだとし、国内に旱があれば国司自らが祈雨祭祀を行うように指示しており、さらに弘仁七年の勅でも、風雨による不作は、国司が祭祀を疎かにしているためだとしている。

これらの詔勅において国司に求められた祭祀とは、果たしてどのような性格のものなのであろうか。そして、諸国内で奉幣や祭祀の対象とされた社とは、官社制に対応するものだったのであろうか。この問題点を次節で考察してみたい。

三　国家祭祀と国司祭祀

まず官社制を確認しておくと、国家が官社と指定した神社に祈年祭奉幣を行って、国家規模の平安・豊穣を祈る制度であり、官社とは国家鎮護を祈る社としての性格を付与された神社である。神社では、もともと氏族と村落といった特定の共同体が祈請や報賽などの祭祀を行っていた。それら特定の共同体では旧例が守られ、氏族や村落固有の祭祀が行われていた。こうした特定の共同体が持つ神事の独自性は、「共同体の閉鎖性」とも換言できる。そこに郡・国・国家の祭祀が新たに加えて行われたことは、祈願主の範囲が、氏族や村落から郡・国・国家へと拡大することである。そうした「祈請と霊験の示現」の範囲の拡大は、「祭祀の開放性」とも言い換えられる。もともと大和朝廷は大王と部族の連合体であり、この畿内政権が統治範囲を拡大し、律令制によって中央集権化したが、災異から国家を保全する神事も担う必要があった。ただし、神祇祭祀は他者が踏み込むことに慎重であらねばならなかったため、それまで氏族・村落・郡・国でとどまっていた霊験の示現を国家レベルにまで広げる手続きとして、官社の指定が行わ

①村落・民族	↑	閉鎖性
②郡	｜	
③国	｜	
④国家	↓	開放性

図5　祭祀の開放性

※1神社で①〜④の祭祀が併存する。

れたのである。[12]

神社が官社に指定される要件の一つとして、霊験の示現が挙げられるが、これは、「諸国でよく霊験を示現する神を国家に対しても霊験を示現せしめるために「供幣之例」に入れる」とする天平年間の詔[13]からも理解できる。

それでは、霊験の示現による官社化の例をいくつか挙げてみたい。

・『日本紀略』弘仁十四年（八二三）正月丁丑条

常陸国従五位下筑波神為官社。以霊験頻著也。

（常陸国の筑波神は、弘仁十四年に「霊験頻著」という理由によって官社となった[14]）

・『続日本後紀』承和四年（八三七）正月辛卯条

在石見国五ヶ郡中神惣十五社。始預官社。以能応吏民之禱。久救旱疾之災也。其神名具在神祇官帳。

（石見国の五ヵ郡の一五社は、承和四年に官社に預かっているが、官社化の理由として、吏と民の祈請に応えて災異による被害から救ったことが挙げられている）

・『続日本後紀』承和四年十二月庚子条

大宰府言。管豊前国田河郡香春岑神。辛国息長大姫大目命。忍骨命。豊比咩命。惣是三社。元来是石山。而上木物無。至延暦年中。遣唐請益僧最澄躬到此山祈云。願縁神力。平得渡海。即於山下。為神造寺読経。爾来草木蓊鬱。神験如在。毎有水旱疾疫之災。郡司百姓就之祈禱。必蒙感応。年登人寿。異於他郡。望預官社。以表崇祠。許之。

（承和四年には、災異時に香春岑神に祈禱すれば必ず感応があったという理由によって、豊前国田河郡の香春岑神三社

が官社に預かっている）

・『続日本後紀』嘉祥元年（八四八）七月甲申条

因幡国法美郡无位宇倍神奉授従五位下。即預官社。以国府西有失火。随風飛至。府舎将燔。国司祈請。登時風輟火滅。霊験明白也。

（嘉祥元年には、因幡国法美郡の宇倍神に位階が奉授され、官社にも預かっている。火事によって危うく国庁が焼け落ちるところを国司の祈請によって難を逃れたことが、宇倍神の霊験によるものと見なされたのである）

右の四つの記事に共通するのは、官社化する以前から、国郡レベルの公的祭祀が行われ、そこで霊験を示した神社が官社に指定されたという点である。例えば、石見国の五ヵ郡の一五社では、官社化する以前から、村落などによる「民」の祭祀に加え、国郡司などによる「吏」の祭祀が行われていた。因幡国の宇倍神も、国庁の火災を防いだことによって官社化したとされるが、火事という危急の災異時に祈請の対象になったのは、国庁の至近という地理的条件と、これ以前から国庁によって宇倍神への祭祀が恒常的に行われていたためであろう。

祭祀における祈願と霊験のシステムとしては、Aが祈ればAの範囲に感応し、Bが祈ればBの範囲に感応するもので、村落が祈請すれば霊験はその村落に示現し、氏族が祈請すればその氏族に示現し、国司が祈請すれば国司所管の国内に示現し、国家が祈請すれば国家規模で示現するとされていた。奉斎集団の「祈禱と霊験」を国家へと拡大する手続きが官社化であったとも言える。

筑波神の祭祀はもともと常陸国レベルの祭祀であり、霊験の示現に対する報賽として官社化し、国家による奉幣が行われることによって、筑波神の霊験は常陸国から全国へと拡大した。石見国でも、祭祀と霊験の示現は石見国内に限られたものであったが、報賽の一種と考えられる官社化によって、その範囲は諸国へと広がった。また、豊前国田河郡の香春岑神では、祈願主は郡内の百姓と郡司であるが、「田河郡では、災異のたびに香春岑神に祈禱をすれば必ず感応があるので、年登人寿が他の郡と異なる」との記事の記載から、香春岑神の祭祀は田河郡独自のものであり、豊前国としても祭祀を行っていなかったと言える。豊前国田河郡では、在地村落は個々の共同体の平安を祈り、郡司は郡内の平安を祈ったが、他郡や豊前国は香春岑神に祈請をしていなかったため、香春岑神の霊験は田河郡内に限られて豊前国全体には及んでいなかったのである。これは、国と郡の祭祀が必ずしもリンクしていなかったことを示しており、この関係は「国と郡」のみならず「国家と諸国」にも敷衍される。

律令期の国司祭祀に関しては[15]、「職員令」摂津職条の大夫、大宰府条の帥、大国条の守の職掌として「祠社」が規定されているが、その解釈「謂。祠者祭百神也。社者検校諸社也」にある「百神」や「諸社」の範囲は不分明である[16]。先の神護景雲年間（七六七～七七〇）の勅では、国郡司に対して、農桑を勧課せしめ、補任されている国郡内でよく霊験をあらわす神祇を祈らせているが、その祈願対象の選定も国郡司に委ねられていた。弘仁年間の勅では、旱の際に国司が祈雨祭祀を行っていないことを非難しており、旱が起きれば国吏として祈雨祭祀を行うことを恒例とし、また、風雨によって農作物に被害が出るのは、国司が国内の祭祀を怠っているためと非難している。

一方、奈良時代、国家祭祀である班幣は、神祇官と祝部との間で幣帛の授受が行われ、祝部は幣帛を持ち帰って各神社で奉幣を行うため、恒常的な国家祭祀は国司の介在を必要としない。

つまり、国家が国司に対して執行を推奨していた祭祀とは、国郡内への霊験を祈念する国郡レベルの祭祀、国内の平安を国司の責任をもって祈念する国司祭祀であったと考えられよう。そして国司祭祀では、国家祭祀の対象である官社と必ずしも対応しておらず、諸国が独自に対象社を設定していたのである。

『類聚符宣抄』の弘仁十二年七月二十日官符の断簡では、「自今以後。可禱之状。令国言上。然後特於所言国内名神。

奉幣祈請。不以一国之事掩諸国之願。如有異災遍於天下。不用此例」とあって、名神奉幣において、「一国之事」と「諸国之願」とを混同することを戒めており、名神奉幣は諸国レベルの神事であることを明確化している。名神奉幣において国司が「一国之事」と「諸国之願」とを混同して行ってしまう状況が生じたのは、本来、国司に求められた祭祀は、一国の平安を願う祭祀であり、祈願の範囲が諸国に及ぶ祭祀権は付与されていなかったからと考えられよう。

ところが平安時代になると、班幣システムで国司の介在を求めるなど、国司による国家祭祀の関与がしだいに強化されていった。[17] 朝廷は、国家の利益に沿った神事や祭祀を行うために特定の神社を積極的に官社に指定することもあるが、霊験の報告を諸国に促しているように、国家の利益に沿った祭祀を行う神社の選定を国司にも担わせていた。諸国で官社数の大小が生じたのも、国司の報告の多少が一因であると考えられる。これは官社に限ったことではなく、神位の奉授を国別に見ても国ごとにそれぞれ特徴が見出せる。[18] 官社中心に奉授が行われている国、官社か否かの区別なく奉授が行われている国、奉授の多い国や少ない国、高位の奉授が多い国、従三位以上の奉授がない国など様々である。国によっては、名神・官社・その他の神社と神社の序列らしきものが確認できる国もあるが、それも全国的な傾向とは言えない。貞観年間に「諸国の神社は多数存在するにもかかわらず、国司が偏って霊験を報告し増位を申請するため、二三年で三位以上になってしまった神社がある」[19] と朝廷が非難しているように、神位の奉授の基準は国司の申請によるものが大きい。それはつまり、神階社の多少や官社重視か否かなどは諸国の神祇行政の特徴が反映されていたということになる。

また、嘉祥年間に、五畿内七道諸国の諸神に対して、有位の神祇には一階の増位、無位の神祇には六位の奉授（ただし大社・名神は従五位下の奉授）が行われたが、[20] これは、すべての神社への増位と奉授であることが特徴的である。国史には、これ以降も無位の神祇が確認できるから、諸国の神事は国司によって把握されてはいるものの、郡や村落レベルで祭祀が行われる神祇の中には、国司でも把握していない神祇が存在し、嘉祥年間の一斉奉授で洩れたケースがあったためと考えられる。

以上のように、諸国の独自性は、古代の神事における慣例・旧例に従う姿勢とも合致する。国家は、国司祭祀を推奨しながらも制度化に踏み込まず、諸国の神事・旧例を尊重した。それによって、諸国の神事は独自性が強く残ったと考えられる。

おわりに

以上、律令期の神祇制について、霊験と祟りのシステム化を中心に考察してきた。

霊験は、国家が祭祀を行えば国家に示現され、国郡が祭祀を行えば国郡に示現され、村落が祭祀を行えば村落に示現され、氏族が祭祀を行えば氏族に示現するものであった。一方、国家・国郡・村落・氏族の各神事に闕怠が生じた場合、その祟りはそれぞれに発生するのではなく、不特定範囲に発生すると考えられていた。神事の闕怠防止を制度化した背景には、神事の闕怠は祟りを引き起こし、災異を不特定範囲に生じさせる危険性があると認識されていたことが挙げられる。

また、祟りの原因は神祇によって異なるものであったため、古代の神事においては旧例の遵守が重視され、各共同体のもつ慣例または独自性を尊重することが基本的な姿勢であった。各国の神事も、そうした旧例遵守の理念によって、独自性が尊重され容認される方針にあった。全国的に「国郡内の平安祭祀」という共通性はあっても、一律的ではなく、明確に明文化もされない諸国郡の神事は、公的であるが国家的な性格はもたず、全国的に共通性をもつが独自性をも有するという特徴をもっていたのである。

おそらく一宮などは古代から続く諸国の独自性が反映されたもので、古代から中世に移り変わる過程において、諸国が自国に沿うように導入しながら広がったものと推測できる。

一方、神事の闕怠防止を制度化する過程では、不文律的な旧例に違えることもあった。例えば、奉幣の遵行を重視して国司に親祭させることは「神祭は神祇・神社の縁者が望ましい」とする旧例には合致しない。ただし、基本的に神事は祝や神主に行わせており、国司による個別の神社への直接的な関与は、限定的であったと考えられる。(21)

古代において、霊験を受け、祟りを鎮静化または予防することは、自然からの恩恵を増大させ、被害を減少することに通じる、重要な行政の一環であった。とくに、祟りは発生原因が神祇によって異なり、その発生範囲も不特定に及ぶという不明確な存在であったため、国家は神祇に対して強い緊張感をもちながら、未だ全国的な視野をもてない地域に対して苛立つ一方、地域における神事の独自性を容認せねばならない中で、神事を制度化していったのである。

本章は、霊験や祟りという現代では不合理とされる要素を軸に考察したものであるが、それらは古代においては、卜占などを用いることで自然を合理的に説明しうる存在であったことを付言しておきたい。

註

（1）岡田精司「律令的祭祀形態の成立」（『古代王権の祭祀と神話』塙書房、一九七〇年）、同「古代における宗教統制と神祇官司」（『古代祭祀の史的研究』塙書房、一九九二年）など。

（2）岡田莊司「天皇と神々の循環型祭祀体系―古代の祟神―」（『神道宗教』一九九・二〇〇、二〇〇五年）。岡田氏は、神の祟りに注目し、神の祟りと神祇制度とが連動していたとする。

（3）米井輝圭「古代日本の「祟りのシステム」―律令国家における「祟り」の用例―」（『東京大学宗教学年報』一〇、一九九二年）、大江篤「『祟』現象と神祇官の亀卜」（『続日本紀の時代』塙書房、一九九四年。後、『日本古代の神と霊』〈臨川書店、二〇〇七年〉所収）、西山良平「〈聖体不予〉とタタリ」（門脇禎二編『日本古代国家の展開』上巻、思文閣出版、一九九五年）、山下克明「災異・怪異と天皇」（岩波講座『天皇と王権を考える』第八巻、岩波書店、二〇〇二年）、大江篤「陰陽寮と『祟』」（大隅和雄編『文化史の諸相』吉川弘文館、二〇〇三年）など。

（4）古代においては、祟りを回避するために祭祀を行えば、逆に霊験の示現を期待できるとも考えられていた。祭祀の基本として「銷災致福」「攘災招福」「災除福至」「転禍為福」という表現が用いられるのもそのためである。

（5）岡田莊司「古代～の法制度と神道文化―天皇祭祀に関する不文の津、不文の法―」（『明治聖徳記念学会紀要』四六、二〇〇九年）。岡田氏は、神と天皇との間には緊張関係が存在しており、古代においては無防備に親祭が行われなかったとする。

（6）笹生衛「古代における祭具の再検討―千束台遺跡祭祀遺構の分析と鉄製品の評価を中心に―」（『國學院大學伝統文化リサーチセンター研究紀要』第二号、二〇一〇年）。
笹生氏によれば、朝鮮半島から伝わった鉄器は、五世紀に祭具・副葬品として用いられるようになり、同時に、土製や石製の模造品も作られて斎場や墓内におさめられたとし、副葬品は葬儀の変遷とともに変化していったが、祭具は延喜式の時代まで大きな変化をしていないと指摘する。笹生氏は、時代を通してあまり祭祀具が変化しないことを論じており、こうした考古学的分析からも、神事においては旧例が遵守されていたことが裏付けられる。

（7）『類聚三代格』元慶五年（八八一）三月二十六日官符「応三年一進諸神祝部氏人帳事」で、国家が祝部氏人帳を国ごとに作成させたのは、祝部の選任基準を明確にして把握するためであった。その基準では、白丁を補するを停め、八位以上・六十歳以上の人物を補するのであるが、もし、氏人・神戸の中に適当な人物がいなければ、六十歳以下でも可能とする。祝部氏人帳を三年に一度作成させてまで、祝部選任の明確化を図っているが、あくまでも諸神の祝部となる氏は固定化されている。これは、官社に指定された神社であっても、その経済基盤は在地や氏族であったという経済的な事情に加え、旧例を重視する当時の神事観が大きな理由であったと考えられよう。

（8）三善清行の「意見十二箇条」の第一ヵ条は「水旱を消し豊穣を求むべきこと」であり、その中で清行は、祈年・月次の祭りは「豊熟を乞うて、その報賽を致す」祭祀であるとする。国史でも、祈請と報賽が重要とされ、報賽を行わなかったがゆえに祟りが発生したとする記事がしばしば見られる。

（9）霊験を求める祭祀には官社化する手続きを基本的に必要とするが、祟りを謝す祭祀は、卜占で祭祀対象の神祇が判明してから行う不定期のものであり、祟りを発生させる可能性はすべての神祇にあったため、基本的に官社化を必要としなかった。
（10）岡田前掲註（2）論文。
『日本書紀』崇神天皇六年条で、天照大神と倭大国魂神の神威を畏れ、共に住むことに不安があるとして、天照大神を大殿の内から倭笠縫邑に祭ったとするのも、崇敬と畏怖が神事の両軸であったと考えれば理解しやすい。
（11）『類聚三代格』斉衡二年（八五五）五月二十一日官符「応奉祈年月次新嘗等祭幣事」。
（12）岡田前掲註（2）論文。
（13）『続日本紀』天平九年（七三七）八月甲寅条。
（14）官社化以前にすでに従五位下が奉授されているが、おそらく常陸国内で霊験の示現があり、国司の申請によって神階奉授が行われたと考えられる。
（15）小倉慈司「八・九世紀における地方神社行政の展開」（『史学雑誌』一〇三―三、一九九四年）など。
（16）神事において、郡司と国司との差異は、令の職掌の「祠社」の有無である。郡司は国造と兼任を禁じられたが、これは、公務と特定の神社の神事とを分け、それぞれを専らにすることが求められたためであり、郡内祭祀が禁じられたわけではない。
（17）とくに、官社が鎮座する国が幣帛料を支出し、祝部も国ごとに幣帛を受け取る制度への変更は、幣帛授受のシステムの変更のみならず、祈年祭の理念の形骸化を意味していた（『類聚国史』延暦十七年〈七九八〉九月癸丑条）。延暦以前の祈年祭は、国家の平安や豊穣を、朝廷が主体的に祈る祭祀であった。その一方で、官社に指定された神社であっても、氏族、村落、国郡が主体となって祭祀を行えば、それは、氏族、村落、国郡レベルの祭祀であった。ところが、諸国に祭料・幣帛料を準備させるなどして国司に委任していったことで、国家祭祀としての性格が構造的に薄れていったのである。
（18）神階奉授については、岡田莊司編『古代諸国神社神階制の研究』（岩田書院、二〇〇二年）参照。
（19）『日本三代実録』貞観十年（八六八）六月二十八日官符「応以女為禰宜事」。
（20）『類聚三代格』嘉祥四年（八五一）正月二十七日官符「応国内諸神不論有位無位叙正六位上事」。
（21）藤森馨「鎮花祭と三枝祭の祭祀構造」（『神道宗教』二一一、二〇〇八年）。藤森氏は、在地神主を媒介とせざるをえない前代以前の神社委託型の祭祀伝統が厳然と存在していたと指摘する。

第二章　古代の「罪」と「祟」

――稲荷神にみる「伐木の罪」と「天皇不予」とを中心に――

はじめに

稲荷神・稲荷神社が国史で見られるようになるのは、九世紀前半の天長年間（八二四～八三四）からである。国史における「稲荷」の記載は表2で示した通り、奉幣が中心である。とくに、貞観年間（八五九～八七七）からは、「伊勢」「石清水」「賀茂両社」「松尾」「平野」「春日」「大原野」「住吉」「梅宮」「広田」「貴布禰」「丹生川上雨師」などの神・社とともに奉幣がなされており、後の十六社・二十二社へとつながる特定数社奉幣の体制が形成される時期と考えられる。(1)稲荷が十六社に選ばれた理由については、東寺との関係が推測されるが、不明な点が多い。律令制下の稲荷については、「山城国風土記逸文」などにも記載はあるものの、あくまでも限定的であり、諸先学も多くの推論を重ねている。(2)

ところで、「稲荷」の初見とも言われる『類聚国史』の天長四年正月辛巳条（後、天長四年条）には、稲荷神社の木を伐採した「罪」が「祟り」としてあらわれ淳和天皇の不予に及んだことが記されている。神の祟りが天皇に及んだものとしては、崇神紀や仲哀紀が有名だが、斉明紀でも、天皇が造宮のために朝倉社の木を伐り払ったところ、殿舎

表２　国史における稲荷の記事

年	天皇	国史における稲荷の記事
天長４(827)	淳和	詔
承和12(845)	仁明	従四位下稲荷神が名神に列した。
貞観７(865)	清和	「明神」に神田が充てられた。松尾神５段・賀茂御祖神５段・別雷神５段・稲荷神３段・平野神５段・大原野神５段。
12(870)	清和	諸社に使者を派遣して，鋳銭司と葛野鋳銭所が新鋳銭を奉じた。賀茂御祖別雷両社・松尾社・稲荷社(使神祇大祐正六位上大中臣朝臣常道)・石清水社・平野社・梅宮社・春日社・大原野社。
14(872)	清和	この歳の春から，内外で頻りに怪異があらわれたので，諸神社に使者を派遣して奉幣がなされた。賀茂両社・松尾梅宮両社・平野社・大原野社・石清水社・稲荷社(使神祇伯従四位下藤原朝臣広基)。
15(873)	清和	嘉澍を祈るために，賀茂・松尾・乙訓・稲荷・貴布禰・丹生川上雨師神に奉幣がなされた。
元慶元(877)	陽成	大極殿を構造するに先立って，於伊勢大神宮・石清水八幡大菩薩宮・賀茂御祖別雷・松尾・平野・稲荷等神社に奉幣がなされた。
元(877)	陽成	甘雨を祈るために，石清水八幡大菩薩宮・賀茂御祖・別雷・松尾・稲荷・木島・乙訓・大依羅・垂水・広田・生田・長田神社に奉幣がなされた。
元(877)	陽成	封戸10戸が充てられた。
2(878)	陽成	旧禱(天皇不予)に賽するため，賀茂御祖別雷・松尾・石清水・稲荷・住吉・平野・大原野・梅宮に使者を派遣して奉幣と奉馬がなされた。さらに，五畿七道の名神に幣帛が班たれた。
仁和元(885)	光孝	賀茂上下・松尾・稲荷・住吉・石清水・高賀茂・平野・春日・大原野・梅宮の11神社に使者が派遣され奉幣がなされた(不祥事・災害の予防)。

が雷で破壊され、鬼火があらわれて人々が病死し、斉明天皇の葬儀の際にも朝倉山に鬼があらわれたとある。古代において、神社の樹木の伐採が神事的に禁忌であったことは、孝徳紀に、「仏法を尊び、神道を軽んじた（生国魂社の木を伐採したのがそれである）」と記載があることからも、当時広く受け止められていた観念であったと推測できる。天長四年条は、造寺のために稲荷神社の樹木を伐採した罪が祟りとなって天皇に及んだとする記事であり、崇神紀・仲哀紀・孝徳紀・斉明紀からつながる古代の神事観を引き継いでいると考えられる。

　本章では次の天長四年条を検討し、古代の神と天皇との関係について考察を試みていく。

　詔曰。天皇詔旨止。稲荷神前爾申給閉止申佐久。頃間御体不愈大坐須爾依弖占求留爾。稲荷神社乃樹伐礼留罪祟爾出太利止申須。然毛此樹波。

先朝乃御願寺乃塔木爾用牟我為爾止之天。東寺乃所伐奈利。今成祟利止申我故爾。畏天奈毛内舎人従七位下大中臣雄良乎差使天。礼代爾従五位下乃冠授奉理治奉留。実爾神乃御心爾志坐波。御病不過時日除愈給倍。縦比神乃御心爾波不在止毛。威神乃護助給波牟力爾依天之。御躬波安万利平支給牟止。所念食止奉憑流止申給布天皇詔旨乎申給波久止申。

天長四年条の詔の大要を確認すると、次のようにまとめることができる。

①淳和天皇の聖体不予のため、占で原因を求めた

②占で「稲荷神社の樹を伐採した罪が祟りとしてあらわれた」と結果が出る

・神社の樹木を伐採することは「罪」である

・「御願寺」の「塔木」に用いるため、東寺が稲荷神社の樹を伐った

・伐採は「先朝」のことであり、朝を経て、罪が祟りとしてあらわれた

③従五位下を稲荷神に奉った

④稲荷神に詔を申して、もし祟りでない場合でも神助を願った

・占の結果には対応するが、外れることも意識している

本章では、右の天長四年条の要点のうち、次の四点を中心にして、古代祭祀の本質について考察を進めていく。

「災異と卜占」

「罪と祟り」

「寺と伐木」

「祟りへの対応」

「災異と卜占」「罪と祟り」「寺と伐木」は関連するポイントであるので、まずはまとめて次節で考察していく。

一　卜占の目的

まずは「災異と卜占」(3)であるが、早くは崇神紀に記述があるので、そちらを確認したい。

崇神天皇五年から、災害が頻発したので、七年に災害の原因究明を目的に「命神亀（＝卜い）」を行う。すると「神明」が倭迹迹日百襲姫命に憑依して、「私を敬祭すれば国は平穏に治まるだろう」と神意を伝える。このとき、「我は大物主神」と名乗ったので、祭祀を行ったが、霊験がない（＝災害が静まらない）。そこで天皇が「夢で神教をいただきたい」と願うと、天皇の夢で大物主神が「国の乱れは私の神意である。私の子である大田田根子を祭祀者として私を祭れば、国は治まるであろう」と伝える。大田田根子を探し出し、大田田根子を大物主神の祭主、伊香色雄を神班物者、長尾市を倭大国魂神の祭主とする。さらに、八十万神を祭り、天社、国社、神地、神戸を定める。ここにおいて、疫病が終息し、国内が平穏になる。

以上が大筋である。崇神紀の記述では、当初、災害の原因は不明であり、卜占を行い、夢によって神意が示されたことにより、原因と対処法を知る。そして、災異が発生しているのは大物主神の神意であり（＝原因）、災異を鎮静化させるために、神意に随う必要があったのである（＝対応）。つまり、崇神紀によれば、災異が発生した場合、災異の原因を卜占によって究明し、結果が出て原因が特定されればそれに対処する、という手法がとられている。

表3は、災異・卜占・神との関係が明示された記事を抜き出したものである。雷雨・災火・旱・霖雨・噴火・疫病・地震・兵乱など、様々な災異に対して卜占を行い、原因を究明した後に、その対応として神事が行われている。

古代において、災異は、個人レベルでは死をもたらし、共同体レベルでは混乱と秩序の崩壊をもたらすものであっ

表3　災異・卜占・祟り

年・月・日	天皇	災異・卜占・祟り
朱鳥元(686). 6. 10		天皇の病を卜うと「草薙剣の祟り」と出る。即日，尾張国の熱田社に送り置く。
天平2(730). ⑥. 11	聖武	6月の雷雨によって，神祇官屋に被害が出た。閏6月に新田部親王に勅して神祇官に卜わせた。畿内七道諸国の諸社に奉幣して謝す。
延暦25(806). 3. 23	桓武	山火事が起き，山陵と定めたところが賀茂社の近くであることが「災火」につながったのではないかと疑い，卜筮をすると「祟り」と出る。天皇は，山陵の卜筮に従わなかったので災異が起きたとして，自ら祈禱をすると，火災が鎮まった。
承和9(842). 7. 19	仁明	旱を卜うと「伊勢・八幡の両神の祟り」と出る。神祇伯に祈禱を命じる。
仁寿元(851). 6. 3	文徳	霖雨を卜うと「春祭の供奉者に穢れがあったため，伊勢・賀茂・松尾・乙訓の諸神が怒っている」と出る。霽を祈る。
貞観6(864). 8. 5	清和	富士山の噴火を卜占すると「浅間名神の禰宜・祝が斎敬に勤めなかったため」と出る。甲斐国司に解謝のための奉幣を命じる。
8(866). 正. 20	清和	常陸国の鹿島神宮司が，不作や疫病について卜筮を行うと「陸奥国の鹿島神の祟り」と出る。鹿島神宮から祭料を出して奉幣する。
10(868). ⑫. 10	清和	地震が止まないので卜うと「広田・生田両神の怒り」と出る。従一位を奉る。
16(874). 7. 2	清和	開聞岳の噴火を卜占すると「開聞神が封戸を願い，神社に汚穢があることによって祟りを発している」と出る。封20戸を奉る。
17(875). 6. 8	清和	旱を卜うと「春日社に斎女を奉らなかった祟り」と出る。奉幣と斎女を奉って，祈雨。
元慶2(878). 8. 4	陽明	官軍が敗北したことを卜うと「大物忌神・月山神・袁物忌神への報賽が無かったことが原因」と出る。

※マル付数字は閏月を示す。

た。災異を恐れ忌避する意識は、現代とは比較にならないくらい高かったであろうことは論を俟たないが、現代のような科学的知識・技術のない時代には、災異に対処する手段として、祭祀を含めた神事的儀式・儀礼が行われた。卜占によって災害の原因を究明し、それが神の祟り・咎・怒りによるものと知れば、祭祀などを行ってそれに謝す。神の怒りを和らげれば、それが元で発生している災異も鎮静化するという価値観である。儀式・儀礼とは言え、それは形式的な作業ではなく、個人や共同体を保全することを目的に行われる実利的なものであり、「共同体内の精神的紐帯」などは、目的としては副次的産物であったと言えよう。祭祀とは、個人レベルでは命と生活の保全、共同体レベルでは秩序の安定という、人間・社会にとって切実な部分にかかわるものであった。

　また、天皇の病に関しても同様であり、現代のように医療の知識・技術が発達していない時代には、病に対処する手段として、当時の医療行為のほかに、宗教的行為・民間療法などが広く信じられ行われていた。これらは、現代では「迷信」の一言で片付けられるが、古代においては医療に匹敵する効果を期待されていたと考えられる。そして、病に対して神事が行われる際には、病の原因を探るために卜占が行われ、それによって原因が究明できれば、祭祀などで神祟・神怒を解くなど、病を癒やす手段として神事的儀式・儀礼が行われた。

　淳和天皇の「聖体不予」に対して「占」が行われたのも、右の理由による。そして、「稲荷神社の樹を伐った罪が祟りとしてあらわれた」と占の結果が出て、祟りの発生元が稲荷神社であることを知り、神事による具体的な対応が可能になったのである。祭祀が災異に対処する手段として機能するためには、災害の原因を究明することが重要であり、その意味で、災異対策には、卜占は欠かせない作業であったと言える。

　天長四年（八二七）条では、「先朝の御願寺の塔木に用いるために東寺が伐木した罪が、今、祟りとなった」と占にあるように、天皇不予の原因は稲荷神の祟りで、「先朝」に稲荷神社の樹を伐った「罪」が、「今」、祟りとなってあらわれたとする「稲荷神社乃樹伐礼留罪」とあるように、古代において、神社の樹木を伐採することは、神事的な禁忌である。先述した孝徳紀・斉明紀の記載からも、神社の樹木の伐採は、重い禁忌であったことが知られる。

　伐木の禁忌については、それが祟りにつながった宝亀年間（七七〇～七八〇）の記事を確認できる。光仁朝に、西大寺の塔を建てるのに石をきり出し、小野社の木を伐採したが、それが祟りにつながった記事である。

・『続日本紀』宝亀元年二月丙辰条
　破却西大寺東塔心礎。其石大方一丈余。厚九尺。東大寺以東。飯盛山之石也。初以数千人引之。日去数歩。時復或鳴。於是。益人夫。九日乃至。即加削刻。築基已畢。時巫覡之徒。動以石祟為言。於是。積柴焼之。灌以卅余斛酒。片片破却。棄於道路。後月余日。天皇不悆。卜之破石為祟。即復拾置浄地。不令人馬践之。今其寺内東南隅数十片破石是也。

宝亀元年に、西大寺の塔心礎のために石をきり出したが、巫覡が石の祟りを言い出したため、柴焼と酒灌で対応したが、石片は捨て置いた。ところが、天皇不予をトうと「破石の祟り」と出たため、棄てた石を浄地（＝西大寺の東南隅）に置いたのである。「天皇不予」という祟りに対して、トいを行って原因を究明したところ、造寺のためにきり出された石の祟りが原因と出たので、その対応として石を浄めている。これは、「祟りの発生源である石を浄めて祟りを鎮めれば、天皇の病も癒える」とする価値観が基になっている。

造寺には多くの石材や木材が必要とされ、寺院建築物の柱は、様々なところから伐り出されたようである。西大寺の塔の建造でも、多くの木材が必要とされ、その一部が小野社からも伐り出された。

・『続日本紀』宝亀三年四月己卯条

震西大寺西塔。卜之。採近江国滋賀郡小野社木。構塔為祟。充当郡戸二烟。

宝亀三年に、西大寺の西塔が震えたのでトうと、「小野社の木を伐採して塔を建てた祟り」と出たことを受けて、小野社に二戸を奉充したのである。具体的な災異は発生していないが、「塔の震え」という怪異（＝異常現象）に対してトいを行ったのは、宝亀元年に造寺のためにきり出された石が、天皇不予という祟りを発生させた先例があったためであろう。同じ西大寺の怪異に不安を感じ、敏感に反応したと考えられる。トいの結果、小野社の木を伐採した祟りが発生しているとして、祟りを鎮めて災異を防ぐため、小野社に二戸が奉充されたのである。

孝徳紀にある、「仏法を尊び、神道を軽んじた（生国魂社の木を伐採したのがそれである）」という記述は、西大寺や東寺の造塔と伐木の記事を考えれば、いずれかの寺を建立するために生国魂社の樹木を伐採したことを指している可能性を指摘できよう。

天長四年条では、神社の樹木の伐採を「罪」と表現する。そして、その罪が年を経て祟りとしてあらわれたとしている。神事上の罪は祟りにつながるという価値感であるが、それは因果律のように必然ではなく、「可能性があるもの」と表現するのが穏当なものである。ただし、罪は災異につながる危険性をはらむものである以上、禁忌を犯して罪が生じたならば、それは災異が生じる危険性につながるものであるから、やはり罪は消除する必要があったのである。

罪を消す手段として行われた一つが「祓」であった。「神祇令」の大祓条と諸国条では、大祓を次のように規定する。

凡六月十二月晦日大祓者。中臣上御祓麻。東西文部。上祓刀。読祓詞。訖。百官男女。聚集祓所。中臣宣祓詞。卜部為解除。

凡諸国須大祓者。毎郡。出刀一口。皮一張。鍬一口。及雑物等。戸別。麻一条。其国造出馬一疋。

『日本書紀』の神代巻にも「祓」についての記述がある。天神が素戔嗚尊に罪を帰せ、その罪を贖わせるために千座置戸を科す場面がそれである。祓によって罪が消えるのであれば、祟りにつながる危険性も排除できるということであるから、「神祇令」で、刀・皮・鍬・麻・馬などを出せとあるのは、神事上の罪に対しては祓物を科すことで罪が贖われるという神代巻の価値観が反映されていると考えられる。半年ごとに行われる大祓は、国内から災異の危険性を消除する儀式・儀礼であり、「国家の保全」を理念として設定されたと考えられる(5)。

また、延暦二十年(八〇一)には、禁忌を四段階に分け、それぞれ「大祓物」「上祓物」「中祓物」「下祓物」を科すことが改定された。(6)「殴傷」や「闘打」は「祓浄」の外に「法に依りて罪を科す」「律に依りて科決す」とあるから、祓物が科されるのは、神事上の禁忌が対象となっている。これも、「神祇令」や『日本書紀』に見える大祓の性格が引き継がれている。祓物を科すことは「祓浄」であり、法的罰則ではなく、祟りにつながる神事上の罪を消除し、災異の危険性を排除するために行われたのである。

天長四年条では、神社の伐木を罪としながらも、祓を行っていないのは、罪が祟りにつながってしまっていることと、延暦二十年官符の「祓物」の対象になっていない罪であることが理由として考えられよう。

仲哀紀と神功皇后摂政前紀では、仲哀天皇が神教に従わずに崩御したことを「祟り」と捉え、神教に従うことが祟りへの対処となっている。「神教に従う」とは「財宝の国を求める」ことであり、神功皇后の出征は、祟りへの対処という流れで記される。その際、群臣と百寮には、「罪を解ひ、過を改める」(7)ことを命じ、斎宮を造っている。この箇所は、仲哀記では、「国の大幣を取りて、生剝、逆剝、阿離、溝埋、屎戸、上通下通婚、馬婚、牛婚、鶏婚、犬婚の罪の類を種種求ぎて、国の大祓をして」とあるように、神事上の罪に対して、祓物を科し、大祓を行ったことが記されている。これらは、祟りにつながる可能性をなくすことで、更なる災異の拡大を防ぐために行われたと考えられよう。

また、貞観四年（八六二）に「内印盤褥」が鼠に嚙まれたので神祇官が卜うと、触穢の人が神事にあたっていたことの祟りと出たので、「妖祥」を祓うために、建礼門前で大祓をしたともある。

- 『日本三代実録』貞観四年十一月二十日甲申条

先是。少主鈴従八位上美和真人清江言。鼠嚙内印盤褥。至是。神祇官卜云。触穢之人供神事。仍成祟。由是大秡於建礼門前。以攘妖祥焉。

表4　山陵の祟りと卜占

年・月・日	天皇	山陵の祟りと卜占
延暦11(792).6.10	桓武	皇太子の病を卜うと「崇道天皇の祟り」と出る。諸陵頭を淡路国に派遣して崇道天皇の霊に謝す。
承和8(841).5.12	仁明	雨が降らないので卜うと祟りと出る。「神功皇后の貢物に闕怠があったので祟りを発した。香椎廟も祟りを発した」。神功皇后陵と香椎廟に謝す。
8(841).10.29	仁明	天皇の病を卜うと「柏原山陵(桓武)の伐木と穢れの祟り」「読経を奉仕すれば咎なし」と出る。柏原山陵に詔を申す。
貞観8(866).6.29	清和	先に，大和国から楯列山陵(＝神功皇后)の樹木を伐採したとの報告があったので，神祇官が卜うと，「木を伐採したことが原因で旱の災いがある」と出る。旱となり，右の卜いを受けて，楯列山陵に謝す。

表5　怪異・卜占・祟り

年・月・日	天皇	怪異・卜占・祟り
宝亀3(772).4.29	光仁	西大寺の西塔が震えたので卜うと「小野社の木を伐採して塔を建てた祟り」と出る。2戸を充てた。
延暦15(796).7.22	桓武	肥後国の阿蘇山上の神霊池が涸れたので，卜筮をすると「旱と疫病に主る」と出る。徳政と斎戒・読経・悔過を行う。
21(802).正.8	桓武	駿河・相模両国から富士山の怪異が報告されたので卜筮をすると「旱と疫病」と出る。両国に対して，鎮謝と読経で災害に対処するように指示する。
天長2(825).4.7	淳和	延暦年中の阿蘇山上の神霊池の怪異に対する徳政と仏事が不十分であるとして，更なる徳政を行う。
承和7(840).7.26	仁明	物怪があったので卜うと「大物忌神の祟り」と出る。さらに，昨年，漂流した遣唐使船が南賊と戦って勝ったことを「大物忌神の神助である」と臆量る。従四位下を奉授し，神封2戸を奉充する。
7(840).9.23	仁明	承和5年の上津島の海中噴火を卜うと「阿波神は三島大社の后神であるにもかかわらず神階が奉られていないので怪異を示した」と出る。同年10月に阿波神と物忌奈乃命に従五位下が奉授される。
8(841).3.28	仁明	承和7年9月に肥前国阿蘇郡の健磐龍命の神霊池が涸れた。卜占を行うと「旱と疫病」と出る。徳政・寺で斎戒・神社に奉幣を行う。
8(841)	仁明	肥後国阿蘇郡の神霊池が涸れたことと伊豆国の地震を卜うと「旱・疫病・兵事がある」と出る。神功皇后陵に詔を申して国家の平穏を願う。伊勢に奉幣し，国家の平穏を祈る。
9(842).5.27	仁明	物怪があったため卜うと「疫気が咎を告げる」と出る。咎の徴を予防するため，諸国で疫神を敬祭させる。
9(842).6.5	仁明	陰陽寮に物怪を占わせると「疫気あり」と出る。伊勢に奉幣して祈攘。
9(842).9.20	仁明	承和8年4月の御卜で「来年の春夏に疫気あり」と出る。予防の

年・月・日	天皇	怪異・卜占・祟り
		ために，伊勢と名神に奉幣。
嘉祥 3 (850). 3	仁明	物怪をトうと「柏原山陵の祟り」と出る。14日に使者を派遣して宣命を奉る。柏原山陵内で伐木があったことが分かる。16日に申謝する。
天安 2 (858). 3. 12	文徳	怪異がしばしばあるのでトうと「深草山陵(仁明)の近くで汚穢があるので怪異が止まない」と出る。「咎祟」がないように深草山陵に宣命を奏上する。
貞観 4 (862). 11. 20	清和	内印盤褥が鼠に嚙まれたので神祇官がトうと「触穢の人が神事に供奉していたことによる祟り」と出る。「妖祥」をはらうために，建礼門前で大祓を行う。
5 (863). 7. 2	清和	去月に流星があったので神祇官がトうと「天照大神の祟り」と出る。不祥を予防するために，大極殿で伊勢大神に禱る。
6 (864)	清和	阿蘇郡の神霊池で怪異があったのでトうと「水・疫・兵の災い有り」と出る。貞観 7 年に，徳政・神事・仏事を行い災害を予防する。国司にも徳政・神事・仏事を指示する。豊前国八幡大菩薩に奉幣。山科山陵に告文。
8 (866)	清和	応天門の火災を卜占すると「さらなる火災」と出る。五畿七道の長官に対し，所管の諸神に奉幣を指示する。応天門の火災と物怪を神祇官と陰陽寮で卜占すると「天皇の病・火災・兵事あり」と出る。予防のために伊勢・南海道諸神に奉幣(名神には京から幣帛を奉じ，諸神は国別に奉幣を指示する。天皇の御意で纐纈と白綾を副える)。
8 (866). 8. 18	清和	応天門の火災を「咎」としトうと「穢れが原因であり，火災と病がある」と出る。山陵の木が多く伐採されているので，山陵守を罰したことを奉告。
8 (866). 11. 17	清和	怪異があるのでトうと「新羅の兵事あり」と出る。諸神に奉幣。
11 (869). 12. 5	清和	新羅賊船の略奪・大鳥の怪異をトうと「隣国に兵革あり」と出る。11年から12年にかけて，伊勢・石清水・香椎・宗像・甘南備に奉幣。
12 (870). 6. 13	清和	兵庫が震動し，鼓のような音が 2 回聞こえたのでトうと「隣兵の警告」と出る。
13 (871). 5. 16	清和	大物忌神社が鎮座する山で怪異があるためトうと「祈禱の報賽が無いこと・遺体が山の水を汚していることに怒って山を焼いている。鎮謝しなければ兵役もある」と出る。報賽を行い，遺骸を撤去し，鎮謝を行う。
14 (872). 7. 29	清和	駿河国で蛇が経を呑み込む怪異があったので神祇官がトうと「冬から春にかけて失火・疫病の災い有り」と出る。駿河国司に鎮謝を指示する。
15 (873). 10. 6	清和	物怪があったので占うと「御病」と出た。賀茂・松尾・平野・大原野に奉幣。
16 (874). 12. 15	清和	皇太后宮で犬が死に，内裏で犬が出産したことを，神祇官がトうと「園韓神が祭を行わなかったことに祟りを発している」と出る。
18 (876). 5. 8	清和	大極殿の火災により柏原山陵に奉告。物怪をトうと「また失火有

	り」と出た。予防のため，御陵の助護を願う。予防のため，諸国の名神に奉幣。
元慶 2 (878). 2 . 27	越前国から，気比神宮の祝部たちが神宮に火災が見えたので行ってみると火災が起きていなかったという報告があったので，陰陽寮が占うと「神社に穢れがあったので，祟り・怪異があった。疫病・風水の災いを慎め」と出る。
2 (878). 6 . 23	「辺警あり」と卜占で出た。因幡・伯耆・出雲・隠岐・長門に，兵の強化・器械の修繕・斥候・要害の固護の他に，奉幣と仏事を指示する。
2 (878). 9 . 7	肥後国に大鳥の怪異と川水の怪異があったので，神祇官と陰陽寮が卜占を行うと「風水・火・疫病の災いがある。だから神が怪異を示した」と出る。
7 (880). 7 . 13	大極殿に鷺が集まり，霖雨による河川の氾濫を陰陽寮が占いを行うと「主上が疫病を患う。風水の憂あり」と出る。予防の祭祀を行ったので，報賽の奉幣を伊勢・賀茂・松尾・稲荷・貴布禰・丹生河上・大和の諸社に奉幣。
仁和元(885). 10. 9	肥前国と薩摩国に粉土の怪異があったので，神祇官がトうと「明春に災疫あり」と出る。陰陽寮が占うと「大宰府の東南の神が隣国に遷ったことにより蚕麻穀に被害がある」と出る。大宰府に，冥助を祈るため部内の諸神に奉幣を指示する。

触穢の人が神事に奉仕するのは、「神祇令」に、祭祀の斎戒の期間は「穢悪のことに預からず」と規定されているように、神事上の罪である。神祇官の卜いでは、この罪が祟りにつながったとしており、「妖祥（＝悪いことの起こる前兆）」を消除するために大祓を行ったのである。

「神祇令」に規定される大祓は、災異につながる可能性のある罪を消すために、半年ごとに行われる恒例儀式であるが、不規則に起こる災異・怪異に対して卜占を行うことによって、祟りを発生させた罪が特定されることがあり、それに対して臨時に祓を行うのである。

災異につながる危険性のある罪を特定する卜占が、災異に対処するためにその原因を究明するための必要な儀式であったことを考えれば、それは災異対策であり、行政手段の一種でもあったと考えられるだろう。

災異につながる祟りは、神（社）だけでなく、山陵からも発生すると考えられた。表4は、災異と卜占との関係が記された記事をまとめたものである。

また、卜占は、災異の予防手段としても機能する。表5は、怪異と卜占と祟りとの関係が記された記事をまとめたものであるが、怪異は、「祟り→災異」の間に位置付けられ（「祟り→怪異→災異」）、承和年間（八三四〜八四八）から頻出する。怪異に対して卜占を行い、「祟りが怪異を発生させている」と結果が出れば、それが災異につながる前に、神事を行い、予防的な対応を行うのである。怪異を祟りの予兆・災異への警告と捉えたことにより、承和年間から、災異に対する予防的な祭祀が高い頻度で行われるようになった。

ところで、表5を見ると、例えば、肥後国阿蘇山上の神霊池で怪異があった場合、神事のほかに、徳政や仏事などの対応もとられている。これは何を基に判断された対処なのであろうか。そもそも、災異・怪異への対処法は、奉幣・神階奉授・神封奉充など様々であるが、いったい何を基準に判断していたのであろうか。次節では、この点を中心に論じてみたい。

二　災異の対処法の決定

前節で論じたのは以下の点である。

古代においては、災異を祟りと捉え、災異に対して卜占を行い、その結果、災異の原因が祟りと特定されれば、祭祀を行って祟りを鎮め、災異の鎮静化を図っていた。また、怪異の発生に対しても卜占を行い、災異や祟りの予兆と出れば、それに対して予防的措置を講じていた。これらはいずれも災異の消除を目的としており、国家の保全のための行政的対応の一手段であった。

天長四年（八二七）条の淳和天皇の不予に対しても、卜占を用いることによって、稲荷神の祟りという原因を突き止め、神事的対処で病を癒やそうと意図している。具体的には、大中臣雄良を稲荷神社に派遣し、礼代として従五位下を奉授したのである。詔では「実に神の御心にし坐せば、御病時日を過ぎず除え癒え給え」とあるから、占の通り稲荷神の祟りならば、従五位下の奉授によってすぐに病が癒えるようにと願っている。また一方で、詔は「縦い神の御心には在らずも、威神の護り助け給わん力に依てし、御躬は安まり平ぎ給むと所念食すと憑み奉ると申し給う」と続いており、天皇不予の原因が稲荷神の祟りではなかったとしても、従五位下の奉授を、稲荷神の護助によって天皇の身体の平穏を願う「礼代」と位置付けている。この詔では、神階奉授は、祟りに対する「謝の礼代」と「祈願の礼代」との両者の意味が込められている。天皇不予という事態に対し、卜占が行われ、伐木による稲荷神の祟りという原因が一応、究明されたが、占の結果に対応しても、それを盲信せず、卜占によってのみ災異の対処を決定してはいない。

祟りへの対処法について、再び崇神紀を確認してみると、天皇は災異に対して卜占を行うが、対処法を知ったのは、大物主神が倭迹迹日百襲姫命に憑依して神意を伝えたことと、大物主神が天皇の夢にあらわれて神意を伝えたことによっている。

実は、不規則に発生する災異に対処する祭祀は、個々の災異に対する個々の神意の確認が重要なポイントである。神怒や祟りによって災異が発生したと卜占の結果が出た場合、神怒や祟りを鎮める必要があるわけだが、「いずれの神」が「いずれの理由」によって祟りを発生させ、災異を起こしているのか特定できなければ、祭祀で対応できないからである。崇神紀では、「大物主神の意によって災異が発生している」、「大田田根子を大物主神の神主にすれば災異が鎮まる」と原因や対処法が特定できたので、神意に沿うかたちで祭祀ができたのである。つまり、「災異を祟りと捉え、祭祀を行うことで祟りを鎮め、災異をも鎮める」という災害対処法は、本来、「祭祀対象」と「祟りの原因」を特定する必要があるのである。ここに災異に対する卜占の必要性が存在する。

　ところが、崇神紀では、結果は卜占ではなく夢にあらわれた。ほかにも、『日本書紀』における神意の伝達を確認してみると、神武紀では、神武東征の折、高倉下の夢や神武天皇の夢に天照大神があらわれて神意を伝えている。また、仲哀紀においては神功皇后に神憑って神意を伝え、神功皇后摂政前紀においては、中臣烏賊津使主が審神者となって神託の意味を解いたように、神意の伝達は様々である。

　卜占によって災異を祟りと特定できても、「いずれの神」が「いずれの理由」で祟りを発しているか示されないこともあって、律令制下においても、表2から表5で示されるように、祟りの対処法は必ずしも明示されてはいない。

　それでは、神祇官・陰陽寮で行われる卜占の結果を受けて、その対処法は「誰」が「どのような基準」で決定したのであろうか。本節では、この点について明らかにしたい。

　次の史料は、承和年間（八三四～八四八）に大物忌神に神階奉授と神封奉充が行われた史料である。

・『続日本後紀』承和七年七月己亥条

　奉授出羽国飽海郡正五位下勲五等大物忌大神従四位下。余如故。兼充神封二戸。詔曰。天皇我詔旨爾坐。大物忌神爾申賜波久。頃皇朝爾縁有物怪天卜詢爾。大神為祟賜倍利。加以。遣唐使第二船人等廻来申久。去年八月爾南賊境爾漂落氐相戦時。彼衆我寡氐力甚不敵奈利。儻而克敵留波。似有神助止申。今依此事氐臆量爾。去年出羽国言上太留。大神乃於雲裏氐。十日間作戦声後爾石兵零利止申世利之月日。与彼南海戦間。正是符契世利。大神乃威稜令遠被太留事乎。且奉驚異。且奉歓喜。故以従四位爵乎奉授。両戸之封奉充良久乎申賜波久止申。

右の詔をまとめると、次のようになる。

・物怪があるので卜うと「大物忌神の祟り」と出る。

・承和六年に遣唐使節の第二船が漂流して「南賊」と戦闘になった際、彼我の戦力からすれば敵わない相手だったにもかかわらず、思いがけずも勝てたのは、神助に似ていたと奏申があった。また、同じ承和六年に、出羽国から、大物忌神のほうから、一〇日間「戦声」がし、その後、石製の武器がふってきたと言上があった。

・「南海戦」と「戦声・石兵」の時期が同じであるから、大物忌神の「威稜」が遣唐使節への神助であろうと「臆量」し、神階奉授と神封奉充を行った。

これによれば、南海戦と戦声・石兵との「符契」は「臆量」であり、卜いではなく、推量で判断されたのである。卜いでは、「物怪は大物忌神の祟り」という結果が出たものの、その対処法は示されてはいない。遣唐使節が南賊に勝利したことを大物忌神の神助と推量し、大物忌神の祟りとあわせて、神階奉授・神封奉充が行われたのである。この対応は、「臆量」した主体が決定したと考えられる。

次の史料は、承和年間に発生した物怪に対して、卜占は「先帝之祟」と告げたが、先帝である嵯峨天皇の遺戒（「世間之事。毎有物恠。寄祟先霊。是甚無謂也」〈怪異があるごとに先霊の祟りが原因とするが、理由はない〉）と相反するため、どちらに従うべきか論じたものである。

・『続日本後紀』承和十一年八月乙酉条

文章博士従五位上春澄宿禰善縄。大内記従五位下菅原朝臣是善等。被大納言正三位藤原朝臣良房宣偁。先帝遺誡曰。世間之事。毎有物恠。寄祟先霊。是甚無謂也者。今随有物恠。令所司卜筮。先霊之祟明于卦兆。臣等擬信。則忤遺誥之旨。不用則忍当代之咎。進退惟谷。未知何従。若遺誡後有可改。臣子商量。改之耶以否。由是略引古典証拠之文曰。昔周之王季。既葬後有求而成変。文王尋情奉之也。先霊之祟不可謂毋。又有幽明異道。心事相違者。如北斉富豪梁氏是也。臨終遺言。以平生所愛奴為殉。家人従之。奴蘇言。忽至官府。見其亡主。々曰。我謂。

亡人得使奴婢。故遺言喚汝。今不相関。当白官放汝。々謂家人。為我修福云々。又春秋左氏伝。魏武子有嬖妾。無子。武子疾。命其子顆曰。必嫁。病困則更曰。必以為殉。魏顆択之。従其治也。謂病未至困也遂得老夫結草之報。尚書曰。女則有大疑。謀及卿士。謀及卜筮。白虎通曰。定天下之吉凶。成天下之亹々。莫善於蓍亀。劉梁弁和同論曰。夫事有違而得道。有順而失道。是以君子之於事也。無適無莫。必考之以義。由此言之。卜筮所告。不可不信。君父之命。量宜取捨。然則可改改之。復何疑也。朝議従之。

結局、春澄善縄と菅原是善は、古典を典拠に「卜筮の告げるところ、信じざるべからず。君父の命、宜しく量りて取捨すべし。然らば則ち改むべきはこれを改むるを、また何ぞ疑うや」と結論付け、「朝議」もこれに従い決している。春澄善縄と菅原是善という識者の論旨を基に朝議が決したのである。

これを敷衍して考えれば、先の南海戦と戦声・石兵との符契を臆量したのは、識者・朝議であり、それに対して神階奉授・神封奉充が行ったのも、識者の意見を基に朝議で決したと考えられる。

次の二つの史料は、卜占と隣敵による兵乱に関する記事である。

•『日本三代実録』貞観八年（八六六）十一月十七日戊午条

勅曰。廼者恠異頻見。求之蓍亀。新羅賊兵常窺間隙。災変之発唯縁斯事。夫攘災未兆。遏賊将来。唯是神明之冥助。豈云人力之所為。宜令能登。因幡。伯耆。出雲。石見。隠岐。長門。大宰等国府。班幣於邑境諸神。以祈鎮護之殊効。又如聞。所差健児。統領選士等。苟預人流。曽無才器。徒称爪牙之□。不異蟷蜋之衛。況復可教之民。何禦非常之敵。亦夫十歩之中必有芳草。百城之内寧乏精兵。宜令同国府等勤加試練必得其人。

•『日本三代実録』元慶二年（八七八）六月二十三日丁亥条

勅令因幡。伯耆。出雲。隠岐。長門等国。調習人兵。修繕器械。戒慎斥候。固護要害。災消異伏。理帰仏神。亦須境内群神班幣。於四天王像前修調伏法。以蓍亀告可有辺警也。

貞観八年条では、怪異を卜占したところ、新羅による兵事が起こる予兆とし、

・兵災を抑えるために、能登・因幡・伯耆・出雲・石見・隠岐・長門の諸国と大宰府に管内の諸神に鎮護のための「班幣（＝遣使奉幣）」(8)を指示する。

・敵に備えるため、能登・因幡・伯耆・出雲・石見・隠岐・長門の諸国と大宰府に対し、精兵を訓練するように指示する。

以上の対策がとられた。

また、元慶二年条は、卜占が「辺警有るべし」と告げたことにより、

・因幡・伯耆・出雲・隠岐・長門の諸国に、兵士の強化・兵器類の修繕・斥候・要害の固護が指示される。

・諸神社に「班幣（＝遣使奉幣）」が行われる。

・四天王像の前で調伏が修法される。

以上の対策がとられている。

貞観八年条・元慶二年条ともに、卜占を受けての隣敵への対応であり、神事と一般的な行政の両面から、隣敵に備えている。

神事と一般的な行政については、先の承和十一年の記事には、「有幽明異道」とあって、幽（＝神世）と明（＝現世）とは異なるとする。この幽と明との違いが、神事と一般的な行政との区別につながると考えられるので、この点について、出雲を例に論じたい。

まず、『日本書紀』神代巻の第九段、第二の一書の高皇産霊尊の勅には、「夫汝所治顕露之事、宜是吾孫治之。汝則

可以治神事」とあって、「顕露之事」は天津彦彦火瓊瓊杵尊が治め、大己貴神は「神事」を治めるという伝承がある。「顕露之事を治める」とは「行政権」と捉えることができる。一方で、「神事を治める」ことを「祭祀権」と解釈する研究もあるが(9)、同じ高皇産霊尊の勅には「当主汝祭祀者、天穂日命是也」とあるように、大己貴神への祭祀者は天神である天穂日命であることを考えれば、祭祀権という解釈には疑問を呈したい。

律令制下の出雲神郡は、出雲神に対して国家祭祀を行うことを目的に設置された郡であり(10)、その祭祀者は天穂日命の系譜を引くとされる出雲国造である(11)。出雲の行政権と祭祀権は、伝承でも制度でも天孫や国家にあったことは明らかである。

高皇産霊尊の勅にある「神事」とは、「幽（＝現世において見えない神の世界）」を指すのであり、出雲の行政権は天孫にあるが、出雲の神事（＝神世・幽界）は大己貴神が治めるという解釈が穏当であろう。この見えない世界の神々に対して、行政権者が祭祀を行い、その祭祀者は、天皇と同じ天孫の天穂日命や出雲国造が負ったのである。「祭祀権」という言い方をするなら、祭祀とは治世の安定を維持するための治政者の手段であるから、祭祀権とは行政権の一種である。律令国家は、全国の氏・村落の祭祀権はそのままに、加えて、全国の「幽＝神」に対して祭祀権を獲得・行使したのであり、その目的は国家の保全にあったと言えよう。

次の史料は、延暦年間（七八二〜八〇六）に出雲国に出された官符であり、出雲神郡である意宇郡の国造と郡領の兼職を禁じたものである。

- 『類聚三代格』巻七　郡司事

　太政官符

　　応任出雲国意宇郡大領事

右被大納言従三位神王宣稱。奉勅。昔者国造郡領職員有別。各守其任不敢違越。慶雲三年以来令国造帯郡領。寄言神事動廃公務。雖則有欠怠。而不加刑罰。乃有私門日益不利公家。民之父母還為巨蠹。自今以後。宜改旧例国造郡領分職任之。

延暦十七年三月廿九日

ここでの「神事」とは祭祀などの神事的儀式・儀礼を指すが、慶雲三年（七〇六）以前は国造と郡領とは兼職されておらず、その職分は守られており、国造が「神事」を掌り、郡領が「公務（＝一般的な行政）」を掌っていた。「顕露之事」である「公務」と「幽」に対する「神事」とは職掌が別とされており、これが、神事を掌る神祇官と一般の政務を掌る太政官の別置につながったと考えられる。

ただし、具体的な職掌は区別されているものの、国家行政を指揮するのは、政策方針の決定を行う機関である太政官であった。神事においても、具体的職務は神祇官が掌るものであるが、貞観八年と元慶二年の防衛策は、国防施策である以上、統括は太政官である。公務との区別はありながらも、神事的対応はあくまで行政の一部であり、決定権と責任は朝議にあったのである。

太政官が神祇官の上位機関であることは、官位相当や文書の発給形態から解明されており[12]、別置という点においては、公務・神事の職掌の区別という理由が大きいだろう。

太政官は、災異対策において、一般的な行政と神事の両面から対応する必要があったのであり、卜占において、原因が「祟り」と出れば神事的対応をしたし、卜占で「災異の予兆あり」とのみ出れば、一般的な行政と神事の両面から対策を行ったのである。

神事的対応については、識者の意見を参考に朝議において決定されたと考えられ、識者は、卜占の様々な結果に対して、中国大陸の古典や正史である『日本書紀』などを基に検討し判断した内容を上申し、朝議は、それを審議し、対応を決したと考えられる。

肥後国阿蘇山上の神霊池の怪異に対して、一貫して徳政・仏事・神事の三面から対応しているのは、識者の意見を基に朝議で決された対処法が、先例として後代に継承されたためと考えられる。

天長四年条においては、卜占の結果を受けて、朝議は対応を審議し、神階奉授をその対処法として決したのであろう。「縦比神乃御心爾波不在止毛」とあるように、卜占の結果に盲信していなかったものの、承和十一年条に「卜筮所告、不可不信」とあるように、卜占の結果には対応する必要があったことから、「謝」と「祈願」の両面の意味をもたせて神階奉授を行っている。

この後、承和年間から、不規則に起きる災異・怪異に対して、卜占と祟りとの関係が頻出する。これは、延暦・大同・弘仁・天長の時期に古代の神事観を基に行われた事例が、承和年間からシステム化していったと考えられる。嵯峨天皇の遺誡では、物怪があるたびに先霊の祟りを言い立てることに苦言を呈しており、おそらく、天長四年の時期も、卜占を災異の対応手段として不可欠なものとはしながらも、その結果は十全ではなく、不規則な災異に対して、様々な対応が模索されていた時期と考えられる。

おわりに

以上、天長四年（八二七）条を中心に、古代祭祀の本質について考察を行った。

・淳和天皇の不予により、占を行う。

・占は「先朝に稲荷神社の樹を伐った罪が、今、祟りとなってあらわれた」と告げる。
・稲荷神に従五位下を奉授する。
・天皇不予が稲荷神の祟りによるものでなくても、護助を願う旨の詔が申上される。

以上が天長四年条の要旨である。天皇不予をはじめ、旱・霖雨・兵乱・疫病などの災異に対して卜占が行われるのは、災異の原因を究明し、それが祟りと告げられれば、祟りを発生させている神や山陵に宗教的儀式・儀礼などを行って祟りを和らげ、災異を鎮静化することができると考えられていたためである。それは国家の保全を目的とした行政の一種であった。行政の一種であるからには、災異に対応する卜占・祭祀も行政手段であり、具体的職掌は神祇官や陰陽寮が行うものの、対策の方針は太政官が責任と権限を負った。そのため、朝議によって、稲荷神に神階奉授を行うことが決されたのである。

古代国家祭祀の本質は、国家の秩序を崩壊させる様々な災異から国家を保全するために行われるものであり、その意味から言えば、行政手段の一種として位置付けられていたと言えるだろう。

註

（1）　岡田莊司『平安時代の国家と祭祀』（続群書類従完成会、一九九三年）。
（2）　伴信友『験の杉』。田中初夫「伴信友の験の杉について述べ、併せて稲荷神社の本縁に及ぶ」（『神光』一五、一九六一年）、小島鉦作「験の杉についての若干の考察」（『神道宗教』七二、一九七三年）、同「験の杉と稲荷神社考」（『朱』二三、一九七九年）、西田長男「稲荷神社の起源」（『神道史学』五、一九五四年）など参照。
（3）　卜占に関しては、加納重文「平安時代の卜占」（『仏教文化研究所紀要』一四、一九八四年）など参照。
（4）　祟りに関する先行研究としては、米井輝圭「古代日本の「祟りのシステム」―律令国家における「祟り」の用例―」（『東京大学宗教学年報』一〇、一九九二年）、大江篤「『祟』現象と神祇官の亀卜」（『続日本紀の時代』塙書房、一九九四年。後、『日本古代の神と霊』〈臨川書店、二〇〇七年〉所収）、西山良平「〈聖体不予〉とタタリ」（門脇禎二編『日本古代国家の展開』上巻、思文閣出版、一九九五年）、山下克明「災害・怪異と天皇」（岩波講座『天皇と王権を考える』第八巻、岩波書店、二〇〇二年）、大江篤「陰陽寮と『祟』」（大隅和雄編『文化史の諸相』吉川弘文館、二〇〇三年）、岡田莊司「天皇と神々の循環型祭祀体系―古代の祟神―」（『神道宗教』一九九・二〇〇、二〇〇五年）など参照。

（5）大祓に関しては、賀茂真淵『祝詞考』（一七六八年）、本居宣長『大祓詞後釈』（一七九六年）、鈴木重胤『延喜式祝詞講義』（一八五三年）、近藤芳樹『大祓執中抄』（『大祓詞注釈大成』中、内外書籍、一九三八年）、金子武雄「天津罪国津罪考」（『国語と文学』二七、一九五〇年）、同『延喜式祝詞講』（武蔵野書院、一九五一年）、青木紀元「大祓詞の構造と成立過程」（『祝詞古伝承の研究』国書刊行会、一九八五年、初出一九六三年）、石母田正「古代法の成立について」（『歴史学研究』二二九、一九六五年）、井上光貞「古典における罪と制裁」（『日本古代国家の研究』岩波書店、一九六五年）、山中裕『平安朝の年中行事』（塙書房、一九七二年）、梅田義彦「臨時大祓考」（『神道の思想』二、雄山閣出版、一九七四年）、多田一臣「天津罪・国津罪と「大祓詞」」（『語文論叢』九、一九八一年）、岡田重精『古代の斎忌』（国書刊行会、一九八二年）、三橋健「大祓研究序説」（『神道史論叢』国書刊行会、一九八四年）、金子裕之「平城京と祭場」（『国立歴史民俗博物館研究報告』七、一九八五年）、並木和子「大祓の構造と変遷」（『神道学』一四六・一四七、一九九〇年）、三宅和朗『古代国家の神祇と祭祀』（吉川弘文館、一九九五年、初出一九九〇年）、粕谷興紀『延喜式祝詞』（和泉書院、二〇一三年）など参照。

（6）『類聚三代格』延暦二十年（八〇一）五月十四日官符「定准犯科祓例事」。

（7）『日本書紀』天武天皇五年（六七六）八月辛亥条、『同』天武天皇十年七月丁酉条では「詔曰。四方大解除為」と記すように、「祓」は「解除」とも表現された。

（8）『日本三代実録』では「班幣」や「頒幣」の語が複数確認できるが、これはいわゆる「班幣祭祀」を指すのではなく、『日本三代実録』貞観五年（八六三）七月五日甲午条の「祠広瀬龍田神。分遣使者。班幣諸名神社」、『同』貞観十三年閏八月十三日庚戌条の「雷。大雨。諸衛陣於殿前。河水暴溢。京師道橋流損者衆。壊人廬舎不知其数。頒使者班幣諸神社。請止雨」などに見えるように、使者を頒ちての奉幣である。

（9）『日本書紀』一（岩波文庫、一九九四年）など。

（10）神郡に関しては、田中卓「伊勢神郡の成立」（『神宮の創始と発展』田中卓著作集四、国書刊行会、一九五九年）、平野博之「神郡」(『九州史学』一一、一九五八年)、梅田義彦「神郡行政の特性とその変遷」(『国民生活史研究』四、一九六〇年。後、『神道の思想』二〈雄山閣出版、一九七四年〉に再録)、倉野憲司「出雲国造神賀詞について」(『神道学』三四、一九六二年)、岩橋小彌太「神戸、神郡」(『神道史叢説』吉川弘文館、一九七一年)、高嶋弘志「神郡の成立とその歴史的意義」(佐伯有清編『日本古代政治史論考』(吉川弘文館、一九八三年)、熊田亮介「律令制下伊勢神郡の経済的基盤とその特質―神郡を中心として―」(関晃教授還暦記念会編『日本古代史研究』吉川弘文館、一九八〇年)、平野邦雄「神郡と神戸」(『大化前代政治過程の研究』吉川弘文館、一九八五年)、大浦元彦「『出雲国造神賀詞』奏上儀礼の成立」(『史苑』四五―二、一九八六年)、松前健「出雲の神話」(松前健著作集九『日本神話論』Ⅰ、おうふう、一九九八年。初出は一九八七年)、瀧音能之「出雲国造神賀詞奏上儀礼の成立過程」(『出雲国風土記と古代日本』雄山閣出版、一九九四年)、早川万年「神郡・神郡司に関する基礎的考察―鹿島の場合に注目しつつ―」(井上辰雄編『古代東国と常陸国風土記』雄山閣出版、一九九九年)、有富由紀子「下総国香取神郡の諸相」(『千葉史学』六〇、二〇一二年)、小倉慈司「律令成立期の神社政策―神郡(評)を中心に―」(『古代文化』六五―三、二〇一三年)など参照。

(11) 出雲神郡に関しては、井上光貞「国造性の成立」(『史学雑誌』六〇―一一、一九五一年)、門脇禎二『出雲の古代史』(日本放送出版協会、一九七六年)、新野直吉「古代出雲の国造」(神道学会編『出雲学論攷』出雲大社、一九七七年)、田中卓「日本古代史における出雲の立場」(『神道史研究』四五―四、一九九七年)、岡田莊司「古代律令神祇祭祀制と杵築大社・神賀詞奏上儀礼」(『延喜式研究』二五、二〇〇九年)など参照。

(12) 中村直勝「文書の形式より観たる神祇官の地位」(『寧楽』七、一九二七年)、藤森馨「令制神祇官」(岡田莊司編『日本神道史』吉川弘文館、二〇一一年)など参照。

第三章　古代における災異への対処とその思想的背景

——神・仏・天のうち神祇の対処を中心に——

はじめに

日本古代の正史である六国史には、疫病・旱魃・霖雨・地震・兵乱などの災異が頻出する。これらの災異に対し、朝廷は、医薬・賑恤・免租などの対応を行うと同時に、様々な宗教的対応も行っている。例えば、日本古代における災異[1]への対処としては、皇極天皇元年（六四二）の大旱とそれに対する雨乞いが有名な事例であろうと思う。[2]この一連の記事は周知のものと思うが、確認の意味でその経緯を追ってみたい。

村々の祝部の「牛馬を殺して諸社の神に祭れ」[3]「市を移せ」「河伯に禱れ」という教えに従ったにもかかわらず効果がなかったとする群臣たちの報告をうけて、蘇我蝦夷は、諸寺において大乗経典を転読し悔過を行って仏を敬い、雨を祈るべきだとした。そして蝦夷自らも発願したものの、まとまった雨は降らず、読経も中止された。そこで皇極天皇は南淵の河上に行幸し、四方に跪拝し、天を仰いで祈った。すると大雨が五日も続き天下を潤した。右が大筋の経緯であるが、ここで指摘したいのは、雨を祈る対象として「神・仏・天」の三者が挙げられているということである。古瀬奈津子氏などがすでに指摘しているように、市を移すことや河伯に祈ることはその実行性について疑問視されており、中国の史書を参考にして文飾されたものと考えられている[4]。従うべき見解であろうと思うが、この皇極天皇の雨乞い記事からは、当時、祈りの対象として「神・仏・天」の三者が主要なものとして意識されていたことが把握できるし、六国史などには、災異を鎮めるための祈りの対象として「神・仏・天」が頻出することを考えれば、律令期における災異への宗教的対応を考察する場合、この三者をそれぞれ明らかにしていくことが重要になると思われる。

本章では、災異の対処として意識される「神・仏・天」を論じ、とくに災異に対する神事的対応とその思想的背景について考察を加えたい。

一　災異への対処に見られる天命思想

日本古代において、中国大陸の文化の影響は数多く見られるが、それは宗教・思想に関しても例外ではない。仏教は中国大陸を経ての受容であるし、官人の基本道徳であった儒教もまた然りである。祭祀についても、中国や朝鮮半島との共通点が指摘され、東アジア文化圏の一つとして捉えられつつある。古代日本には中国や朝鮮半島から様々な文化・思想が入り込んでおり、それらが日本の伝統的祭祀に与えた影響は大きかったと思われる。

しかしながら、古代日本の祭祀・儀礼において中国や朝鮮半島の影響が指摘されているものの、その影響について具体的に論及しているものは多くはない[5]。そこで本節では、中国の天命思想の影響による「天」を意識した災異への対処の事例を確認しながら、それが神祇祭祀にどのような影響を及ぼしたのか論じてみたい。

古代の日本において天命思想は、養老五年（七二一）の詔[6]の「旧典を聞くに、王者の政令は事に便あらずは、天地譴責を以て咎徴を示す、ときく」という文言が示すように、それは天人相感思想とも換言でき、政事を含めた天皇の行いによって、天（＝昊天上帝）が吉凶を示すとされていた。(7) また同時に、天皇が不徳であれば陰陽が調和せず、それにともなって旱魃・霖雨などの災異が起こるとも考えられており、天皇の徳は自然の運行にかかわると理解されていた。

　災異に対処する場合、例えば、旱魃が続いていることに対して、名山や諸社に祈雨奉幣しても雨が降らないとき、その原因として「朕が薄徳」、「朕が政教民に徳あらず」と天皇が述べ、大赦や免租などを行う事例も見られる。(8) これは、先に挙げた皇極天皇元年の記事に類似しており、災異の対処として、神祇祭祀・仏教儀礼・徳政がそれぞれに各々の思想的背景をもって用いられるものである。天皇不予の際に大赦が行われる事例が目立つものの、史料上では、三者の優先順位はほとんど見られず、神祇祭祀・仏教儀礼に対して天命思想が特別に意識されていた様子もうかがえない。災異を鎮めるために天が意識される場合、自らの徳の薄さが災異を起こしていることに対して、天皇が善政を布き大赦を行うなどが通常であろうが、災異の対処を目的とした詔勅の中には、天命思想を説きながらも神祇や仏教の考え方が取り入れられているものがいくつか見られる。そうした事例をいくつか挙げてみたい。

1　『続日本紀』霊亀元年（七一五）六月壬戌条

太政官奏。懸像失度。亢旱弥旬。恐東皐不耕。南畝損稼。昔者周王遇旱。有雲漢之詩。漢帝祈雨。興改元之詔。人君之願。載感上天。請奉幣帛。祈於諸社。使民有年。誰知堯力。

（天候不順で耕作も収穫もできないとき、「周王の雲漢之詩」(9)と「漢帝の祈雨と改元の詔」の故事をひいて、「人君の願は、載ち上天に感ぜしむ」と結論付け、その対処として諸社に奉幣・祈禱が行われた）

2　『続日本紀』神亀二年（七二五）九月壬寅乗

詔曰。朕聞。古先哲王。君臨寰宇。順両儀以亭毒。叶四序而斉成。陰陽和而風雨節。災害除以休徴臻。故能騰茂飛英。欝為称首。朕以寡薄。嗣膺景図。戦々兢々。夕惕若厲。懼一物之失所。睠懐生之便安。教命不明。至誠無感。天示星異。地顕動震。仰惟。災眚責深在予。昔殷宗脩徳消雊雉之寇。宋景行仁。弭熒惑之異。遥瞻前軌。寧忘誠惶。宜令所司。三千人出家入道。幷左右京及大倭国部内諸寺。始今月廿三日一七日転経。憑此冥福。冀除災異焉。

（聖武天皇は、中国の古典に見える聖賢の帝王たちと自己を比較し、「災眚」が続くのは自分の徳が少なく薄い所為であるとし、天の教えを察知できず誠を尽くしても天に感ずることがないために、星は異変を示し地震が起こるのだと述べ、災眚を鎮めるために出家・読経を行わせた）

3 『続日本紀』天平勝宝三年（七五一）十月壬申条

詔曰。頃者。太上天皇枕席不穏。由是。七ケ日間。屈請卌九賢僧於新薬師寺。依続命之法。設斎行道。仰願。聖体平復。宝寿長久。経云。救済受苦雑類衆生者。各免病延年。是以。依教大赦天下。但犯八虐。故殺人。私鋳銭。強窃二盗。常赦所不免者。不在赦限。

（太上天皇〈＝聖武〉の体調が不穏のとき、設斎・行道による「続命の法」のほかに大赦を行ったが、その大赦は、仏教経典の「苦を受くる雑類の衆生を救済せば、おのおの病を免れて年を延ぶ」という文言によったものであり、思想的背景には仏教の教えがあった）

4 『続日本紀』宝亀四年（七七三）十二月乙未条

勅。増益福田。憑釈教之弘済。光隆国祚。資大悲之神功。是以。比日之間。依薬師経。屈請賢僧。設斎行道。経云。応放雑類衆生。朕以。雑類之中。人最為貴。至于放生。理必所急。加以陽気始動。仁風将扇。順此時令。思施霈沢。可大赦天下。自宝亀四年十二月廿五日昧爽以前大辟已下罪無軽重。已発覚。未発覚。已結正。未結正。繫囚見徒。咸皆赦除。其犯八虐。故殺人。私鋳銭。常赦所不免者。不在赦例。

（薬師経には「雑類の衆生を放つべし（＝放生すべし）」という文言があるが、光仁天皇は、「雑類」の中では人間が最も貴いものであって放生の効果も高いとし、その仏教論理を背景に大赦を行った）

1は旱魃の対処として中国の天命思想が参考にされている。しかしながら、中国では王や皇帝自らが天に祈っているのに対し、日本では奈良時代を通じて天命思想がしばしば用いられるものの、実際に天皇自らが天に祈った記事は確認できない。また、諸国などに祈禱をさせる対象も天ではなく神祇である。1では周の宣王と漢の武帝の「雨を祈る」という故事が祈雨記事の修飾として用いられたかたちであり、願いを上帝に訴えるとしながらも、その方法は日本の神祇祭祀が用いられている。

また天皇の薄徳に対しては、徳政・善政を示すことで解決するのが通常であるが、2では天皇の薄徳を補うために仏に頼り、三〇〇〇人の出家と七日間の読経を行わせ、それによって攘災招福を願ったのであった。

3と4は同じような論理的構造を有しており、3は本来、天皇の徳を示すために行う大赦が、「衆生の救済」を目的とする仏教の論理で行われており、4になると「衆生の救済のためには放生が必要であり、大赦はまさに人間を放生することである」という論理展開を示している。(10) つまり、本来、天命思想によっていた大赦が、仏教的儀礼としての意義も有しているのである。

これ以外にも、天皇の薄徳がもたらしたとされる災異への対処として、天に天皇の徳を示すための徳政を行うと同時に神祇祭祀や仏教儀礼が同時に行われた事例が確認できる。例えば、文武天皇は詔の中で、「菲薄の躬で王位に就いたために、その徳は昊天上帝の心を動かすことも無く、その仁は民に及ぼすことも出来ない。その所為で災異が起こり民を飢えさせている」と述べ、その対処として読経を行わせ、出挙とさらに庸の半分を免じているが[11]、これは、天皇の徳の寡薄によって起こる災異を、徳政に加え、仏教儀礼をもって鎮めようと意図したものである。また、春から夏にかけて旱魃が続いたとき、聖武天皇は詔の中で「実に朕が不徳をもって致すところなり」と述べ、「審録冤獄」「掩骼埋胔」「禁酒断屠」「賑給」「大赦」という善政・徳政に加えて、諸国の国司に天神地祇と名山大川への奉幣を行わせている[12]。ここでも旱魃の原因を天皇の不徳に帰しながらも、徳政のみを行うのではなく、祭祀をもって災異に対処しようとしていることが確認できる。

奈良時代においては、災異に対して神祇祭祀・仏教儀礼・天命思想をもって対処されていたものの、仏教や天命思想は中国からの輸入であり、その思想的背景は日本の風土・習慣に馴染んだものではなかった。しかしながら、当時、中国からの儀礼・思想は最新の技術・知識であり、中国で災異に効果があるとされたものであれば、日本でもそれを取り入れようとしていた状況が推測される。そして、技術のみが先行し、その背景にある思想・観念などはそのまま受け入れられず、日本の風土・習慣に馴染んだかたちで摂取されていったと考えられる。災異に対し「神・仏・天」が混同したようなかたちで用いられるのも、中国の思想である天命思想を神祇などの論理で理解しやすいかたちで摂取したことに原因があるだろう。

このように、中国から受容はしたものの観念の相違から技術的受容にとどまり、思想的には独自の展開を見せる儀礼は、古代日本ではしばしば見られる。そこで次節では、災異の中でも「祈雨」における「名山大川」祭祀について取り上げ、中国の名山大川への祈禱が日本で受容される過程を考察し、その過程において生じる差異を明らかにすることによって、日本古代の神祇・祭祀の特徴を導き出してみたい。

二　「名山大川」をめぐる問題点

名山大川の祭祀は、『大唐六典』の「尚書礼部」祠部郎中に「およそ京師、孟夏の後、旱すれば先ず岳鎮海瀆、及びもろもろの山川のよく雲雨をおこすものを祈る。みな北郊において望祭す」とあり、唐では旱魃の際、雨乞いのために岳鎮海瀆や山川に祈っていたことが知られている。(13)

凡京師、孟夏已後、旱則先祈岳鎮海瀆、及諸山川能興雲雨者、皆於北郊望祭、又祈社稷、又祈宗廟、毎七日一祈不雨、還従岳瀆如初、旱甚則修雩、秋分已後、雖旱不雩、雨足皆報祀、若州県則先祈社稷及境内山川、若霖雨則京城禜諸門門別三日、毎日一禜、不止祈山川岳鎮海瀆三日、不止祈社稷宗廟、若州県則禜城門及境内山川而已、

また、『礼記』「月令」によれば、仲夏は「有司に命じて民のために山川・百源を祈祀し、大いに帝に雩する」月であり、さらに「百県に命じて、百辟・卿士の民に益有る者を雩祀し、以て穀実を祈らしむ」月でもあり、山や川、そして川の流れの本源を祀って雨を祈り、穀物の実りを祈ることの必然性が説かれている。このような中国における山川への祈禱が日本の祈雨祭祀にも影響を及ぼしていることは、すでに先学によって指摘されている。(14)とくに三宅和朗氏は、「名山大川」の語句を手がかりに祈雨祭祀について論及しており、(15)日本では中国式の名山大川の祭祀がそのまま実施されていた形跡はなく、「名山大川」の語句は、各史書の編者が祈雨祭祀記事を構成する際の修飾語の一つにすぎなかったと指摘している。確かに、九世紀後半の史料には「去る月よりここに至るまで亢陽にして雨ふらず。名山大川のよく雲をおこし雨を致すものに並びて幣をわかち雨を祈る。賀茂御祖・別雷・松尾・稲荷・貴布禰・丹生川上・乙訓・水主の八社これなり」(16)とあって、「名山大川＝賀茂御祖・別雷・松尾・稲荷・貴布禰・丹生川上・乙訓・

水主の神社」と認識されている。また八世紀前半の段階でも、詔に「幣を名山に奉りて神祇を奠祭す[17]」とあって、名山への奉幣が神祇への祭祀と解釈可能な記事が確認できる。

しかし、中国における岳鎮海瀆・山川への祈禱が、修飾語としてのみ日本に継受されたとは一概に言えないと思われる。この点に関してまず注目すべきは、七世紀後半から八世紀の「神社」と「名山大川」とが併記されている記事である。例えば、文武二年（六九八）の旱魃の際には、諸社への奉幣と名山大川への祈雨が行われている[18]。祈雨祭祀に関する記事すべてに「名山大川」が用いられているわけではなく、その用法が決して多いとは言えないことを考えると、「名山大川」も祈雨の対象であったために記述されたと考えられる。

また延暦年間に諸国の地図に関して「名山大川の形体の広狭をつぶさに記録せよ」とする勅が出されており[19]、少なくとも延暦年間には、名山大川は祈雨祭祀記事の修飾語としてのみ用いられていたのではなく、諸国庁において具体的な名山大川が認識されていた。もちろん、地図に記載されていた名山大川はあくまでランドマークとして諸国の地図に記載されたのだが、諸国には名山大川と呼ばれる山や川が存在していたのであり、「名山大川に祈雨を行え」という勅が出されても、各国はそれに対応できたであろうことは指摘できる。

さらに、天平十七年（七四五）の天皇不予の際、神祇による対処としては神社への奉幣・祈禱が行われ、仏教による対処としては仏像の造立・写経・出家の他に薬師悔過が行われたのであるが、この悔過は京・畿内の諸寺に加え、諸々の「名山」でも行われた[20]。この「名山」は修飾語ではなく、具体的な「名ある山」であると考えられる。日本の仏教では、中国仏教における歴山の影響を受けて山林修行が行われており、修行の場としての名山を歴択するための「名山記[21]」なるものが存在していた。山林での修行の場として、僧たちは諸国の名山をめぐっていたのであり、山林修行の場としての名山は当然、具体的な山を指していた。このように、仏教では、はやくから名山が意識されていたのであり、薬師悔過が行われた名山も具体的な「名ある山」であった。

以上のように、諸国庁の地図において具体的な「名山大川」が存在していたことと、仏教においても具体的な「名山」が尊ばれていたこととを考えれば、名山大川の祭祀の実効性が薄かったとは言え、修飾語としてのみ存在していたとする指摘には疑問が残る。

一方で、九世紀後半には「名山大川＝神社」と認識されていることは前述したが、これはまさに「名山大川」の修飾語化と考えて問題ないだろう。

そもそも中国でも日本でも祈雨のために山川に祈禱をするが、その背景にある思想には大きく異なる点がある。それは、中国では「山川を祈禱の対象としていた」のに対し、日本では「山川に坐す神祇・神社を祭祀の対象としていた」という点である。おそらく、「名山大川」は儀礼とともに大陸から受容されたものの、山川祈禱の意識の相違から中国式の儀礼が日本ではそのまま定着せず、「祈雨においては山川の神祇を祭る」という認識のみが残ったのであろう。中国の祈雨祈禱は儀礼とともに受容されたものの、日本の祭祀は山川そのものを祭るのではなく、そこに坐す神祇を奉斎するものであったため、「名山大川祭祀」と「神社祭祀」とが混同され、結局、山川祈禱は神社祭祀に集約されてしまい、「名山大川」は修飾語として残ったと考えられる。

つまり、七世紀後半～八世紀初頭の段階では、中国から輸入された名山大川祭祀は神社祭祀とは基本的に別のものであったが、その思想的差異が当初から正確には理解されておらず、「名山大川への祭祀は山川に坐す神祇への祭祀であり、名山大川祭祀とは山川に坐す神社への祭祀である」と理解されるに至ったと考えられる。

以上、名山大川祭祀について論じてきたが、日本における名山大川の祭祀は祈雨の記事のみで確認でき、これは中国の祈雨を参考にしたと考えて間違いないだろう。日本の名山大川については、名山大川の記事は七世紀後半から八世紀前半にほぼ集中しており、祈雨の祭祀対象としては稀であったこと、諸国の地図には具体的な名山大川が記載されていること、仏教では悔過が名山で行われ、さらに山林修行の場として名山が重視されていくこと、祈りの対象としての山川の概念が日本と中国とで差異があること、以上の点が指摘できる。これらの点からは、令制当初の段階では、神祇祭祀とは別の儀礼として行われ、名山大川も具体的な実像をもっていた可能性を指摘できる。

そして、祈雨祭祀としての名山大川は、「山川に祈る」ことが「山川に坐す神に祈る」ことと区別されなかったために、その理解が「名山大川への祭祀＝名山大川に坐す神への祭祀」として定着していき、その語句も祈雨祭祀の修飾語へと変化を遂げたと考えられる。

これは前節で述べた天命思想の現象と共通するものであり、中国大陸から儀礼が導入されながらも、その思想的背景は完全には受容されず、日本の風土から生まれた価値観によって理解され、また仏教徒の説く論理によって説明されながら、受容されていく経緯を辿ったのであろう。

おわりに

以上、律令期における災異の対処としての「神・仏・天」を論じてきた。それによれば、

(1)災異の原因と対処に関して天命思想が用いられながらも、その天命思想が神祇祭祀と仏教思想によって説かれている状況が確認された。

(2)中国大陸の影響を受けて、祈雨において名山大川祭祀が取り入れられたものの、そこに鎮座する神ではなく、山川そのものを祭るという思想が定着せず、名山大川祭祀とはそこに鎮座する神々への祭祀と理解されていった。

以上の二点を指摘した。

古代日本において、災異とは神の祟りを指すものでもあった。災異が発生すると神祇官や陰陽寮で卜占が行われ、その原因の特定が求められた。そして災異の原因が祟りによるものと卜占の結果が出れば、奉幣や読経などによる鎮謝・慰撫が行われた。神祇官・陰陽寮の卜占で災異の原因が祟りと特定されても、その鎮謝・慰撫に読経などの仏教儀礼が用いられるのは、仏によって神の威力が増すという仏教の論理が浸透したことが理由の一つであろう。また、卜占によって祟りを起こしていると特定される神祇も、官社とは限らない。信濃国水内郡の神部神など官社ではない神々が祟りを発し[22]、それに対して鎮謝・慰撫が行われている。諸国には陰陽師が存在していたから、国ごとでも占が行われていたであろう。全国で卜占が行われ、官社であるか否かを問わず、様々な神が祟りを発生させるとの結果が出された。国家は、官社・名神などに祭祀を行うだけでなく、全国すべての神々に対して、祟りを発生しないよう注意を払わねばならなかった。神祇官・陰陽寮の卜占は平安時代から頻出する「災異・卜占・祟り」の関係が明確化するのは、とくに桓武朝においてであり、天皇不予や災害の原因として怨霊の祟りが特定されるに及び、「災異の発生→卜占→祟りの特定→鎮謝・慰撫の実施」という卜占のシステムが確立・浸透したのである。これは、官社に限らず、すべての神祇の祟りを意識せざるをえない状況を招き、それが神祇制にも反映されたのである。

註

（1）災異思想の研究については、東野治之「飛鳥奈良朝の祥瑞災異思想」（『日本歴史』二五九、一九六九年）、本位田菊士「革命観と災異思想―律令国家成立期における変乱の特質―」（『政治経済史学』二〇八・二〇九、一九八三年）、松本卓哉「律令国家における災異思想―その政治批判の要素の分析―」（黛弘道編『古代王権と祭儀』吉川弘文館、一九九〇年）、笹恵子「律令国家の災異に対する宗教的対応について」（『高円史学』一四、一九九八年）など参照。

（2）『日本書紀』皇極天皇元年（六四二）六月是月条、『同』同年七月戊寅条、『同』同年同月庚辰条、『同』同年同月辛巳条、『同』

同年同月壬午条、『同』同年八月甲申朔条。

(3) 後に、祈年祭において釈奠の三牲が忌まれることを考えると、神祇祭祀における「牛馬を殺す」という儀礼の思想の変遷がうかがえる。また、延暦年中に牛馬を殺す祭祀が禁止されていることからすれば、「牛馬を殺して諸社の神に祭る」儀礼の実効性は高かったと考えられる。

(4) 古瀬奈津子「雨乞いの儀式について～唐の祠令と日本の神祇令～」(唐代史研究会報告第Ⅷ集『東アジア史における国家と地域』刀水書房、一九九九年)。

『後漢書』礼儀志・同顗伝などによれば、市を移すことは、雨乞いのための中国式の行事であり、その内容といえば、市場を他所に移し、市の門を閉じ、人々を入れないで祭るというものである。日本では、慶雲二年六月丙子条に、祈雨のために市廛を罷め出し、南門を閉塞することが命じられているものの、この行事による雨乞いはほとんど見られない。

(5) 菊地康明「律令体制と神祇イデオロギー―唐の祠令との比較から―」(『歴史学研究』三七八、一九七一年)、菊池克美「神祇令における法継受の問題」(池田温編『中国礼法と日本律令制』東方書店、一九九二年)、畑井出「古代祈雨祭祀の展開と暦法の変遷」(吉田晶編『日本古代の国家と村落』塙書房、一九九八年)、奥村郁三「神祇令と唐の祠令」(『京都産業大学日本文化研究所紀要』六、二〇〇一年)など。

(6) 『続日本紀』養老五年(七二一)二月甲午条。

(7) 日本の天命思想に関する研究としては、関晃「律令国家と天命思想」(『東北大学日本文化研究所研究報告』一三、一九七七年)など。

(8) 『続日本紀』養老六年(七二二)七月丙子条、『同』天平十九年(七四七)七月辛巳条。

(9) 『詩経』大雅・蕩之什の篇名。周の宣王のときに旱魃があり、王が行を修めて災いが去ることを天に祈ったので、天下の人々は王による教化が行われることを喜んだ詩。

(10) 大赦に関する研究としては、佐竹昭「日本古代における赦の特質とその背景―赦の契機・論理の面を中心に―」(『日本歴史』三九一、一九八〇年)など。

(11) 『続日本紀』慶雲二年(七〇五)四月壬子条。

(12) 『続日本紀』天平四年(七三二)七月丙午条。

(13)「岳」は泰山（東岳）・華山（西岳）・衡山（南岳）・恒山（北岳）の四方の大山と崇高（中岳）、「鎮」は四方の鎮となる四つの大山（揚州の会稽山・青洲の沂山・幽州の医無閭山・冀州の霍山）、「海」は東海・西海・南海・北海の四方の海、「瀆」は長江・黄河・淮水・済水の四つの河。

(14) 祈雨祭祀の研究は、梅田義彦「平安時代に於ける祈雨止雨の行事（上）（下）」（『神社協会雑誌』三六―一〇・一二、一九三七年）、逵日出典「平安初期に於ける国家的雨乞の動向」（『神道史研究』一〇―三、一九六二年）、桑島禎夫「古代の祈雨について」（『民間伝承』二六―二、一九六二年）、高橋渡「続日本紀の祈雨記事について」（日本大学史学科五十周年記念『歴史学論集』一九七八年）、高谷重夫『雨乞習俗の研究』（法政大学出版局、一九八二年）、並木和子「平安時代の祈雨奉幣」（二十二社研究会編『平安時代の神社と祭祀』国書刊行会、一九八六年）、野口武司「六国史所見の「祈雨・止雨」記事」（『國學院雑誌』八七―一一、一九八六年）、亀田隆之「『続日本紀』考証三題」（関晃先生古稀記念会編『律令国家の構造』吉川弘文館、一九八九年）、笠井昌昭「「皇極紀」元年条の祈雨記事をめぐって」（『キリスト教社会問題研究』三七、一九八九年）、岡田干毅「日本古代の祈雨・止雨儀礼について―祈（止）雨特定社をめぐって―」（『人文論究』四三―二、一九九三年）など。

(15) 三宅和朗「日本古代の「名山大川」祭祀」（『古代国家の神祇と祭祀』吉川弘文館、一九九五年）。

(16)『日本三代実録』元慶二年（八七八）六月三日丁卯条。

(17)『続日本紀』養老六年（七二二）七月丙子条。

(18)『続日本紀』文武二年（六九八）五月庚申朔条、『同』同年同月甲子条。

(19)『日本後紀』延暦十五年（七九六）八月己卯条。

(20)『続日本紀』天平十七年（七四五）九月癸酉条、『同』同年同月甲戌条。

(21)『続日本後紀』承和十三年（八四六）八月丙戌条。

(22)『日本三代実録』貞観八年（八六六）二月七日癸丑条。

第四章　律令国家における神仏関係

はじめに

神仏関係と言えば、一般的には「神仏習合」が連想される。しかしながら、「神仏習合」という現象を的確に説明することは、困難を極めるのではなかろうか。試みに、辞典の類で「神仏習合」を引いてみると、『国史大辞典』では「わが国の神祇信仰と仏教が接触、混融して独特の行法・儀礼・教義を生み出した宗教現象をいう[1]」とあり、『平安時代史事典』では「民俗信仰である神祇信仰と外来宗教の仏教が接触したために生起された、両信仰の混融された事象[2]」とある。信仰と信仰とが接触して融合化する現象を、一般には習合という。仏教の場合は、インドの時点で、すでに仏教は他の信仰と融合しており、四天王なるものも、古代インドの神が仏教に取り入れられたものである。仏教が伝来する過程においては、さらに様々な信仰・思想と接触したであろうことは容易に想像できるし、日本に伝来した仏教は、それらを吸収したものであっただろう。そして、日本に伝来した後も、仏教は日本の神観念と接触し融合していくのである。

習合の一現象としては、複数の対象を信仰する際に、儀礼が混合することが挙げられる。例えば、古代の国家が、神祇と仏とにそれぞれに祈請・祈禱する場合、祈請内容は同じであるが、祈禱方法にいくつかのパターンが見られる。

「神祇と仏とにそれぞれの儀式で祈禱する」、「神祇に対して仏教の儀式で祈禱する」などである。また、古代の在地村落でも神仏に祈禱する場合があったが、仏教の教義などを理解して崇拝していたかどうかは疑わしい。「利益のあるもの」程度の認識に止まっていたのではなかろうか。

古代社会における仏教の浸透は、仏教が在地の信仰を利用しながら布教活動を行ったために、地域・階層などで形態が異なっていた。古代の習合思想は、布教を目的とする仏教の論理が主張されたものであり、実際の信仰形態とは隔たりがあった。神仏の習合現象を考えるにおいては、仏教の主張と実際の信仰形態とを区別する必要がある。例えば仏教説話は、仏教の主張が書かれたものであって、信仰実態としてはフィクションの部分がある。仏教思想を考察する際のテキストとしては好適であるが、信仰実態を考察する際には大きな誤解を生んでしまう。

本章は、古代国家から見た神仏の関係を論じたものである。国家は神仏関係をどのように理解し対応していたかを中心に考察する。

一　神仏習合に関する先行研究

現在の神仏研究の先駆けとも言うべきは、やはり辻善之助氏であろう。辻氏の研究は、「本地垂迹の起源について」(3)として明治四十年（一九〇七）、『史学雑誌』に発表されたのであるが、その研究は、現在においても「定説」(4)と称され、多大な影響を及ぼしている。辻氏の研究の最大の特徴は、まさに「確実な史料から本地垂迹説の起源を実証した点にある」(5)と思う。辻氏は、厳密なる史料の検証によって、神仏習合の現象が発生した時期と本地垂迹説の発生の時期は異なるものと論じた。前者は奈良時代にはすでに顕著な現象であり、後者は延喜の前後から徐々に形成され、鎌倉時代にその教理的組織が大成され、教理書が纏め上げられたとした。そして辻氏は、神仏習合思想の発展段階を、次のように提示した。

神明は仏法を悦ぶ、……神明は仏法を擁護する、……神明は仏法によりて業苦煩悩を脱する、（神明は衆生の一である。）……神明は仏法によりて悟を開く、……神即菩薩となる、……神は更に進んで仏となる、……神は仏の化現したものである。

この図式は、辻氏の神仏習合への理解を示すものであるが、この「神と仏の直線的な融合」が、後の多くの研究者によって、議論の対象となったのである。

ここで注意すべきは、辻氏の研究が、神仏習合の「現象」の進展と、神仏習合の「思想」の進展とを区別して論じなかったことである。辻氏の提示した図式は、思想に関するものであれば、仏教側の教理や布教の進展について論じられるべきものであり、現象に関するものであれば、習合思想の受容の進展について論じられるべきである。もし、神仏習合思想が日本において自然発生し、思想と現象とが同時並行的に進展するのであれば、それらを区別して論じる必要はない。しかし、果たして神仏習合思想は日本において自然発生的に起こったのか、神仏習合思想の進展と実際の習合現象に差異はなかったのか、まずは、これらの確認が必要であろう。

神仏習合思想が自然発生したことに疑問を提唱したのは、津田左右吉氏であった(6)。津田氏は、奈良時代の初期から、仏家が「日本の神を輪廻の苦に悩むものとし、仏法に帰依して解脱を得たいといふ希望を有つてゐる」と主張したとし、「神が僧の前に現はれて法を聴いたとか、戒をうけたとか、また済度を乞うたとか、いふ話はいろいろに作られてゐて、高僧伝などにも記してあるから、日本の仏家のかういふ説には、一つは、それから示唆されたところもあらう」とした。つまり津田氏は、神仏習合の思想はインドや中国から齎されたものであり、日本においては、仏家が神は輪廻の苦に悩み仏教の帰依を願うと「唱導」した、と説いたのである。また津田氏は、日本の善神は「インドの諸天善神に仏法擁護の任を負はせてあるのにならつて」いるのだとし、「善神」と「輪廻の苦に悩み仏教の帰依を願う神」とは、「全く違つた思想から来てゐる」とした。そして、こうした多様性については、「実際の神の信仰に関係の無いことであるから、相互に調和しないいろいろの考へかたが取入れられたのである」と結論付けたのである。

さらに戦前では、家永三郎氏(7)が、古代の神仏の基本的関係は、衝突や習合ではなく、「仏教の移植が伝統的宗教に与えた影響の最大なるものは」「神祇信仰を強化していよいよ隆盛ならしめた点にある」とし、その背景として、「上代の宗教信仰は救済の祈願と云う主体的行動自体に重心をおくものであって、祈願の対象如何はさほど問題にされなかった」と説いた。その一方で、家永氏は、こうした神仏の並行発展は天平勝宝年間（七四九～七五七）までであるとし、神仏習合や神仏同体説の成立を、それ以降に発生した新しい情勢と捉え、神仏習合を日本で新たに発生したものと見なしたのである。

そして、戦後、原田敏明氏(8)は、神仏は政治的にも宗教的にも対立したものであり、為政者はこの現状に対する方策として、神を仏に従属させ、神仏習合が行われたと説いた。原田氏は、神仏習合を政治・経済・宗教などの社会情勢に対する方策であるとしたのである。奈良時代のころの一般の思想に、神が仏法を悦びこれを擁護するという考えが根底にあったのではなく、仏典における諸天善神をもって、わが国従来の神々を取り扱い、仏との関係を定めたものであり、神仏習合は「仏教者の積極的の作為」によるものであると説いた。

また、田村圓澄氏(9)は、辻氏が提示した図式を「単線的」とし、仏法を悦び仏法を擁護する神が、なぜ仏法により苦悩を脱する衆生になるのかが明らかではないと指摘したのである。田村氏は、神身離脱を願った神は地方神であり、護法善神は国家の神と結論付けた。

この後、高取正男氏[10]によって、排仏意識が神道の成立につながり、その対応として、本地垂迹説が仏教側から出されたとする説が出された。

伊藤聡氏が提示したように[11]、神仏研究の主題は、「一、神身離脱・護法善神から本地垂迹へ至る神仏習合の発展。二、中央神と地方神の二項対立の図式。三、神仏隔離」であった[12]。

一方、日本固有の神祇信仰と外来の仏教とを融和させた神仏習合は、わが国独自の特異な宗教文化であり、日本宗教史の最大の特質の一つであるという見解に対して、吉田一彦氏[13]は、『高僧伝』『続高僧伝』などを検証し、神身離脱・護法善神といった思想や、神宮寺建立・神前読経の理論は中国で広く説かれていたものであるとし、日本古代の神仏習合の思想は、「中国仏教の思想を受容したものに他ならない」と指摘した。神仏習合思想を外来のものと捉える吉田氏の論は、辻氏以降の神仏習合論を見直すものとも言える。

神仏関係の研究は、神仏関係を包括的に捉えるものが多いが、今後は、「仏教の思想」と「それを受容する社会の意識」を別個に捉えて検証する必要があるだろう。さらに、社会の意識は「階層」「地域」で差があるものだから、神仏関係の進展にも差が出ていたはずであり、注意を要するであろう。

本章は、神仏関係における仏教の「主張」が、国家によってどのように受容されたのかという点を考察するものである。国家にとっての神とは、「霊験の源泉」であると同時に、「災異の発生源」でもあったから、国家祭祀とは、国家を保全するための行政の一環として行われる。神事行政とも言うべきものであった。神祇官という役所は、国家祭祀関係の役所であったが、「公務と神事の職掌は区別するもの」という律令成立期の概念によって、一般行政と神事行政が区別され、太政官とは別置された。国家にとって、神とは保全にかかわる存在であった。神は危機の原因であり、祭祀は危機を回避するための手段と考えられていた。こうした神に関して、仏教は国家に対してどのような主張をし、それを国家がどのように受容し、その結果どのような習合現象が生じたのか、次節で検証したいと思う。

二　八世紀における神と仏の関係――神仏の併存

国史では、欽明天皇十三年に、百済の聖明王から釈迦仏像・幡蓋・経論を献上され[14]、仏教の受容について、崇仏・排仏の動きがあり、結局、七世紀半ばに完全に国家に受容される、という流れになっている。例えば、次のような記述がある。

仏教が伝来したことを天皇は喜んだが、礼拝すべきか否かを群臣に諮問した。蘇我稲目は「他の諸国は皆、仏教を礼拝している」という理由で賛成し、物部尾輿と中臣鎌子は「蕃神（仏）を拝めば神々の怒りを招く」として反対した。結局、欽明天皇は、試みに蘇我稲目に礼拝させることにしたが、この後に疫病が発生し、それは物部尾輿と中臣鎌子の主張を退けたのが理由であるとして、仏像は川に流され、伽藍は燃やされた。

右の神仏の対立について、家永氏は、「仏教渡来当初における神仏の宗教的対立と云われるものは、すべて文字の上で構出された幻影であって、両者の間には決して思想的な矛盾の存しなかったことが理解される」と断じ[15]、中井真孝氏も、神仏対立の説話は後世に造作されたものとし、「神仏の意識が明瞭でなく、神仏間の思想的対立は起こらなかったというべきである」と論じた[16]。仏教の受容に関して、まったく軋轢が生じなかったとは断言できないであろうが、国史に記載される崇仏・排仏の記事は、明らかに中国大陸から輸入された論理が展開されたものである。史実を検証するテキストというよりは、仏教的論理が輸入され国内で展開される経緯を考察するものであろう。

仏教は、律令成立以前から、祈禱教的性格が強調されていた。例えば、国史では、蘇我氏が仏教受容の推進氏族に充てられているが、その蘇我氏の発言を受けて、祈雨のために「大乗経典」を転読せしめたとする。(17)事実であるかは不明であるものの、仏は祈禱の対象として論理展開されている。奈良時代には、旱魃が起きれば、神に祈ると同時に「三宝」にも祈り、(18)疫病が発生すれば、神社に奉幣・祈禱をし、寺では読経せしめている。(19)これは、神祇と同様に、仏に祈禱・読経を行うことが災異からの保全につながる、という意識であろう。神には奉幣、仏には読経と、それぞれに儀礼が行われ、両者は祈請対象として併存していた様子がうかがえる。

また、国家による仏教の関心は、神社と同様、国家の保全のために「冤を除き祥を祈る」ことであり、(20)神仏は別個でありながらも、祈請対象という性格は共通していた。(21)

そして、奈良時代の半ばには、神のための得度が行われはじめ、(22)平安時代になると、神に対して読経が行われるようになるなど、国家は、祭祀において、得度や読経などの仏教儀礼を用いるようになった。

・『類聚国史』延暦十三年(七九四)三月戊寅条

遣少僧都伝灯大法師位等定等於豊前国八幡。筑前国宗形。肥後国阿蘇三神社読経。為三神度七人。

右は、神のために得度が行われた事例である。このときの理由は定かではないが、この後、度者は、神宮寺もしくは国分寺などの寺院に所属したと推測できる。神祇のための写経は寺院に安置されているし、(23)承和五年(八三八)に、再び八幡大菩薩宮、宗像神社、阿蘇神社などに得度された際も、国分寺や神宮寺での「安置供養」が定められているからである。僧道鏡が隆盛した時代、大嘗祭に僧が奉仕することに対して、「神等をば三宝より離れて触れざる物ぞとなも人の念ひて在り」と反対意見があった。(24)宮中の祭儀においては、神事と仏事とを区別することは当時の常識であり、そうであればこそ、神戸が得度しても神社ではなく神宮寺で安置させたのだろう。「経の中に、仏を護り、尊ぶ神がいるのだから、大嘗祭において、出家人がいても何ら問題はない」とする称徳天皇の意見は、中井氏も述べているように、当時でも、牽強付会の説であったと考えられる。佐藤眞人氏も述べるように、宮中祭儀では、神仏の「隔離」が求められていたのである。[25] 翌天平神護二年（七六六）の記事には、「伊勢大神宮寺」が確認できるが、この神宮寺は、結局、称徳天皇崩御後の宝亀三年（七七二）には度会郡から飯高郡に移り、[26] 最終的には神郡（度会郡・多気郡）からも飯高郡からも遠ざけられる。[27] 伊勢では、この後、『皇大神宮儀式帳』が作成され、仏法の「忌避」が明記され、[28] 神の儀式と仏のそれとの混同が戒められた。[29]

しかしその一方、神社全体に対しては、神と仏の儀式の混同を戒めるものは確認できない。伊勢では、仏事に携わった者が神祇官によって罷免されるなど、[30] 仏法の忌避が厳しく定められたが、神社全般においては、伊勢や宮中のような、仏法忌避・隔離は求められていないのである。

また、小野社の木を伐採して西大寺の西塔を建てたために祟りが起こったとする卜占や、[31] 寺を建立するために墳墓を壊すことを禁止した勅は、[32] 行き過ぎた仏教優遇を改めたものである。寺の建立には多くの建築材料が必要であるため、神社の木が伐採され、墳墓が壊され礎石が抜かれたと考えられる。神社の木を伐採することは、神事上の禁忌とされ、孝徳天皇が「仏法を尊び神道を軽んず」とされたのは、「生国魂社の樹を斮ったため」であるし、[33] 稲荷神社の樹木を伐った罪が祟りとなり、天皇不予にまで至ったともされた。[34]

神社の木を伐り、墳墓を壊して寺を建立することは改められたが、これが神仏隔離につながったわけではなく、この後、伊勢以外では、神々への読経や得度がたびたび行われた。

奈良前期には、神仏に祈請をしても、対象が異なれば儀式も別個であったが、天平から神護慶雲の仏教隆盛の時代を経ると、仏教儀礼が祭祀にも入り込み、神祇に対して読経・得度などが行われるようになり、九世紀半ばごろから、本格的に展開していったのである。

三　九世紀における神と仏の関係——護法善神説と神身離脱説の不受容と新たな神仏関係説

九世紀中ごろから、災異を鎮めることを目的に、神祇に「読経」「得度」する例が増加する。遣唐使の安全を祈るために、「大宰府管内の神祇のために得度を行わせしむ」といった事例などは、[35]「読経」「得度」の奉献的性格が見出せる。

祈請において「神祇には奉幣、寺では読経」に加えて「神祇に奉幣・読経」という例が増加した背景としては、朝廷の神仏関係への認識が変化したことが考えられる。次の承和三年（八三六）の勅は、全国の名神に対して法華経を読ましめたものである。

・『続日本後紀』承和三年十一月丙寅朔条

勅。護持神道。不如一乗之力。転禍作福。亦憑修善之功。宜遣五畿七道僧各一口。毎国内名神社。令読法華経一部。国司検校。務存潔信。必期霊験。

右の勅によれば、五畿七道に僧を派遣し、国ごとに名神社に法華経一部を読ませ、それを国司に検校させている。「禍を転じて福に作る」、「必ず霊験を期す」とあるから、災異を鎮めることを目的に、仏教儀礼によって名神が霊験を示現することを期待したのであった。

九世紀に神祇に対して行われた読経は、祟りを慰撫する目的が挙げられる。延暦年中（七八二〜八〇六）には、「神霊之怨魂」に対して大般若経が読まれ、[36]石上神社でも、「石上神社に収められていた神宝を他所に移してしまったために天皇不予という事態が起こった」とする女巫の託宣を受けて読経が行われている。[37]これらは、祟りを鎮める目的で行われた読経の顕著な事例と言えるだろう。

神に対する仏教儀礼は、神宮寺に関してしばしば確認できるので、それらを検証してみたい。

①［多度神宮寺］

『多度神宮寺伽藍縁起資財帳』では「多度大菩薩」と称し、「吾経久劫作重罪業、受神道報、今冀永為離神身、欲帰依三宝」と託宣して神身離脱を願うとしている。

〈しかし、実際には、神格を離れて仏性にはなっていない。神宮寺を建立し、神像をつくった目的は、「永隆仏教」「風雨順序」「五穀豊稔」のための「一切神等増益威光」（＝神威の増大）であった。〉

②［気比神宮寺］

『藤氏家伝』下　武智麻呂伝には、「霊亀元年（七一五）に藤原武智麻呂の夢に気比神があらわれて、宿業によって神の身になった苦悩を告げ、仏道に帰依し救済を望む。武智麻呂が霊験の示現を条件にすると、霊験が示されたので、越前国に神宮寺を建立した」という筋で説話を載せる。

〈しかし、実際には、気比神は神格を離れ仏性になっていない。気比神宮司は中臣氏である。(38)宮司は譜第の職であるから、(39)霊亀元年当時も、中臣氏が気比神の祭祀を行っていた可能性は高い。気比神も藤原氏と関係する神社であったとすれば、『藤氏家伝』の武智麻呂伝に気比神宮寺建立の話が載せられていても不思議ではないであろう。〉

③［神願寺（若狭比古神）(40)］

和宅継は、次の理由をもって若狭比古神の神主を辞退している。

「養老年間（七一七〜七二四）に疫病・旱魃が起こり、作物も不作であった。宅継の祖先の和赤麿が仏に帰依し、深山で修行した。（若狭比古）大神は、人となって次のように赤麿に告げた。「ここは私の住むところである。私は神性を受けたことに非常に苦悩している。仏法に帰依し、神であることから免れたいのだ。この願いが果たされるまで災害をもたらすだろう。汝（赤麿）は私のために修行せよ」。そこで赤麿は若狭比古神のために「道場」を建て、仏像をつくった。これを神願寺と名付け、若狭比古大神のために修業をした。その後、作物は豊作になり、夭死する人はいなくなった。」

〈しかし、若狭比古神の神身離脱が受け入れられて仏性とはならなかった。〉

④［八幡弥勒寺(41)］

観音寺と弥勒寺は、八幡神宮司が試練を経ずに「情に任せて」弥勒寺の年分度者を得度させていることを非難し、その結果、宮司と講師が共に読経を試して得度させることが定められた。また、弥勒寺には駆仕が存在しないので、八幡神の神封から六人を割いて弥勒寺の駆使とすることや、弥勒寺の講読師の「法服布施」を八幡神の神封をもって充てることなどが定められた。

〈これらは、いずれも観音寺・弥勒寺の申請によって実現したものである。〉

⑤［岡本堂（賀茂神(42)）］

山城国愛宕郡の賀茂社の東に岡本堂という道場があった。これは神戸が賀茂大神のために建立したものであったが、天長年間（八二四〜八三四）に、検非違使が取り壊してしまった。そこで、「仏の力と神の威は互いを必要とし、互いに尊んでいる。岡本堂を建立した神戸の意図を聞けば、神のためであると言う。特別に、岡本堂を再建することを許可する」との勅が出された。

⑥［香春岑の寺］(43)

最澄が渡唐する際、豊前国田川郡香春岑に坐す辛国息長大姫大目命・忍骨命・豊比咩命のために、山の下に寺を建て、神のために読経をして、航海の安全を祈った。それ以来、石ばかりだった山に草木が茂るようになった。また、郡司らが、災害のたびに祈禱をすると、必ずそれに応えてもらった。そこで、これらの神を官社にすることで、崇敬の意を表した。

〈国家は二つの効験を認めている。一つは、最澄が寺を建立し読経をしたことで、岩山に草木が生い茂ったこと。もう一つは、災異が起きるごとに郡司らが祈禱すると、必ず霊験があったということである。〉

⑦［鹿島神宮寺］(44)

鹿島神宮寺の伽藍が荒廃しているので、僧五人を寺に常住させること、さらに、鹿島神宮寺の修理を、鹿島神宮司の一族が負担することなどが定められた。

⑧［奥島神宮寺］(45)

僧賢和が、近江国野洲郡の奥島に寺を建立した。賢和は、「仏の力で蓋纏を脱したい。そうすれば神威を増し、国家・郷邑を擁護するだろう」という神告が夢の中であったとして、自分が建立した寺を神宮寺とするように朝廷に申請し、それが許されている。

右の神宮寺の事例を検証してみると、二つの共通点が見出される。

一つは、神が神身離脱を望んでいるために神宮寺を建立したという主張があっても、実際には、神が仏性となって神格を脱し、仏教の神となっていない点である。一般に、神身離脱とは、神が神格を脱し仏性になることと理解され、辻氏は、神仏関係の発展において「神明は仏法によりて業苦煩悩を脱する」段階に位置付けている。(46) 史料にも、神が仏に帰依したいとする記載があり、「神明は仏法によりて業苦煩悩を脱する」という思想があったことは疑いないであろう。しかし、神身離脱という習合思想が仏教によって主張されているものの、実際には仏性を認められておらず、「思想」と「現象」の差異が確認できる。神身離脱を主張したのは、仏教もしくは仏教に近い人間であり、古代社会の一般的な概念・思想ではなかったと考えられよう。

共通項の二つ目は、仏の力によって神威を増し、それによって国家を擁護するという主張である。この点に関しては、前述した神宮寺の事例を再確認しながら考察してみたい。

①では、神宮寺の建立と神像の目的として「一切神等増益威光」(=神威の増大)が挙げられており、⑤の岡本堂再建では、「仏力神威、相須尚矣」(=仏の力と神の威は互いを必要とし、互いに尊んでいる)が理由として挙げられ、賢和が建立した寺が神宮寺として認められたのも、仏の力によって「将増威勢、擁護国家、安存郷邑」(=神威を増し、国家・郷邑を擁護するだろう)という主張があったためである。つまり、これら三つに共通するのは、「神宮寺は神威を増す」という主張であり、それを国家が受容しているという点である。

さらに、④では、観音寺と弥勒寺の僧の申請の中に、「護宗廟鎮社稷、大神之威無二、助神霊増威勢、大覚之徳最一、是以聖朝建立弥勒寺」という記載がある。これは、仏や度者などの仏法の力によって八幡神の神威を増し、それによって国家を鎮護するために建立されたのだという、弥勒寺の主張である。多度神宮寺・岡本堂・奥島神宮寺の事例から考えれば、「国家は、仏の力によって神威が増すという主張を受け入れる」と、寺院側は理解していたと考えられる。

⑦の鹿島神宮寺も、「為神発願始建件寺」（＝鹿島神のために神宮寺を建立した）と記載され、天平勝宝年間（七四九〜七五七）に、鹿島神の神威を増すという理由で建立された。しかし、嘉祥三年（八五〇）には伽藍が荒廃していたため、鹿島神宮寺に五人を得度させている。「此寺雖預定額無有田園幷修理料」と記載があるように、定額寺ではありながらも、鹿島神宮寺には経済基盤がなかった。そこで僧安璟は、神宮寺の建立には、鹿島神宮司である中臣鹿島連大宗が携わっていたことを指摘し、その子孫である鹿島神宮司とその一族が、神宮寺の修理費用を負担するべきと主張したのである。そして、神宮寺の僧の「簡定」には常陸国司と別当があたり、修理の費用は宮司一族が負担するという決定が下されたのである。

八幡弥勒寺と鹿島神宮寺の共通点を考えてみると、神宮寺側は、神戸・神封物などを利用するために、国家に対して、神社との関係を強調していることに気付く。

基本的に、神宮寺そのものには経済的基盤がなかったようで、石上神宮寺も、建立のために二八町の田が施入されているものの、それは仮のことであり、建立された後は、田を返納しなければならなかった。[47]さらに、早い時点で建立されたと考えられる気比神宮寺や気多神宮寺に常住の僧が置かれるようになったのも、[48]鹿島神宮寺の事例を考えてみれば、伽藍が荒廃しているため、常住の僧を置いて神宮寺の管理をさせようとしたのであろう。

ここで、先述した岡本堂について、もう少し考察を加えたい。岡本堂については、次の三つの疑問点が生じるからである。

①神のためと雖も勝手に寺を建立してよいのか。

②岡本堂を壊した検非違使は、それが神のための寺であったことを知っていたか。

③神のために建立した寺は、すべて神宮寺として認知されるのか。

寺の建立については、次の延暦二年（七八三）に規定によって、勝手に建立することは禁じられている。

・『続日本紀』延暦二年六月乙卯条

勅曰。京畿定額諸寺。其数有限。私自営作。先既立制。比来所司寛縦。曽不糺察。如経年代。無地不寺。宜厳加禁断。自今以後。私立道場。及将田宅園地捨施。幷売易与寺。主典已上解却見任。自余不論蔭贖。決杖八十。官司知而不禁者。亦与同罪。

本来は、勝手に寺を建立することは、延暦二年の規定と考え合わせれば望ましいことではなかったため、検非違使は寺を取り壊したのであり、その行動には正当性があったと考えられる。また、勅の中に「今（＝天長十年）、本意を尋ねる」とあるから、神戸たちが賀茂大神のために岡本堂を建立したことを、国家は把握していなかったと思われる。それにもかかわらず、「特にゆるす」とあるのは、賀茂大神のためであったことが大きいであろう。

さらに、朝廷が岡本堂の再建を許した理由としては、仁明天皇による仏教傾倒の姿勢が反映されたとも考えられるが[49]、朝廷が認識していた神と仏の関係にも求められるであろう。勅の中で「仏力神威、相須尚矣」（＝仏の力と神の威は互いを必要とし、互いに尊んでいる）は、「神と仏は互いに協力して国家を擁護する」との主張であり、それは「寺の建立・読経は神威の増大に効力を発揮する」と国家に受容されるようになっていたのであろう。

以上、神宮寺関係の史料から、神仏関係を探ってみた。それによれば、神宮寺は、国家に神と仏の関係を注目させることで、「八幡弥勒寺＝人材・財源の確保、岡本堂＝再建、鹿島神宮寺＝人材・財源の確保」などの利益を蒙ったのである。そして、神宮寺を積極的に建立したのは仏教側であり、どちらかと言えば、国家は、神宮寺に対して、神宮寺の存在を認めてはいても、建立の意思はあまりなかったようである。国家が神仏関係を密接なものにしていく意図をもっていたのならば、神宮寺という目に見えるモニュメントは利用すべきものであり、積極的に建立したはずである。ところが、そうした積極性は見られず、神宮寺は国家にとって、神社に対する奉納の一種と位置付けられていた。神宮寺に経済基盤がないのも、国家にとって特別視されていなかったことを示しているだろう。

こうした状況に対して、神宮寺側（仏教側）は、「神威の増大」を主張し、自分たちの存在価値を主張したと考えられる。仏教側は、国家に対して「仏との関係をもつことで、神祇はその神威を増し、その結果、国家を擁護する」という、言わば「神と仏の協力による国家鎮護」を強調して主張することにより、神宮寺の存在価値を認めさせ、さらには神宮寺建立の許可・神社からの経済援助などを引き出したと考えられるのである。

その一方で、経済基盤をもつ興福寺は、春日神の春秋の祭において、「仏神異道、忌祟応避」（＝仏と神は道を異にして、忌祟を避けるべきである）と申して、春日神社のために「馬場埒」を作り、「酒掃」することを拒否している。[50]弥勒寺や鹿島神宮寺は、経済基盤を得るために神仏関係を強調したのに対し、興福寺は、春日神社の祭における「馬場埒の結作」「酒掃」を拒否する際に「仏神異道」を主張しており、その主張は、寺院の利害を目的としていたものと考えられる。

そして、貞観年間（八五九〜八七七）になると、兵乱や疫病を神の怒りによるものとし、その慰撫のために金剛般若経と般若心経が転読されるようになる。[51]貞観六年には神祇官によって、五畿内ならびに山陽・南海道に「天行有る

表6　貞観年間における神祇官の卜・奏言とその対処

年・月・日	神祇官の卜・奏言	朝廷による対処	仏事
貞観4.11.20	鼠が内印盤褥を嚙んだのは触穢の人が神事に供奉したため	建礼門前で大祓	
4	流星は天照大神の祟なので禱をもって不祥を防ぐ	伊勢大神に奉禱	
6.11.12	五畿・山陽道・南海道に天行があるため疫癘が発生するおそれがある	五畿・山陽道・南海道＝鎮謝・転読	○
8.2.7	三和神・神部神の忿怒によって兵疾のおそれあり	信濃国＝奉幣・転読	○
8.2.13	三歳神に新たに神主を置いたため祟咎が発生した	三歳神に神主を置くことをやめる	
8.2.14	阿蘇神が怒気を懐蔵しており疫癘・隣境兵のおそれがある	肥後国＝奉幣・転読 大宰府＝転読	○
8.6.29	炎旱は楯列山陵守が多くの樹木を伐ったため	申謝	
9.正.26	天下に疫癘のおそれあり	五畿七道＝転読・鬼気祭	○

べし」と奏言されると転読が行われ[52]、貞観八年には、信濃国水内郡に鎮座する三和神・神部神の忿怒によって兵乱と疫病が起こるだろうという神祇官の奏言に対し、奉幣と転読が行われている[53]。「神の怒に謝し」とは「神祇の怒りを鎮めること」であり、「災異を鎮めること」につながることであり、災異の原因について神祇官が奏言したにもかかわらず、読経で神に鎮謝しているのである。神祇への祈禱・慰撫を目的とした読経は珍しくなくなり、表6で示したように、神祇官の卜や奏言による災異に対して、読経がしばしば行われるようになったのである。

延暦寺では、賀茂名神と春日名神のために読経することで、「聖朝を護り奉る[54]」と主張しているが、こうした仏教側からの「神と仏とは共に協力して国家を護る」という主張は、国家によって受容され、遂には詔の中で名神を「知識衆（＝仏の協力者）」と位置付けるにまで及び[55]、この後、神と仏を同体とする本地垂迹説が、仏教によって主張されはじめるのである。

おわりに

本章では、八・九世紀の国家の宗教的意識について、神と仏の関係を中心に考察した。

インドから中国大陸・朝鮮半島を経て渡来した仏教は、その当初、祈禱教的性格のものとして扱われ、神祇とともに祈請の対象であった。

九世紀になると、国家は、祭祀において仏教儀礼を行うようになる。これは、仏教儀礼が神威を増す手段の一つと考えられていたためであるが、しだいに、「神と仏とは国家擁護において協力関係にあり、神に対する仏教儀礼は効果がある」と考えられるようになる。この変化の背景には、古代の神仏関係は、国家が仏教側の主張に影響された一面があった。当初は、仏教儀礼が神威を増す手段とは言っても、神宮寺には経済基盤もなく、国家から特別視されていたとは言い難い状況であったが、仏教側の「神は仏によって神威を増し、国家を擁護する」という主張を国家はしだいに受け入れ、詔で名神を「知識（＝仏の協力者）」と記載するまでになった。そしてその結果、神への読経も増加していったのである。

ただ、律令国家にとって、神は神であり、護法善神や神身離脱の主張があっても、仏性とは見なさなかった。強いて仏教用語を用いるのであれば、神は仏の「知識」であった。仏教による「神と仏の協力関係」という主張が国家に受容され、神への仏教儀礼が増加したのである。

註

（1）　村山修一。

（2）下出積與。
（3）辻善之助「本地垂迹の起源について」（『史学雑誌』一八―一・四・五・八・九・一二、一九〇七年。後、『日本仏教史研究』第一巻〈岩波書店、一九八三年〉に再録）。
（4）山折哲雄「古代日本における神と仏の関係」（『東北大学文学部研究年報』二九、一九八〇年。後、「古代における神と仏」と改題し、『神から翁へ』〈青土社、一九八四年〉に再録、さらに、『神と翁の民俗学』〈講談社学術文庫、一九九一年〉に再録）。
（5）林淳「神仏習合研究ノート―発生論の素描―」（『神道宗教』一一七、一九八四年）。
（6）津田左右吉『日本の神道』（岩波書店、一九六三年）。
（7）家永三郎「飛鳥寧楽時代の神仏関係」（『神道研究』三―四、一九四二年。後に『上代仏教思想史研究』〈法蔵館、一九六六年〉に再録）。
（8）原田敏明「神仏習合の起源とその背景」（同『日本宗教交渉史論』中央公論社、一九四九年）。
（9）田村圓澄「神仏関係の一考察」（『史林』三七―二、一九五四年）。
（10）高取正男「排仏意識の原点」（『史窓』二七、一九六九年）。
（11）伊藤聡「神仏習合の研究史」（『国文学　解釈と鑑賞』六三―三、一九九八年）。
（12）曽根正人編『論集　奈良仏教4　神々と奈良仏教』（雄山閣出版、一九九五年）は、神仏習合に関する代表的な論文を収録し、それらの解説を載せる。
（13）吉田一彦「多度神宮寺と神仏習合―中国の神仏習合思想の受容をめぐって―」（『古代王権と交流4　伊勢湾と古代の東海』名著出版、一九九六年）。
（14）『日本書紀』欽明天皇十三年十月条。
（15）家永前掲註（7）論文。
（16）中井真孝「神仏習合」（上田正昭編『講座　日本の古代信仰　1神々の思想』学生社、一九八〇年）。
（17）『日本書紀』皇極天皇元年（六四二）七月戊寅条。仏は、「蕃神」などとあるように、「神」と表現されてはいるが、同じ祈禱の対象でありながら、神と仏とは明確に区別されていたようである。津田前掲註（6）書は、「神」とは祭祀の対象であるものに用いる漢字であるとする。また家永前掲註（7）論文も、

「仏法渡来の最初仏の意義が未だ人に理解されないため、仮に従来からあった固有信仰である「神」の語を借用したまでのことに過ぎない」とした。
(18)『日本書紀』天武天皇五年（六七六）条。
(19)『続日本紀』天平七年（七三五）八月乙未条。
(20)『続日本紀』神亀二年（七二五）七月戊戌条。
(21)このほかにも、凶を吉とする記事には、『続日本後紀』承和三年（八三六）七月癸未条、『同』承和三年十一月丙寅朔条、『同』承和六年十月乙丑条などが挙げられる。
(22)『類聚三代格』天平勝宝元年（七四九）六月二十六日官符「豊前国八幡神戸人出家事」。
ここでは八幡神の神戸を毎年一人得度させている。
(23)『日本後紀』大同四年（八〇九）正月乙未条、『続日本後紀』天長十年（八三三）十月戊申条。
(24)『続日本紀』天平神護元年（七六五）十一月庚辰条。
(25)中井真孝「平安初期の神仏関係―特に護法善神思想と神前読経・神分得度について―」（菊地康明編『律令制祭祀論考』塙書房、一九九一年）。
(26)『続日本紀』天平神護二年（七六六）七月丙子条。
(27)『続日本紀』宝亀三年（七七二）八月甲寅条。
(28)『続日本紀』宝亀十一年（七八〇）二月丙申朔条。
(29)佐藤眞人「平安時代宮廷の神仏隔離―『貞観式』の仏法忌避規定をめぐって―」（二十二社研究会編『平安時代の神社と祭祀』国書刊行会、一九八六年）。
(30)『類聚国史』弘仁七年（八一六）六月丙辰条。
(31)『続日本紀』宝亀三年（七七二）四月己卯条。
(32)『続日本紀』宝亀十一年（七八〇）十二月甲午条。
(33)『日本書紀』孝徳天皇即位前紀条。
(34)『類聚国史』天長四年（八二七）正月辛巳条。

(35)『続日本後紀』承和五年(八三八)三月甲申条。
(36)『日本後紀』延暦二十四年(八〇五)二月丙午条。
(37)『日本後紀』延暦二十四年(八〇五)二月庚戌条。
(38)『類聚三代格』寛平五年(八九三)十二月二十九日官符「応令停止分神封郷寄神宮寺事」。
(39)『類聚三代格』延暦十七年(七九八)正月二十四日官符「応任諸国神宮司神主事」。
(40)『類聚国史』天長六年(八二九)三月乙未条。
(41)『類聚三代格』天長七年(八三〇)七月十一日官符「応試度八幡弥勒寺年分者事」、『同』天長七年七月十一日官符「応割神封仕丁充八幡弥勒寺事」、『同』天長七年七月十一日官符「応充八幡弥勒寺講読師法服布施事」。
(42)『続日本後紀』天長十年(八三三)十二月癸未朔条。
(43)『続日本後紀』承和四年(八三七)十二月庚子条。
(44)『類聚三代格』嘉祥三年(八五〇)八月五日官符「応随闕度補鹿島神宮寺僧五人事」、『同』天安三年(八五九)二月十六日官符「応修理鹿島神宮寺事」。
(45)『日本三代実録』貞観七年(八六五)四月二日壬子条。
(46)辻前掲註(3)論文。
(47)『日本三代実録』貞観八年(八六六)正月二十五日壬寅条。
神宮寺の僧が、「神祇の神威を増して国家を擁護する」ことを主張した理由としては、遠藤順昭(「神宮寺成立の史的背景について」横田健一先生還暦記念『日本史論叢』横田健一先生還暦記念会、一九七六年)が、「奈良時代の氏寺・官寺の建造物は大半が瓦葺でしかも七堂をそなえていたのに比して、神宮寺の建造物は著しく粗末なものであったといえよう」と述べている点などにも求められるだろう。
(48)『日本文徳天皇実録』斉衡二年(八五五)五月辛亥条、『同』斉衡二年五月壬子条。
(49)佐藤前掲註(29)論文。
(50)『日本三代実録』元慶六年(八八二)十月二十五日甲子条。
(51)『日本三代実録』貞観八年(八六六)二月七日癸丑条、『同』貞観八年二月十四日庚申条、『同』貞観八年二月十六日壬戌条。

(52)『日本三代実録』貞観六年（八六四）十一月十二日乙未条。
(53)『日本三代実録』貞観八年（八六六）二月十四日庚申条。
(54)『日本三代実録』貞観元年（八五九）八月二十八日辛亥条。
(55)『日本三代実録』貞観三年（八六一）正月二十一日丙申条。
「知識」とは友人のことであり、ここでは「協力者」の意味でもあろう。

第二部　律令国家と祭祀

第一章　古代の神事構造と神郡の成立

はじめに

これまで、日本古代の神郡に関する研究は、複数の先学が指摘しているように、『古事類苑』における「神郡ハ即チ神戸ノ大ナルモノニシテ、一郡悉ク神社ニ隷スルモノヲ云フ」「神郡トハ、全郡皆神戸ナルヲ云フ」との解釈、つまり、「神郡とは神戸の大きなものであり、郡全体が神社のために存在する」という解釈[(1)]に対して、神戸との関係を中心に、神郡の特殊性を論じる研究が主に進められてきた。

また、その史料の多さからであろうが、神郡研究は伊勢国の神郡が中心であり、伊勢神郡こそがその名にふさわしい神郡であるという田中卓氏の指摘[(2)]は、その代表的なものであろう。梅田義彦氏や平野博之氏も同様の見解を示しているが[(3)]、これらの指摘は、有富由紀子氏が述べているように[(4)]、『古事類苑』の解釈を踏襲したものと言えよう。

それに対し、岩橋小彌太氏は、神戸と神郡とは性質が違うと述べ、神戸が神民に由来する封戸であるのに対し、神郡は神領に由来する神戸郷（神封郷）の大なるものと論じた[(5)]。つまり岩橋氏は、神郡は戸を単位としたものではなく土地によって規制されたものであると指摘したのである。平野邦雄氏も同様の見解を示しており、神郡と神戸には、「神郡＝土地＝田祖、神戸＝人身＝調・庸」という本質的な区分が根底にあり、大化前代の土地と人身の二元支配を継承するものと論じた（6）。

さらに伊勢神郡をめぐっては、熊田亮介氏の研究によって、伊勢神郡は神宮に対する神職集団の主要な供給地であるという特徴が指摘され（7）、大関邦男氏は「伊勢神郡は郡を神宮祭祀の成立基盤とせざるを得ない天皇制・律令制祭祀のイデオロギー上の要請によって生み出されたもの」であるとの見解を示した（8）。伊勢神郡の特徴について両者は意見を異にしており、伊勢神郡を神宮の人的供給源とする熊田氏の研究では、「伊勢神郡は他の郡に比べてその内容を異にしていた」とする一方、大関氏は「神郡と在地社会との関係は、一般の郡の場合と異なるものではなかった」と述べている。

高嶋弘志氏は、複数の神郡について多方面から考察し、神郡の地が交通・軍事上の重要拠点にあったことから、その軍事的性質を指摘している（9）。

神郡研究の手がかりとなる史料はそれほど多くはなく、とくに、神郡全体がうかがえる史料は数少ないと言ってよいだろう。次の『令集解』「選叙令」同司主典条の令釈が引用する養老七年（七二三）の太政官処分が、その数少ない史料の一つとして挙げられる。

釈云。養老七年十一月十六日太政官処分。伊勢国渡相郡。竹郡。安房国安房郡。出雲国意宇郡。筑前国宗形郡。常陸国鹿嶋郡。下総国香取郡。紀伊国名草郡。合八神郡。聴連任三等以上親也。

右によれば、奈良時代初期の養老年間には、八つの神郡が存在していたことが知られるが、国史などには、主に伊勢神郡と称される「伊勢国渡相郡。竹郡」両郡に関するものが多いため、神郡研究も伊勢神郡を中心に進められてきたのである。その点から言えば、高嶋氏の論考は、自身が「傍証史料」とする幅広い史料の採用や歴史地理学的な考察がなされており、八神郡の成立事情・共通性・歴史性を考える上では、注目すべき論考ではないかと思う。

以上、神郡の研究史について簡単に述べてみたが、神郡研究は、神戸との関係性を明らかにするために土地や田租の問題を取り上げた論考や、古代国家のイデオロギー装置としての性格を論じたものが主流であろうと思う。

こうした先学の研究があるにもかかわらず、神郡の考察を試みるのは、大和政権もしくは律令期の神事制度の視点から、神郡を再検討する必要があると考えるからである。

「神郡」という名称それ自体も、その特殊性の一つに含まれると思うが、神郡の「神」とは、郡内で奉斎される神社や神祇を示しているとされ、郡と神社は、次のように対応すると考えられている。

伊勢国多気郡・度会郡	伊勢大神宮
安房国安房郡	安房坐神社
出雲国意宇郡	熊野坐神社もしくは杵築大社
筑前国宗像郡	宗像神社
常陸国鹿島郡	鹿島神宮
下総国香取郡	香取神宮
紀伊国名草郡	日前神社・国懸神社

右に示した特定の神社・神祇に対応させて神郡が建郡されたと考えられている。

大和政権期から律令期へ変遷する中には、神事体系も含まれており、本章では、祭祀制度上の神郡を検討することで大和政権期の祭祀システムと律令期のそれとの比較を試みてみたい。国史や法制史料に神郡の記載が少ないのは何故か、その一方で、伊勢神郡に関しては史料が複数確認できるのは何故か、などの問題についても考察していく。

一　律令期神事の再確認

まず、律令期の祭祀制度について再確認してみたい。その特徴の一つを挙げるとすれば、国家的な祭祀を全国の諸社で恒常的に行うシステムを構築したことである。このシステムは、現在では、班幣制度もしくは官社制度と称されており(10)、選定された諸社に、国家が定期的に幣帛を奉じる制度である。選定された諸社は官社とも称され、神祇官の名簿に社名が記され、祝と呼ばれる神職が置かれる。祝は、祈年祭幣帛を神祇官まで受け取りに上京し、再び社に戻り、幣帛を奉じるのである。官社の指定を受けた神社では、国家による恒例的な神事が行われるようになり、これによって、国家的祭祀の場が全国の諸社に拡大したのである。

一方、氏族や村落などの共同体は、神社を支える奉斎集団として存在していた。神事においては、これら奉斎集団の氏族性や在地性が重視されていた。次の「崇神紀」においては、神事における氏族性の重要性がとくに強調されている。

崇神天皇五年からの国内の混乱は天神地祇の咎によるものと推察し、謝罪の祭祀を行った。そして神浅茅原に行幸し、神々を集めて卜占をした。すると倭迹迹日百襲姫命に大物主神が憑依して「私を敬い祭るべし」と告げたことを受けて、祭祀を執り行うが、一向に霊験が顕れない。そこで天皇が沐浴斎戒し殿内を清浄にして祈ると、その夜、夢に貴人があらわれて自らを大物主神と名乗り、「我が子の大田田根子をして私を祭らせれば、たちどころに平穏になるだろう。海外の国も自然に帰伏するにちがいない」と告げたため、大田田根子をして大物主神を祭る神主とした。

右では、崇神天皇五年の国内の混乱には大物主神が大きく関係しており、「大物主神の子である大田田根子が祭祀をしないと災いが治まらない」と卜占や夢にあらわれたとする。大物主神の子以外の他者の祭祀では霊験が示現されないとあることから、神事においては氏族性が重要な要素であったことが指摘できる。祭神をその子孫が祀る神事とは、要するに氏神祭祀の一つである。[11] 律令期に、官人たちが氏神を祀るために休暇の申請をしているように、[12] 氏神祭祀とは氏族による私的な祭祀なのであるが、「崇神紀」に見られるように、公的な祭祀でも、神事における氏族性は重要な意味をもっていた。

例えば、「神主」という職は、主に九世紀を通して制度化していくが、神主に就任する氏は定まっており、その氏族性が特徴である。「神祇令」相嘗祭条の解釈と令釈では、「相嘗祭の幣帛は神主が祭る」とし、さらに令釈では「池首」「太朝臣」「鴨朝臣」などに並んで「神主」の語が祭祀者として記されていることから、相嘗祭は特定の氏族によって行われる祭祀であったことが指摘されている。[13] また、「神祇令」三枝祭条の釈説では、「伊謝川社祭。大神氏宗定而。不定者不祭。即大神族類之神也」とあり、三枝祭は大神氏以外の氏族が奉仕できない祭祀と指摘されている。相嘗祭も三枝祭も、ともに国家的祭祀でありながらも、祭祀者の氏族性を無視できないという点において、「崇神紀」における大物主神と大田田根子の祭祀と性格を同じくしている。

また、官社の指定を受けた神社は、官社という国家的祭祀を行う側面と、氏神という私的性格の側面が並存している事例が、次にいくつか確認できる。

- 『続日本紀』宝亀八年（七七七）七月乙丑条

　内大臣従二位藤原朝臣良継病。叙其氏神鹿島社正三位。香取神正四位上。

　（藤原良嗣が病に罹ったため、良嗣の氏神である鹿島社と香取神に神位が奉じられた）

- 『類聚国史』天長元年（八二四）八月丁酉条

依従三位右衛門督兼播磨権守紀朝臣百継。従四位上行越前加賀守紀朝臣末成等奏。紀氏神□幣帛例。

（紀百継と紀末成によって紀氏神が幣帛例に預かった）

•『日本紀略』天長六年四月乙丑条

山城国愛宕郡丘一処給右衛門督紀朝臣百継等。為祭祀神地。

（紀氏に対し、神祭地として、山城国愛宕郡の丘が与えられた）

•『続日本後紀』承和元年（八三四）正月庚午条

山城国葛野郡上林郷地方一町賜伴宿祢等。為祭氏神処。

（伴氏に対し、氏神の祭地として、山城国葛野郡上林郷のうち一町の土地が与えられた）

•『続日本後紀』承和元年二月辛丑条

小野氏神社在近江国滋賀郡。勅。聴彼氏五位已上。毎至春秋之祭。不待官符。永以往還。

•『続日本後紀』承和四年二月癸卯条

是日。勅聴大春日。布瑠。粟田三氏。五位已上。准小野氏。春秋二祠時。不待官符。向在近江国滋賀郡氏神社。

（小野・大春日・布瑠・粟田の諸氏は、官符を待たずに氏神社の祭祀に参加できるようになった）

右の事例では、官社の指定を受けた神社の氏族性を国家が重視している姿勢が確認できる。九世紀末に、「諸人氏神多在畿内。毎年二月四月十一月何廃先祖之常祀。若有申請者直下官宣」として、畿内の氏神社を奉斎する諸氏族に対して、氏神祭祀を励行している事例からも、(14)氏族的祭祀を重視する様子がうかがえる。官社に指定された神社では、四時祭などの律令祭祀と並行して、氏神祭祀も重要な神事として位置付けられていたと考えるべきであろう。

また、古代の奉斎集団には、村落など在地的共同体も含まれる。次の「儀制令」春時祭田条は、在地祭祀において

検討される史料であるが、この条文は儒教道徳の浸透を意図したものと指摘されている。(15)

凡春時祭田之日。集郷之老者。一行郷飲酒礼。使人知尊長養老之道。

確かに、春時祭田条は国家の理念であって、当時の在地祭祀の状況を伝えたものとは考えにくく、そもそもが「饗食」に関する規定であって、祭祀の内容には触れられていない。

しかしながら、春時祭田条によって、国家が在地祭祀を認識していたことは確認できるだろう。

このほか、在地祭祀に関しては、次の記事が在地集落による在地祭祀の事例として理解できる。

・『続日本後紀』承和四年十二月庚子条

大宰府言。管豊前国田河郡香春岑神。辛国息長大姫大目命。忍骨命。豊比咩命。惣是三社。元来是石山。而上木惣無。至延暦年中。遣唐請益僧最澄躬到此山祈云。願縁神力。平得渡海。即於山下。為神造寺読経。爾来草木蓊鬱。神験如在。毎有水旱疾疫之災。郡司百姓就之祈禱。必蒙感応。年登人寿。異於他郡。望預官社。以表崇祠。許之。

（最澄が「延暦年間に入唐する際、豊前国田河郡の香春峯に祈ったことにより渡海の無事を得た」として香春峯に読経したところ、それまで草木の生えていなかった山に草木が生い茂った。このことを、郡司や百姓は、香春峯に鎮座する辛国息長大姫大目命・忍骨命・豊比咩命の霊験によるものとして、旱や疫病などの災害があるごとに三神に祈禱をすると、必ず感応があることから、官社となった）

もちろん、田河郡司が行う場合は、郡司主導の公的祭祀であり、田河郡の在地集落が行う場合は、集落または村落という共同体の安寧を祈るための祭祀である。

さらに、次の『常陸国風土記』那賀郡条では、祭神をその所縁のある集団が代々にわたって奉斎している様子が記されている。
常陸国那賀郡茨城里に、努賀毗古と努賀毘咩の兄妹がおり、努賀毘咩は人との間に小さい蛇を産んだ。努賀毗古と努賀毘咩は、神の子であろうと思って、蛇を清浄な坌や甕に盛って安置したが、成長の勢いに養育しきれず、父親のもとに帰らせようとした。蛇は一人で行かされることを恨みに思い、努賀毗古を雷で殺し、天に昇ろうとしたが、努賀毘咩が投げた盆が触れたので昇れず、晡時臥山に留まった。蛇を盛った器は片岡村に残り、その子孫が社を建立して祭り絶やすことがなかった。

右では、蛇が祭神、その蛇を盛った器がご神体、その器が残された村の人々が祭神に所縁のある集団として祭祀を継承していた様子が記されている。

このような「祭神とその所縁の集団」という関係性は、大物主神と大田田根子の「祭神とその子孫」という関係性と、神事の構造上、共通するものである。

古代の祭祀の構造は、「霊験」と「祟り」が軸となっている。[16] 古代の人々は、霊験の示現と祟りの回避を念頭に置いて祭祀を行っていたのであり、それは大和政権や律令国家なども同様であった。とくに災異は神祇の祟りや怒りによるものと考えられ、それをどのように回避するかが行政上の一つの課題でもあった。祟りの発生原因は様々で、しかも神祇によってその原因が異なるという厄介なものであった。例えば、石上神宮に収められていた兵器を山城国に移動させたことによって聖体不予となり、[17] また、神主を置いたために大和国三歳神の祟咎が生じたことは、[18] 神祇の祟りと考えられており、しかも、旧例に反したために祟りが発生したと判断されている。神事における旧例や先例とは、古から続く慣例であり、明文化されていないが重要な約束事である。[19]

神事においては、祟りの構造上、旧例の踏襲が重視され、「神祇の子孫が神事を担う」または「神祇に所縁のある集団が神事を担う」ことも、不文律であるが重要な約束事とされていた。官社に指定され、国家によって神職（祝）が設置された後も、その神社の氏族性や在地性は継承され、由来のある氏族や村落などの奉斎集団は神社の旧例また独自性とともに継続され、神社の人的・経済的な基盤として神社を維持しつづけたのである。

二　神郡成立の背景と古代の神事構造

前節では、古代の神事構造を概説したが、本節では、その神事構造の中で、神郡がどのような根拠で成立したのかを検討してみたい。

まず、霊験とは、祈願者が祈願対象に祈願をすることであらわれるものである。祈願者には、氏族や在地集落などの奉斎集団や国家などが含まれる。祈願対象は神祇（神社）であり、祈願とは祭祀を指す。例えば、郡司の祭祀は、郡内に霊験を示現することを目的に祭祀が行われ、国家の祭祀は、霊験を国家レベルで示現されることを目的に行われる。もともとは氏族や村落などの奉斎集団内に限られていた神祇との関係性を、郡、国、国家などへ開放することで、霊験の示現も拡大していくというのが霊験の構造である。班幣制度とは、在地や氏族などに限定されていた霊験の示現を、国家レベルに広げる手続きの一つとして、律令期に新たに創設されたシステムである。

一方で、祈願者は、祟りの危険にもさらされている。さらに、霊験は祈願者に対して示現されるが、祟りの場合は広範囲に及ぶ特徴がある。例えば、ある神社で祭祀の闕怠があって、それが原因で祟りが発生した場合、その祟りは災異となって無関係の地域にも波及すると考えられていた。祟りは、その原因が神祇によって異なるものであり、さらに、その発生範囲も不特定に及ぶのも特徴である。

こうした神事構造の中で、班幣制度が成立する以前の大和政権の神事はどのように行われていたのだろうか。畿内を勢力の中心とした大和政権は、七世紀には、現在の九州地方から関東地方まで、その支配領域を拡大させていた。一方、神事においては七世紀末の天武・持統朝に、「天神地祇」「神祇」「諸社」への奉幣の記事が頻出するものの、それらは主に畿内の神々が対象であったと考えられる[20]。畿外の神祇は「土左大神[21]」や「信濃の須波・水内[22]」などの事例が見られるが、律令期において諸国の諸社に頻繁に奉幣が行われているのに比較すると、頻度は少ない。大和政権の祭祀構造は、大和政権が幣帛を奉じることによって、その社では大和政権による祭祀が行われ、支配領域に対する霊験の示現や祟りの鎮静化を求めるものである。

畿内の諸社に対する大和政権の祭祀は、三枝祭や相嘗祭と同様、奉斎集団に委ねる形態であったと考えられる[23]。図6のように、大和政権の祭祀は、氏族を媒介として祭祀を行わねばならなかったと考えられる。その背景には、もともと大和政権は大王を中心とした豪族の連合体であって、その連合体による祭祀も、氏族たちが持ち寄っていたことがあったと考えられる。そして、大和政権の連合体的な祭祀形態は律令国家祭祀にも継承され、奉斎集団を介して国家祭祀が行われたのである。

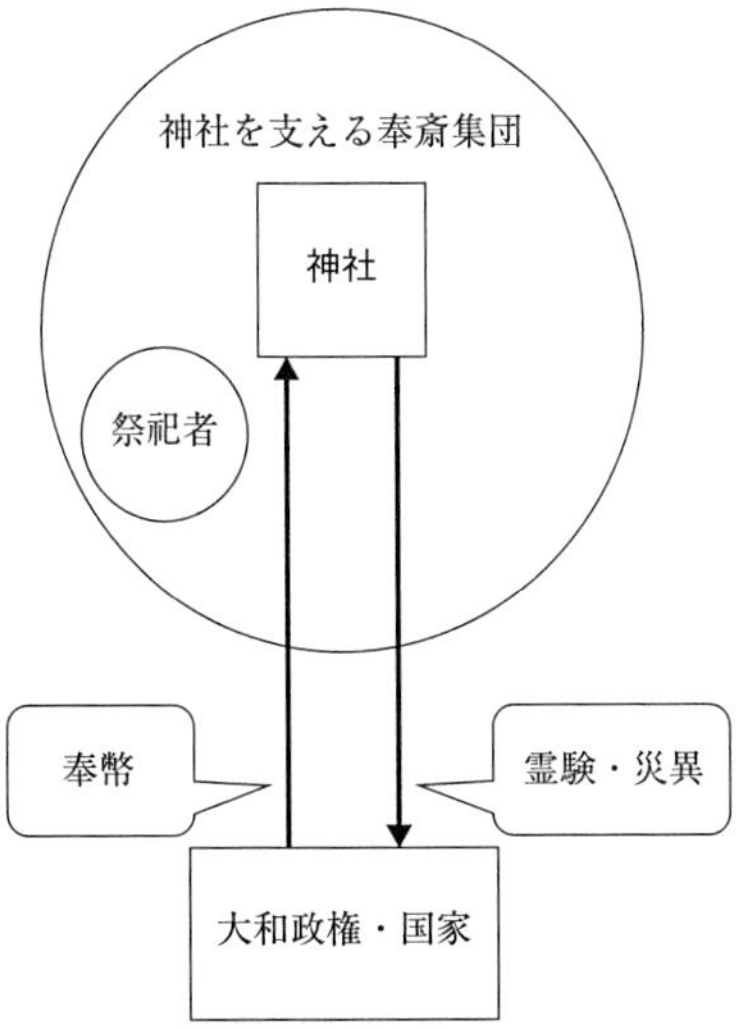

図6　祭祀者委託型の祭祀

一方、畿内では連合体的神事が行われていたが、考古学の調査によれば、すでに五世紀ごろには、九州地方や関東地方で、畿内と共通する祭祀遺物が宗像・安房・鹿島などの神郡で確認されている[24]。

神郡の成立状況を確認できるのは、八神郡のうち、伊勢国の度会・多気の両郡と常陸国鹿島郡である。前者は『皇太神宮儀式帳』（以下、『儀式帳』）、後者は『常陸国風土記』の香島郡条にそれぞれ記載がある。

『儀式帳』では、度会・多気両郡の建郡または建評（以下、「建郡」で統一）について、次のように記している。

・『儀式帳』(25)

一初神郡度会多気飯野三箇郡本記行事。

右従纏向珠城朝庭以来。至于難波長柄豊前宮御宇天萬豊日天皇御世。有爾鳥墓村造神庤弖。為雑神政行仕奉支。而難波朝庭天下立評給時仁。以十郷分弖。度会乃山田原立屯倉弖。新家連阿久多督領。礒連牟良助督仕奉支。以十郷分。竹村立屯倉。麻続連広背督領。礒部真夜手助督仕奉支。同朝庭御時仁。初太神宮司所稱神庤司。中臣香積連須気仕奉支。是人時仁。度会山田原造御厨弖。改神庤止云名弖号御厨。即号太神宮司支。近江大津朝庭天命開別天皇御代仁。以甲子年。小乙中久米勝麻呂仁。多気郡四箇郷申割弖。立飯野高宮村屯倉弖。評督領仕奉支。即為公郡之。右元三箇郡摂一処。太神宮司供奉支。所割分由顕如件。

右によれば、度会・多気両郡の建郡は、天下立評が行われた孝徳天皇の治世になされ(26)、神郡を掌るための中心機関である神庤（のちに御厨と改名）が多気郡の有爾鳥墓村から度会郡の山田原に移されたとある。

また、『常陸国風土記』の香島郡条に記されている鹿島郡の建郡を要約すると、次のようになる。

孝徳天皇の己酉年に、中臣□子と中臣部兎子が、惣領である高向大夫に願い出て、下総国の海上国造の所轄地である一つの里（軽野の南にある）と那賀国造の所轄地である五つの里（寒田の北にある）を割いて、香島神が鎮座する郡を設けた。

神郡の成立期について、『儀式帳』では「天下立評が行われた孝徳天皇の治世」、『常陸国風土記』では「孝徳天皇の己酉年〈大化五〈六四九〉年〉」が建郡の画期となった時期と記す。

度会・多気両郡では、中臣香積連が太神宮司に就任したとされる。また、鹿島郡では中臣□子と中臣部兎子が、惣領である高向大夫に願い出たことによって建てられたとあるが、『常陸国風土記』香島郡条には、「もともと神社の周囲には「卜氏」の住居があり、四月十日を祭日として饗宴が行われていた」と記され、考古学的にも神社の周囲に住居の遺構が確認されているから、後の中臣連や中臣鹿島連の祖先が中心となって鹿島神の祭祀を行い、建郡の後は郡政を掌ったと考えられる。[27] 律令期に、神郡の郡司が親族の連任を認められるのは、伝統的に特定の氏族が郡政を担っていたためであろう。[28]

考古学上の知見によれば、安房坐神社、宗像神社、鹿島神宮、香取神宮では、神郡が設定される以前から、大和政権による祭祀が行われていた可能性が指摘されており、孝徳朝に神郡が建てられたことにより、神郡に対応する各祭祀は国家的神事としての性格を増し、大和政権を神事的側面から支える存在となった。伊勢国多気郡・度会郡の伊勢大神宮、安房国安房郡の安房坐神社、出雲国意宇郡の熊野坐神社または杵築大社、筑前国宗像郡の宗像神社、常陸国鹿島郡の鹿島神宮、下総国香取郡の香取神宮、紀伊国名草郡の日前神社・国懸神社、以上の神社に対応する神郡の本質は、大和政権による祭祀を、人的・経済的にバックアップするためのものであったと考えられる。

さらに神郡の立地を考えれば、安房、宗像、鹿島、香取の四神郡は、高嶋氏が論じるように、大和政権が支配領域を拡大するための拠点や朝鮮半島への航路の要衝という要地が選ばれたと考えてよいと思う。朝鮮半島や蝦夷との強い緊張関係が平安時代まで続いていたことを考えれば、大和政権の領域の拡大や防衛のために、神事の場もその最前線に置いたとすることに矛盾はないであろう。大和政権による祭祀を畿外で安定的に行う場として神郡が位置付けられたのである。

ただし、多気、度会、意宇、名草の四神郡の建郡も軍事的な理由とする高嶋氏の見解には疑問がある。むしろ、多気・度会両郡は、天皇祭祀という国家規模的な祭祀が行われる場であったことを検討すべきであり、名草郡も同様に、『古語拾遺』に記されている鏡の問題から、天皇祭祀との関係性を考慮すべきだろう。

国史によれば、天皇とは「天下」または「葦原中国」の治者であるから、天皇の祭祀は統治領域に対するものである。天下の治者と位置付けられた天皇は、天下に対して祭祀を行う存在として位置付けられたのである。その天皇の祖先神祭祀を人的・経済的

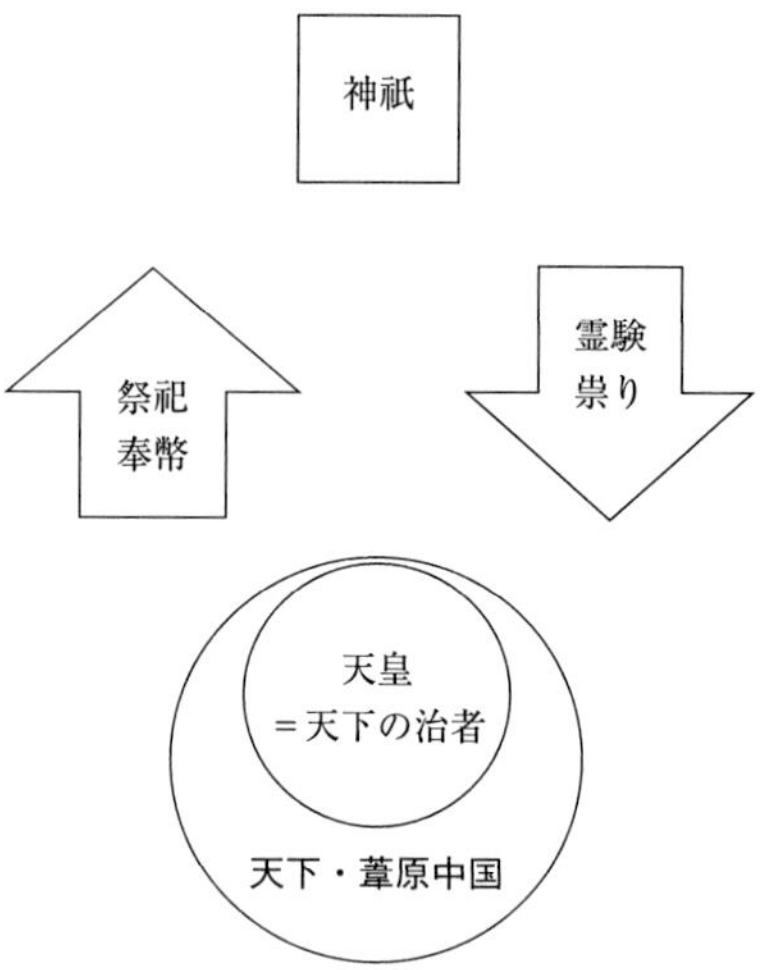

図7　天皇祭祀

に支えるために、多気・度会・名草の三神郡が建郡されたと考えるべきであろう。

さらに、意宇郡の建郡においては、出雲の神が大和政権にとって無視できなかった点に注目せねばならない。畿内には、出雲の系譜を引く神社が多く、「神祇令」で「地祇」とされる神々は、もとは出雲の神々であるし、神郡において宗像氏が奉斎する宗像三女神も、素戔嗚尊と天照大神との誓約で出現した神々であり、素戔嗚尊の系譜の子神である。大和政権と出雲とは神事面においても密接な関係があるのであって、そうした関係性が神郡の建郡や、律令期の神賀詞奏上儀礼(29)につながったと考えられる。

三　律令期の神郡と神主

令制以前、神郡は、大和政権の神事を安定的に支える場として位置付けられたが、班幣祭祀が成立すると、神郡における祭祀の重要性は相対的に低下することになった。班幣とは、官社に指定した神社に祝部を置いて、神祇官に幣帛を受け取りに参集させ、戻って幣帛を奉らせることで、国家的祭祀を諸国の諸社で行うシステムである。祝部は、実質的には奉斎集団から選任されるケースが多かったであろうが、法制上は令制の在地神職である。このシステムは伊勢大神宮を除き、神郡の神社にも適用されたが、神郡の祭祀は、制度としては明文化されなかったのである。神郡における祭祀は「神祇令」には規定されず、制度上は官社の一つとなった。『新抄格勅符抄』によれば、「伊勢大神」を除いた神郡神社に充てられた神戸は以下の通りである。

鹿島神　一〇五戸
香取神　七〇戸
日前神　五六戸
国懸須神　六〇戸
安房神　九四戸
熊野神　二五戸
杵築神　六一戸
宗像神　七四戸

右の神戸の数は比較的多いものの、法制上は、神郡社も他の諸社と同じく神戸の税が充てられるのみで、郡単位の優遇については明文化されていない。(30)

さらに、神郡の神主や国造は、延暦年間に郡司との兼職が禁止されるなど、(31)他の神主と比べて早い段階で、行政上の公務と神事とが区別されることになった。もちろん、比較的多くの神戸が充てられていることから、神事的な重要性は高く認識されていたのであろうし、神郡内には同族が多いことや、神事においては不文律的な慣例が重視されていたことを考えれば、様々な優遇を受けていたことは推測されるが、それらは制度上、設定されなかったのである。

一方、「神主」という職も、「神祇令」相嘗祭条に、相嘗祭の幣帛を神主が祭るとの解釈がある程度で、令制当初は法的に明文化されていない職であった。奈良時代までは、「神主」という語は、広く「神祭を主る者」を意味する用法があり、制度上の位置付けは曖昧なものであった。しかしながら、八・九世紀を通して神主の職掌は徐々に制度化されていく。

延暦十七年（七九八）に「神主は終身であったが、今後は氏の中から潔清廉貞な者を選んで補任し、六年で交代させよ」と規定された。これを嚆矢に、大同二年（八〇七）には、「神長」の職名が廃されて「神主」に統一され[32]、弘仁三年（八一二）には神主の補任には解由が与えられるようになった[33]。そして貞観十年（八六八）には、次の三点の事項が全国的に定められたのである[34]。

①氏族から申請された人物を神主に任用すべきことの確認。
②官人と神主の兼職禁止。
③神主の考課を国司が行う。

①は、先の延暦十七年符にある「神主は終身であったが、今後は氏の中から潔清廉貞な者を選んで補任し、六年で交代させよ」とする規定の確認であり、②は、官人と神主を兼職すると神事が疎かになることによる兼職禁止であり、行政上の公務と神事の職を兼任させない方針と合致する。③は神主が国司に隷する職と位置付けられた。

主に九世紀を通して、神主は「補任条件の法的な確認」「終身から六年交替への変更」「官人との兼職禁止」「国司による考課の勘定」などが定められて職制化していき、さらには、神税の管理でも神主の権限が大きく認められるようになる。(35)

それでは、神主が律令制の中で位置付けられていった理由は奈辺にあるのだろうか。

神主は、相嘗祭などの律令国家祭祀を委ねられたが、本来は自らの氏神を祀る祭祀者であったと考えられる。官社に指定され、令制の在地神職である祝が設置された後も、その神社の氏族性や在地性は、神社の人的・経済的な基盤として重視されていたのである。

ところが、神社の修理に関して、しばしば闕怠が見られるなど、国家は常に頭を悩ませていた。律令初期の段階から、祝や神戸が修理を行わないことを、国家は幾度も戒めている。(36)神亀年中の段階では、境内地の穢れや不浄が問題であったが、九世紀に入ると、神社建物の修理が問題の中心となっていく。(37)神社建物は、天平年間（七二九～七四九）や天平神護年間（七六五～七六七）に、諸国の神社を「造」または「修造」したことが史料に記されている。(38)要は、九世紀以降の神社修造の問題は、公費で建築または改築した神社建物の維持管理の問題であった。おそらく天平期の修造は、理念先行で修造したものであり、その後、国家は神社建物の維持管理に追われることになった。こうした中で、神社の維持管理を祝部や神戸だけではなく、氏族にも担わせるため、氏族的性格の強い神主を、律令制の中で職制化していったと考えられる。

そして、神郡とは、畿内政権から出発した大和政権が、中央集権的な制度を作り上げる過渡期に存在したものであった。そうした時期に国家的な祭祀を畿外で安定的に行うためには、郡政によるバックアップが必要であったと考えられるが、律令制が施行されると、神戸を充てることで十分にその機能を果たせると判断され、伊勢神郡以外の神郡は前代の遺制となったと考えられる。

それと対照的なのが神主であった。大和政権の神事は、氏族の連合祭祀と考えられ、氏族性の強い祭祀者が大和政権の祭祀を代行する形態であったと考えられる。令制神職として祝部が設置され、国家祭祀を担わせたものの、神社管理の問題から、氏族性の強い神主が令制の神職として位置付けられていった。寛平年間に、「諸人氏神多在畿内。毎年二月四月十一月何廃先祖之常祀。若有申請者直下官宣」とある「先祖之常祀」とは、氏神祭祀を指しており、公的祭祀と同様、闕怠は祟りにつながるから、国家として容認できるものではなかった。「祭祀における慣例・独自性の尊重」「神社管理という現実的問題」とが様々に重なり、神主は、官職化が進んだと考えられる。神郡と神主とは、大和政権から引き継がれた神事的要素であったが、理念と現実に照らし合わされることにより、それぞれフェードアウトとクローズアップが生じたのである。

おわりに

以上、神郡の性格について、古代の祭祀制度の側面から考察してきた。

それによれば、大和政権の祭祀は畿内を中心に行われたが、その祭祀は、各奉斎氏族が祭祀者として執行する連合的祭祀と推測される。また大和政権は、支配領域を拡大する過程において、朝鮮半島や東国の蝦夷という不安要素があり、すでに五世紀ごろには、朝鮮半島航路の要衝や東国経営の前線地において、大和政権の神事が行われていた。孝徳朝の天下立評に先立ち、軍事的要衝での祭祀・天皇祭祀・出雲系神祇への祭祀といった、大和政権にとって重要な祭祀を、人材面・経済面から安定的・恒常的に支えるために、神社との関係を密接にした神郡を設置した。

そして、班幣制度が成立すると、神郡の神社も、伊勢大神宮を除き、官社に指定された。神郡はその位置付けを法的に明確にされず、その特殊性は消滅していき、法制上は矛盾しないかたちで存続していく。

『古事類苑』における「神郡ハ即チ神戸ノ大ナルモノニシテ、一郡悉ク神社ニ隷スルモノヲ云フ」という解釈は、先学が指摘するように「神郡＝神戸」または「神社に隷す」の解釈に疑問があり、神社の神事の継続を支えるために建郡されたとする解釈がふさわしいように思う。そして、天皇祭祀を支える伊勢神郡は、律令期においても神郡としての性格を保ったのであり、「その名にふさわしい神郡」(39)との評価は、従うべき見解であろうと思う。

註

(1) 『古事類苑』では、神戸について「神戸ハカムベト云フ、神社ニ隷スル封戸ニシテ、租庸調ヲ納ル、モノナリ」と解釈する。
(2) 田中卓「伊勢神郡の成立」(『神宮の創始と発展』田中卓著作集四、国書刊行会、一九五九年)。
(3) 梅田義彦「神郡行政の特性とその変遷」(『国民生活史研究』四、一九六〇年。後、『神道の思想』二〈雄山閣出版、一九七四年〉に再録)、平野博之「神郡」(『九州史学』一一、一九五八年)。
(4) 有富由紀子「神郡についての基礎的考察」(『史論』四四、一九九一年)。
(5) 岩橋小彌太「神戸、神郡」(『神道史叢説』吉川弘文館、一九七一年)。
(6) 平野邦雄「神郡と神戸」(『大化前代政治過程の研究』吉川弘文館、一九八五年)。
(7) 熊田亮介「律令制下伊勢神郡の経済的基盤とその特質—神郡を中心として—」(関晃教授還暦記念会編『日本古代史研究』吉川弘文館、一九八〇年)。
(8) 大関邦男「神郡について—伊勢神郡を中心に—」(『日本歴史』四七〇、一九八七年)。
(9) 高嶋弘志「神郡の成立とその歴史的意義」(佐伯有清編『日本古代政治史論考』吉川弘文館、一九八三年)。
(10) 班幣制度・官社制度については、岡田精司「律令的祭祀形態の成立」(『古代王権の祭祀と神話』塙書房、一九七〇年)、同「古代における宗教統制と神祇官司」(『古代祭祀の史的研究』塙書房、一九九二年)、巳波利江子「八・九世紀の神社行政—官社制度と神階を中心として—」(『寧楽史苑』三〇、一九八五年)、川原秀夫「律令官社制の成立過程と特質」(林陸朗先生還暦記念会編

『日本古代の政治と制度』続群書類従完成会、一九八五年）、小倉慈司「延喜神名式『貞』『延』標柱の検討」（『延喜式研究』八、一九九三年）など。
(11) 氏神祭祀については、義江明子「氏と氏神」（『日本古代の氏の構造』吉川弘文館、一九八六年）、宮崎健司「「氏神」成立とその背景」（『大谷大学大学院紀要』四、一九八七年）、日野昭「氏上と祭祀」（『龍谷大学仏教文化研究所紀要』二七、一九八九年）、田中久夫「祖先崇拝」（『国立歴史民俗博物館研究報告』六八、一九九六年）など。
(12) 『正倉院文書』八木宮主請暇解・氏部小勝請暇解・安宿広成請暇解・美努石成請暇解など。
(13) 相嘗祭については、黒崎輝人「相嘗祭班幣の成立」（『日本思想史研究』一三、一九八一年）、高嶋弘志「神祇令集解相嘗祭条の検討」（『続日本紀研究』二二四、一九八二年）、菊地照夫「律令国家と相嘗祭—幣物の性格をてがかりに—」（虎尾俊哉編『律令国家の政務と儀礼』吉川弘文館、一九九五年）、同「相嘗祭の祭祀形態について」（『延喜式研究』一五、一九九八年）、熊谷保孝「相嘗祭の二、三の問題」（『政治経済史学』三七〇、一九九七年）、丸山裕美子「斎院相嘗祭と諸社相嘗祭—令制相嘗祭の構造と展開—」（『愛知県立大学文学部論集　日本文化学科編』四八、一九九九年）など。
(14) 『類聚三代格』寛平七年（八九五）十二月三日官符「応禁止五位以上及孫王輙出畿内事」。ただし、朝廷は同時に、氏神祭祀に託けて、現地に留連して遊蕩しないようにとも戒めている。
(15) 小倉慈司「八・九世紀における地方神社行政の展開」（『史学雑誌』一〇三—三、一九九四年）。
(16) 岡田莊司「天皇と神々の循環型祭祀体系—古代の崇神—」（『神道宗教』一九九・二〇〇、二〇〇五年）、同「古代の天皇祭祀と災い」（『國學院雑誌』一一二—九、二〇一一年）。
(17) 『日本後紀』延暦二十四年（八〇五）二月庚戌条。
(18) 『日本三代実録』貞観八年（八六六）二月十三日己未条。
(19) 岡田莊司「古代～の法制度と神道文化—天皇祭祀に関する不文の律、不文の法—」（『明治聖徳記念学会紀要』復刊第四六号、二〇〇九年）。
(20) 『日本書紀』持統天皇四年（六九〇）正月庚子条など。
(21) 『日本書紀』朱鳥元年（六八六）八月丁丑条。
(22) 『日本書紀』持統天皇五年（六九一）八月辛酉条。使者を派遣して神を祭らせたとある。

(23) 藤森馨「鎮花祭と三枝際の祭祀構造」(『神道宗教』二一一、二〇〇八年)。
藤森氏は、律令成立以前の祭祀は、伝統的に神社委託型であり、在地神主を媒介とせざるをえなかったと指摘する。
(24) 笹生衛「祭祀遺跡の分布と変遷から見た東国神郡の歴史的背景―安房国安房郡の事例を中心に―」(『國學院雑誌』一一一―三、二〇一〇年)、同「沖ノ島祭祀遺跡における遺物組成と祭祀構造―鉄製品・金属製模造品を中心に―」(『「宗像・沖ノ島と関連遺産群」研究報告』Ⅰ、二〇一一年)。
(25) 『群書類従』巻第一。
(26) 建郡の過程をめぐっては諸説ある。代表的なのは、国造国から成立した度会郡が度会・多気両郡に分割されたとする直木孝次郎説(「古代の伊勢神宮」『神話と歴史』吉川弘文館、一九七一年)、国造国が郡として成立し度会・多気両郡に分割されたとする熊田亮介説(熊田氏註(7)論文)、国造国から度会・多気両郡が同時に成立したとする森公章説(「評の成立と評造―評制下の地方支配に関する一考察―」『日本歴史』二九九、一九八七年)。
(27) 『類聚三代格』天安三年(八五九)二月十六日官符「応修理鹿島神宮寺事」。
また、『続日本紀』天平十八年(七四六)三月丙子条には、常陸国鹿島郡の中臣部二〇烟と占部五烟に中臣鹿島連の姓が与えられたとある。
(28) 『続日本紀』文武天皇二年(六九八)三月己巳条、『同』文武天皇四年二月乙酉条、『同』慶雲元年(七〇四)正月戊申条、『同』養老七年(七二三)十一月丁丑条。
(29) 岡田莊司「古代律令神祇祭祀制と杵築大社・神賀詞奏上儀礼」(『延喜式研究』二五、二〇〇九年)。
(30) 国造については、植松穆考「大化改新以後の国造に就いて」(『浮田和民博士記念　史学論文集』六甲書房、一九四三年)、虎尾俊哉「大化改新後の国造」(『芸林』四―四、一九五三年)、八木充『律令国家成立過程の研究』(塙書房、一九六八年)、今泉隆雄「『国造氏』の存在について」(『続日本紀研究』一六四、一九七二年)、米田雄介「国造氏と新国造の成立」(『続日本紀研究』一六二、一九七二年)、新野直吉『日本古代地方制度の研究』(吉川弘文館、一九七四年)、熊田亮介「令制下の国造について」(『日本歴史』四二二、一九八三年)、森公章「律令制下の国造に関する初歩的考察―律令国家の国造対策を中心として―」(『ヒストリア』一一四、一九八七年)、篠川賢『日本古代国造制の研究』(吉川弘文館、一九九六年)、寺西貞弘「奈良時代の国造」(『日本歴史』七五七、二〇一一年)、北康宏「国造制と大化改新―大化前代の支配構造―」(『史林』九四―二、二〇一一年)など。

(31) 『類聚三代格』延暦十七年（七九八）三月二十九日官符「応任出雲国意宇郡大領事」。国造と郡司の兼職は慶雲三年（七〇六）から行われるようになったとある。
(32) 『類聚三代格』大同二年（八〇七）八月十一日官符「神主遭喪解任服闋復任事」。
(33) 『日本後紀』弘仁三年（八一二）十月戊子条。
(34) 『類聚三代格』貞観十年（八六八）六月二十八日官符。
(35) 『類聚三代格』弘仁十二年（八二一）八月二十二日官符「応令伊勢大神宮司検納神郡田租事」。
(36) 『続日本紀』神亀二年（七二五）七月戊戌条。
(37) 神社建築については、大場磐雄「原始神社の考古学的一考察」（『神道考古学論攷』葦牙書房、一九四三年）、福山敏男「神社建築概説」（『神社建築の研究』福山敏男著作集四、中央公論美術出版、一九八四年）、宮城栄三「古代の神社建築」（『文化財講座　日本の建築Ⅰ　古代Ⅰ』第一法規出版、一九七七年）、祝宮静「律令時代に於ける神戸と社殿修造との関係」（『國學院雑誌』三七―二、一九三一年）、林野全孝・桜井敏雄『神社の建築』（河原書店、一九七四年）、桜井敏雄「伊勢神宮の創祀と原像―神宮の祭祀と配置―」（『伊勢と日光』小学館、一九八二年）などが、神社建物が自然発生的に成立したとする研究である。それに対して、林一馬「神社社殿の成立とその契機」（『神社建築』一一七五、一九八一年）、丸山茂「神社建築の形成過程における官社制の意義について」（『建築史学』三三、一九九九年）は、神社建物は朝廷の指示により建てられたと論じた。関和彦「在地の神祇信仰」（『日本古代社会生活史の研究』校倉書房、一九九五年）、大関邦男「官社制の再検討―奉斎制度の側面から―」（『歴史学研究』七〇二、一九九七年）は、神社建築物の造営は在地社会において自然発生的に行われていた形跡が見られるとし、律令期における神社建物の造営の義務は、「国家の要請に見合った建物の造営」と論じた。
(38) 『続日本紀』天平九年（七三七）十一月癸酉条、『同』天平神護元年（七六五）十一月壬戌条。「造」と「修造」が、「建造」であるのか「改造」であるのかは判然としないが、「正税帳」とあわせて考えれば、両方を指していた可能性が高い。そもそも、神祇祭祀の形態は、建物を用いた祭祀もあれば、露天祭祀もあり、その形態は一様ではなかったと考えられている。祭祀日の前後にのみ境内地を用いて、普段は禁足地とする形態もあったであろうし、公費で建てた神社建物は、律令制神事に限定され、奉斎集団の神事とは直接的に関係しなかった可能性も指摘できる。
(39) 田中氏註(2)論文。

第二章　律令制の成立と祭祀

――出雲神郡の成立を中心に――

はじめに

律令制の成立は、祭祀制度やその基盤となる価値観と、どのような関係性にあるのか、という問題を検討するのが、本章の大きな課題である。この課題について、出雲神郡の成立を検討することで、日本古代の祭祀制度の考察を試みたい。

日本古代における「出雲」という地は、多様な研究課題を与えてくれる。

考古学では、荒神谷遺跡・加茂岩倉遺跡・出雲大社境内遺跡をはじめとして、多くの遺跡や遺物が確認され、古代の出雲について、多くの論考が発表されている。

また、文献史学や上代文学などの研究分野では、『出雲国風土記』『古事記』『日本書紀』『延喜式』『万葉集』などを用いて、多くの研究が積み重ねられてきた。『出雲国風土記』は完全に近いかたちで存するものであるし、『古事記』『日本書紀』にも、出雲に関する記事は多い。とくに、神話における出雲は、複数の学問分野において論考の対象になっている。『古事記』『日本書紀』における神代の学問的位置付けに関しては、津田左右吉が『神代史の研究』

『古事記及日本書紀の研究』『日本上代史研究』『上代日本の社会及び思想』などの研究の中で、神代の内容は、国家成立に関する思想上の一主張であり、人皇初期までの内容も、事実の記録というより「思想上の構成」として見るにふさわしいと論じた。津田の研究は、神代から人皇初期の内容は史実の記録ではなく、思想上の表現として見るべきこととして論述されたものであり、戦後の『古事記』『日本書紀』の研究に大きな影響を与えたことは、縷縷述べるまでもないであろう。

本章は、出雲神郡成立の検討から、律令国家の成立と出雲の関わりについて考察し、日本古代の祭祀制度について論じるものである。神郡については、前章で「大和政権による祭祀を畿外においても維持するために設置された郡」であったことを論じた。本章では、出雲神郡の成立理由を『日本書紀』などから検証していく。津田の述べるように『古事記』『日本書紀』が「思想上の構成」であるならば、律令国家成立期の価値観が多分に反映されている両者を検討することは、律令制成立期の理念を論じるにあたって、必要な作業と言えるだろう。どのような意図で出雲神郡が設置されたのかという問題点を探り、律令国家成立と祭祀制度のかかわりについて考察を試みることにしたい。

一　出雲神郡に対応する神社

まずは、日本古代の神郡について確認していきたい(1)。

『令集解』「選叙令」同司主典条の令釈に引用される養老七年（七二三）十一月十六日の太政官処分によれば、令制当初、神郡と称される郡は八郡あった。伊勢国の渡相郡（度会郡）と竹郡（多気郡）、安房国の安房郡、出雲国の意宇郡、筑前国の宗形郡（宗像郡）、常陸国の鹿嶋郡、下総国の香取郡、紀伊国の名草郡である。「神郡」とあるように、それらの郡は神事にかかわりのある郡であり、とくに、個別の神社と密接な関係にある郡とされている。伊勢国の度会郡と多気郡は伊勢大神宮、安房国安房郡は安房坐神社、筑前国宗像郡は宗像神社、常陸国鹿島郡は鹿島神宮、下総国香取郡は香取神宮、紀伊国名草郡は日前神社・国懸神社と、それぞれの郡と神社が対応すると考えられている。

「神郡」という名称については、有富由紀子氏の論考を引用すれば、「神郡の「神」は「公」に対する語」であり、「神郡の「神」とは、特定の神、すなわち神社を言い、神郡はそうした神社と強く結びついた郡」である。(2) また、神郡の特徴については早川万年氏が「神事優先」について言及している。(3) ただ、付言すれば、その神事優先の背景には、古代においては、一般行政と神事行政とが区別されており、「神郡では他郡に比較して神事行政が優先された」点を指摘しておきたい。『類聚三代格』延暦十七年(七九八)三月二十九日官符では、出雲国意宇郡の「国造」と「郡領」の職務として、それぞれ「神事」と「公務」が指摘されている。この官符は、国造と郡領の兼任によって、公務が疎かになっていることを問題視し、旧例を改めて両職の兼任を不可とするものであるが、古代においては、一般的な行政である「公務」に対して、「神事」による行政が存在した。古代の神事には災異予防・災異対処という側面があり、国家にとって、神事は儀礼にとどまらず、行政の一つであり、公務に対して特定神社の神事を優先させる郡として「神郡」と称したのであろう。

•『類聚三代格』巻一　神郡雑務事

太政官符

応加決罰神郡司事

右得伊勢国解偁。調庸租税依例勘徴。而多気度会二郡司。独頼神事数致闕怠。望請。神界之外将加決罰者。右大臣宣。奉勅。依請。

延暦廿年十月十九日

また有富氏は、右の官符にある「神界之外将加決罰」という一文を引用して、神郡郡司の決罰権に注目しているが、神事が優先される郡ということを考慮すれば、「神祇令」の「不判刑殺。不決罰罪人」とする斎戒規定が注目されるべきであろう。

前章において、畿内は、物理的距離から考えても大和政権による人的・経済的サポートが比較的容易であったが、畿外の場合は、大和政権による支援が困難であったため、人的・経済的拠点として神郡を設定したことを論じ、各神郡の成立理由について、表7のように分類した。

表7　神郡の成立理由

伊勢神郡	神宮における天皇の祭祀を人的・経済的に維持するために設置された郡
安房神郡・鹿島神郡・香取神郡	大和政権による東国経営の拠点であると同時に，大和政権による祭祀の拠点でもあり，それを人的・経済的に維持するために設定された郡
宗像神郡・名草神郡	朝鮮半島への航路の拠点であると同時に，大和政権による祭祀を人的・経済的に維持するために設定された郡

さらに、伊勢神郡を除く六神郡が、律令期にはその機能が低下していたことを指摘した。この点については、有富氏や小倉慈司氏も、「孝徳朝に置かれた八神郡は、伊勢を除いて、恐らく九世紀の初頭には役割を終えたのであろう」、「条文上は延喜式段階でも律令八神郡は生きている。しかし、伊勢三神郡を除いて、実態はなかったととらえるべきである(4)」、「7～8世紀を通じて地方行政制度が整備されていくにしたがい、神郡として特別な扱いをする必要性は薄れていく(5)」とそれぞれ論じており、伊勢神郡を除く神郡は、律令期には、設置当初の本質的役割と乖離した状態にあったとする見解が示されている。これらを踏まえれば、神郡の本質については、律令国家成立過程の時期に注目して考察する必要があるだろう。

ところで、神郡の一つである出雲国意宇郡にも対応する神社があるとされるが、その比定については意見が分かれている。一つは、意宇郡に鎮座する「熊野坐神社」であり、もう一つは、出雲郡に鎮座する「杵築大社」である。この問題は、『日本書紀』斉明天皇五年（六五九）是歳条の「是歳。命出雲国造。（闕名。）脩厳神之宮。狐嚙断於宇郡役丁所執葛末而去。又狗嚙置死人手臂於言屋社。（言屋。此云伊浮瑯。天子崩兆。）」とする記事とも関連する。[6]斉明天皇五年に、出雲国造に命じて「脩」させた「神之宮」が指す社について、熊野神社とする説と杵築大社とする説が提示されているのである。[7]この斉明紀の「神之宮」について私見を述べ、さらに、神郡に対応する神社についても考察を進めていきたい。

熊野神社と杵築大社については、『令義解』「神祇令」天神地祇条に次の解釈がある。

謂。天神者。伊勢。山城鴨。住吉。出雲国造斎神等類是也。地祇者。大神。大倭。葛木鴨。出雲大汝神等類是也。[8]

「出雲国造斎神」は熊野神社、「出雲大汝神」は杵築大社と考えられており、熊野神社は天神の社、杵築大社は地祇の社と位置付けられていたことが確認できる。

「出雲大汝神」は、『日本書紀』神代巻・第九段には「大己貴神」と記載されている。「皇孫を葦原中国の主とするが、汝は避るか否か」と「天神」に問われる場面である。問うている天神は高皇産霊尊の勅を受けた経津主神と武甕槌神、問われているのは大己貴神、舞台は「出雲国」である。この段において、最初に葦原中国に派遣されるのは天穂日命である。この神は、大己貴神に「佞媚」てしまい復命しないのであるが、『日本書紀』神代巻・第六段によれば、天穂日命は出雲臣の祖とされる。時代は降るが、『延喜式』の出雲国造神賀詞でも、「出雲国造者。穂日命之後也」とあり、出雲国造の祖神は天穂日命であると位置付けられている。ここで出雲臣・出雲国造と天穂日命の関係について確認したのは、正史において、出雲臣・出雲国造が、「大己貴神に「佞媚」た天神の後裔」と位置付けられたことを明確にしたいためである。

繰り返すが、先述の解釈では、「出雲国造斎神」は「天神」、出雲の地から退去した大己貴神は「地祇」にそれぞれ位置付けられている。

つまり、出雲神郡に対応する神社が熊野神社であるのか杵築大社であるのかという課題を検討することは、天穂日命の後裔である出雲国造が、大和政権もしくは律令国家のために行う祭祀の対象が、「天神」と「地祇」といずれが妥当であるのか、という検討にもなるのである(9)。

次節では、この課題を検討し、出雲神郡成立の理念を考察してみたい。

二　『古事記』『日本書紀』と大物主神

『古事記』『日本書紀』の記述から、出雲が大和政権や律令国家にとって、どのように捉えられていたのかを確認していきたい。

まず、『古事記』中巻・御真木入日子印恵命（＝崇神天皇）の記述を次に要約してみたい。

崇神天皇の治世に「役病（＝疫病）」が頻発し、天皇を悩ませていた。ある夜、天皇の夢に「大物主大神」があらわれ、「疫病は我の意思である。意富多々泥古に我を祭らせれば、「神気」は起きず、国内は平安になる」と述べる。そこで意富多々泥古を探しだして、神主として「御諸山」の「意富美和之大神」を「拝祭」させ、ほかにも、神々を祭ると「役気」がやみ、国家が平安になった。

以上が『古事記』における構成であるが、同じような記述が『日本書紀』の崇神天皇条にもあるので、内容を確認してみたい。

崇神天皇の五年、国内に疫病が流行し、多くの民が死亡した。六年には、民が流離し、反乱も起きた。天皇は、神祇に謝罪の祭祀をしつづけた。天皇は「善政が行われていないことによる神祇の咎ではないか」として、卜をして災害の理由を見極めようとした。すると神が倭迹迹日百襲姫命に憑りて、「我を敬い祭れば、必ず平穏になる」との結果が出る。天皇がいずれの神かを問うと、「倭国の域内の神で、名を大物主神という」との返答がある。それを受けて祭祀を行うが、霊験があらわれない。そこで天皇が神に祈ると、夢の中に大物主神があらわれ、「国が治まらないのは吾が意である。吾が児の大田田根子に吾を祭らせれば、平穏になるだろう」との言葉があった。三人の臣下も天皇と同じ夢を見て、大田田根子を大物主神の祭主とするよう進言する。天皇は大田田根子を探しだして大物主神の祭主とし、他に神々を祭ると、疫病が鎮まり、国内が平穏になった。

以上が『日本書紀』における構成である。

『古事記』によれば、大物主神は「御諸山」に坐す「意富美和之大神」とされており、大国主神の国づくりの場面でも、大国主神が共に国づくりをするために「御諸山上に坐す神」を祭ったとある。

一方、『日本書紀』神代巻・第八段・第六の一書では、大物主神は「大国主神。亦名大物主神。亦号国作大己貴命。亦曰葦原醜男。亦曰八千戈神。亦曰大国玉神。亦曰顕国玉神」と記されていて、大国主神と大物主神は同じ神として位置付けられており、さらに、同一書には、大己貴神の幸魂奇魂が「日本国之三諸山」に坐す「大三輪之神」であると記載されている。

本居宣長は、『古事記伝』において、『延喜式』の出雲国造神賀詞を引用して「大穴牟遅の幸魂奇魂＝和魂＝三輪山神＝大物主神」とする見解を示したが、倉野憲司氏は、「『古事記』では「御諸山上に坐す神」と大国主神とは別神」と述べている。(10)

『古事記』と『日本書紀』では大物主神の位置付けに差異があるものの、共通点を挙げると、

①神意をもって災異をもたらす神
②後裔の者が執り行う祭祀を希望する神
③「意富美和之大神」または「大三輪之神」と称される神
④出雲の国づくりをした神と近い関係にある神（『古事記』では大国主神、『日本書紀』では大己貴神）

以上の点が確認できる。

前述の『令義解』「神祇令」天神地祇条の解釈において、「出雲大汝神」と同じく地祇に位置付けられている「大神」とは大物主神を祭る大神神社である。大神神社に関する祭祀については、藤森馨氏が鎮花祭と三枝祭の検討から、次のように論述している(11)。長文になるが、引用したい。

大神氏が関与する鎮花祭・三枝祭は、国家の意思を神祇官が直接大神に伝達することはなく、前者では祝部が、後者では氏宗が媒介して願意が神社に伝達されていたのである。これは、記紀に見られる疫病の発生に苦しんだ崇神天皇の夢に、大神神社の祭神大物主神が顕現し、その子孫であるオホタタネコによる奉祀を求めた。天皇は直接大神を拝祭することなく、大神の託宣にしたがい、その子孫であるオホタタネコを捜求し、神主として奉祀せしめた、という伝承と符合する。そうすると、鎮花祭も、三枝祭も、大神氏の氏神祭祀である大神祭とは相違し、大物主神を防疫神と認識した国家の要請により開始された祭祀と考えるべきなのではなかろうか。すなわち、大神氏にとっての大物主神は、他氏族と同様個性なき始祖神に過ぎなかったが、国家にとっての大物主神は天皇すらその祭祀に容喙できない荒ぶる疫病神と考えられていたものと思われる。したがって、鎮花祭・三枝祭が大神氏の氏祭に淵源するとは、考えられない。

藤森氏は、「国家による大物主神の位置付け」と「大神氏にとっての大物主神の性格」とを区別すべきとしており、前者が鎮花祭と三枝祭という律令祭祀の成立に大きく関係していることを指摘している。従うべき見解であると思う。『古事記』『日本書紀』における崇神天皇と大物主神との記述は、「国家が、律令成立期に、大神神社とその祭神を、国家のための祭祀の中で、どのように位置付けていたのか」という理念に注目する必要があるのであって、大神神社とその祭神と考えられる大物主神は、「神意をもって国家に災害をもたらす神」、「後裔の者が国家祭祀を行うべき神」、「出雲と近い関係にある神」として、国家に認識されていたと考えられる。

三　『古事記』と出雲神

『古事記』における、出雲とのかかわりについては、伊久米伊理毘古伊佐知命（＝垂仁天皇）の場面にも記述されている。

垂仁天皇の子である本牟智和気は口をきくことがなく、そのことを天皇は憂いていた。ある夜、天皇の夢に「我の宮を天皇の御殿のごとくに修理せよ。そうすれば御子がものを言うだろう」との「神覚」があった。太卜の法で占いをして、どの神の心なのかを求めると、その「祟」は出雲神の御心と判明する。天皇は、本牟智和気に出雲神の宮を拝させると、その帰途に本牟智和気に仰せがあった(12)。天皇は喜び、「神宮」をつくらせた。

右の垂仁記では、垂仁天皇の子である本牟智和気が、出雲の神から祟りを受けたと記述されている。祟りを直接的に受けているのは本牟智和気であるが、祟りの存在と解決を提示している相手は天皇であるから、出雲神の祟りの対象は、広義には天皇も含まれることになる(13)。

前述の崇神記・崇神紀ともに、「祟」の語句は出てこないが、大物主神が天皇とその治世に対して災異を発生させている。古代における祟りと災異の関係については、近年、岡田莊司氏によって、神祟論が提示されている。(14)それは、古代神祇史研究において、敬神論や支配体制論とは別の方向性を示したものであり、本書においても、祟りの発生の回避が律令神祇制においてシステム化されたことを論じた。災異の予知と対処は国家にとって重要な行政の一つであるが、現代のように科学的知識や技術が発達していない時代には、それは非常に困難なものでもあった。そこで重視されたのが、卜占などを用いることで自然現象を説明することであった。それらは現代では不合理とされるが、古代においては、災異の対処と予防のための合理的手段であった。災異が発生した場合、卜占を行い、卜占で神の祟りと特定されれば、神に対して謝罪の祭祀を行う。謝罪の祭祀とは、災異を鎮めるための手段であり、国家にとっては、災異対策という重要な行政の一つであった。

『古事記』における、天皇と祟りにかかわる内容を確認してみると、もう一つ、仲哀記を挙げることができる。帯中日子天皇（＝仲哀天皇）が筑紫の訶志比宮から熊曽国に出兵しようとするときに、天皇が琴を弾き、武内宿禰が祭場で神意を請うた。すると、大后である息長帯日売命（＝神功皇后）に神懸かりして、「西方にたくさんの宝物がある国があり、その国を授けよう」との言葉があった。天皇は、偽りをする神だとして、琴を押しやって黙っていた。その神は大いに怒り、「この天下は汝の治めるべき国ではない。「一道」に向え」との言葉があったので、武内宿禰は諫言し、天皇はしぶしぶ琴を弾いた。間もなく琴の音が絶えたので、火で照らすと、天皇が崩御していた。天皇を殯宮に安置し、様々な罪に対して大祓をして、武内宿禰が神意を請うと、神功皇后のお腹の子がこの国を治めるべきとの言葉があり、さらに、武内宿禰が、いずれの神の言葉であるのか尋ねると、「天照大神之御心」「底箇男・中箇男・上箇男、三柱大神」との返答があり、さらに、「天神地祇や山神・河海などの諸神にことごとく幣帛を奉り、われの御魂を船上に、木の灰を瓠に入れ、箸と皿とをたくさんつくって、ことごとく海に散らし浮かべて渡れ」との言葉があった。そして軍は海を渡り、御杖を新羅の国主の門に衝き立て、「墨江大神之荒御魂」を「国守神」として鎮祭して、還ってきた。

この箇所には、大祓や船霊など検討課題が複数あるのだが(15)、ここでは、天皇と神の関係に注目したい。天照大神は天皇の始祖神であるが、仲哀天皇は、その始祖神である天照大神の「忿」によって崩御したと記載されているのである。

『古事記』において、神意が天皇に災いを引き起こす事例は、崇神記・垂仁記・仲哀記の三例である。これらを、「神がどのようにして神意を災いとして発生させるのか（神意の発生方法）」、「どのような手段で、災いを神意と特定したのか（神意の特定方法）」、「いずれの神の神意なのか（神名）」、「神意がどのように表現されているか（神意の表現）」、「災いを発生させた理由は何か（神意の内容）」、「神意にどのように対処したのか（神意の対処方法）」を表8にまとめたので参照されたい。

表8を確認すると、三例のうち二例が、出雲に関係する神の神意であることが確認できる。しかも、仲哀記の場合は、天皇に対する「忿」が崩御というかたちであらわれたが、崇神記や垂仁記の場合は、天皇への「要求」が「神気」「祟」として災いとしてあらわれている。出雲に関係する神々は、国家にとっては、とくに注意が必要な「祟り為す神」として位置付けられているのである。

『古事記』や『日本書紀』が編纂される時期に、出雲の神々と国家の間にある一種の緊張関係を確認することは重要である。

• 『日本書紀』斉明天皇五年（六五九）是歳条

是歳。命出雲国造。闕名。脩厳神之宮。狐嚙断於宇郡役丁所執葛末而去。又狗嚙置死人手臂於言屋社。言屋。此云伊浮瑘。天子崩兆。

（出雲国造に命じて、「神之宮」を「脩」させた。狐が「於宇郡」の役丁がとった葛の端を嚙み切って逃げた。また、狗

が死人の腕を嚙みとって、言屋社に置いた〈「言屋」はイフヤという。天子が崩御する兆しである〉）

右の「神之宮」が、熊野神社か杵築大社かで論が分かれていることは先述したが、熊野神社説では、意宇郡の狐と狗による怪異の記事が続くことが、根拠の一つとして指摘されている。意宇郡で発生した怪異を載せるのであるから、同郡内の神社が「脩」の対象であると考えることは不自然ではない。しかしながら、「天子の崩御の兆しである」と注記されている点は注意を要する。『古事記』『日本書紀』において、天皇または国家に対し、「祟り」「災異」という点で、とくに注意が必要とされるのは出雲神だからである。天皇・国家と出雲の神々との関係性を考慮すると、斉明天皇五年に出雲国造に命じた神社を、「天神」に位置付けられる「出雲国造斎神」（熊野神社）と断定するのは難しく、やはり「出雲大汝神」（杵築大社）を含めて考えるのが穏当であろう[16]。この点について次節で詳しく述べたい。

神意の内容	神意の対処方法
・大物主神が，自らに対して，後裔のオオタタネコに祭祀を行わせることを求めた	・大物主神の教に従い，大物主神に対して，その後裔であるオオタタネコに祭祀を行わせることとし，さらに神々に幣帛を奉った
・出雲神が，自らの宮を天皇の御殿のごとくにすることを求めた	・御子に出雲神の宮を拝させる ・御子の仰せがあった後で，出雲神の宮を造らせる
・「西方の国を賜う」という教覚を，天皇が偽りとしたことに神が怒った	・天照大神と住吉神の教覚に従い，神々に幣帛を奉り，船上に神を祭り，木の灰を瓠に入れ，箸と皿を大量に作って海に散らし浮かべ，朝鮮半島へと渡航した

四　出雲神郡の成立と国家祭祀

これまで検証してきた点を踏まえて、出雲神郡について、「神郡の設置理由」、「国家と出雲の神々との関係」、「国家祭祀の形態・構造」から検討してみると、

①神郡とは「国家のための祭祀を行う拠点」

②国家にとっての出雲の神々とは、国家に対する災いを引き起こし、そのための祭祀が欠かせない神々

③古代の国家祭祀は、鎮花祭や三枝祭の祭祀形態・構

表8　『古事記』における神意が天皇に災いを引き起こした事例

記・紀	神意の発生方法	神意の特定方法	神　　名	神意の表現
崇神記 崇神紀	・疫病の流行(記・紀)	・神が天皇の夢にあらわれて教える(記) ・神が天皇と臣下の夢にあらわれて教える(紀)	・大物主神	・神気(記) ・咎，意(紀)
垂仁記	・垂仁天皇の御子である本牟智和気が口をきかない	・天皇の夢に神覚がある ・太占をして神名が判明する	・出雲神	・祟
仲哀記	・仲哀天皇の崩御	・天皇が琴を弾き，武内宿禰が神意を請うと，皇后に神懸りする ・国中の罪を大祓で清め，武内宿禰が神意を請うと，教覚がある	・天照大神 ・底箇男神，中箇男神，上箇男神(＝住吉神)	・忿

造のように、国家のための祭祀を氏族や地域共同体
に委託して行われることがある

以上の三点が指摘できる。

つまり、出雲神郡とは、「出雲の神々に対する国家祭祀が、出雲国造によって行われ、その人的・経済的支援の拠点として、国家によって設置された郡」と考えることができるだろう。

ここで、三点目の「国家祭祀の形態・構造」について、もう少し詳しく論じ、出雲神郡の検討を進めたい。

国家祭祀とは、「国家が幣帛を奉ること」であり、班幣によって祈年祭幣帛が奉じられる神社を官社と呼ぶのであるが、多くは氏族や地域集落などの奉斎集団が奉斎する神社に、国家が幣帛を奉じていた。このとき、神社の氏族性や地域性は失われず、むしろ、律令成立期の国家は、官社の維持については、ほとんど念頭になかったと思われる。であるから、大和国から山城国へ遷都が行われると、多くの官人を含めた氏族たちの拠点も移動してしまい、氏族祭祀が行われる神社の管理が疎かになり、

大和国では早期から神社建物の荒廃が進んだと考えられる。氏族祭祀の祭場である神社が荒廃するということは、それが官社であった場合、同時に国家祭祀の祭場も荒廃するということであり、それがために大和国ではいち早く、官符が出され、[17]国家祭祀の場である神社建物の荒廃を防ごうと意図した。

班幣祭祀は祝部という令制の在地神職が執行するのが基本と考えられるが、一方、氏族が自らのために行う氏神祭祀は、氏族の者が執行する。そして、祭祀によっては、氏族が祭祀者となって国家祭祀を執行することもある。この構造を出雲神郡に当てはめてみると、図8と図9のように理解できる。

神郡は、国家祭祀のための拠点であるから、出雲国造は国家のための祭祀を行っていた。それとは別に、出雲臣のための氏神祭祀も行われており、『令義解』で「天神」に位置付けられた「出雲国造斎神」とは、出雲国造の氏神祭祀の対象神であったと考えられる。出雲国造が氏神祭祀を奉祀する神社は、当然、出雲国造の本貫である意宇郡に鎮座する神社であり、熊野神社である。

一方、出雲神郡における国家祭祀の場合、国家と出雲の神々との関係を考えれば、「天神」と位置付けられる「出雲国造斎神」よりも、出雲の地の神である「出雲大汝神」こそが、国家祭祀の対象として注目されるべきであろう。この場合、出雲神郡が杵築郡ではなく意宇郡に設定されたことに矛盾が生じることになるだろうか。

神郡とは、「国家祭祀を人的・経済的に支援する拠点」であるから、極論すれば、国家祭祀の対象神社が鎮座している必要はない。伊勢神郡を除く、安房国安房郡、筑前国宗像郡、常陸国鹿島郡、下総国香取郡、紀伊国名草郡の神郡は、国家祭祀の人的・経済的支援の拠点と対象神社の鎮座地が同じ郡であったが、出雲国に関しては、支援の拠点と鎮座の郡が異なっていると考えるべきではなかろうか。つまり、出雲国意宇郡は、出雲国造の本貫として国家祭祀を人的・経済的に負担する拠点であって、そこから国家のために「出雲大汝神」の杵築大社へ出向いて祭祀を行って

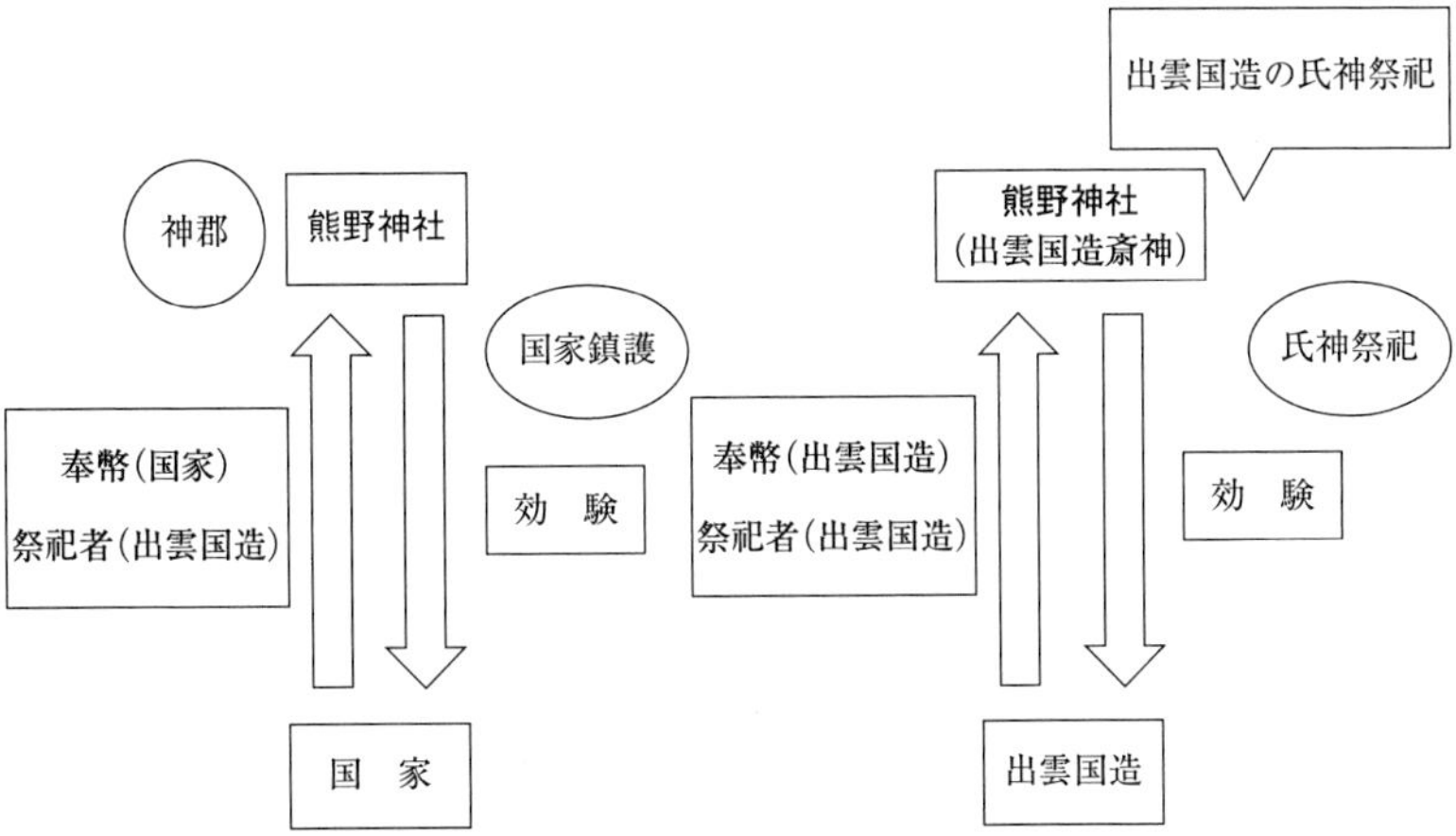

図８　出雲神郡の祭祀（熊野神社説）

いたとすれば、矛盾はないであろう。

以上、古代の国家祭祀の形態や構造から出雲神郡の成立について検討すれば、神郡における国家祭祀の対象としては、熊野神社よりも杵築大社により妥当性が見出せるという結論になる。(18)

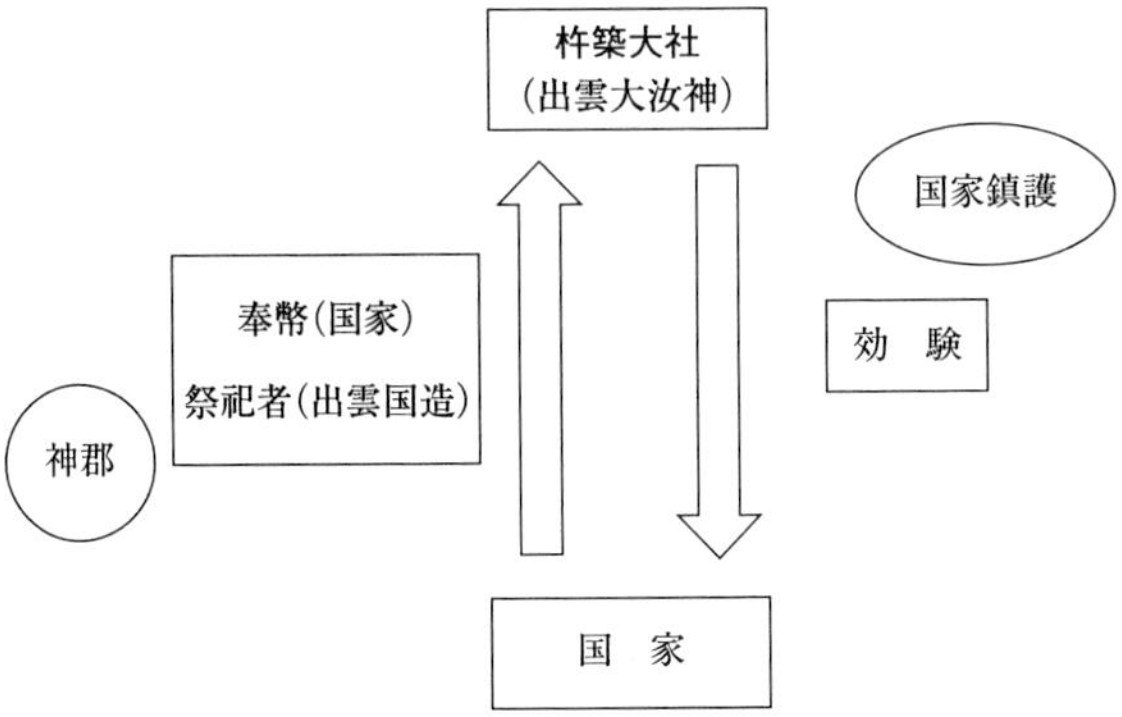

図９　出雲神郡の祭祀（杵築大社説）

五　出雲の神事的位置付け

最後に、大和と出雲の神事的な関係について述べておきたい。
畿内には、出雲に関係する神を祀る神社が複数存在し、律令期には、それらの神社で国家祭祀が行われ、そのうち数社は四時祭にも預かっている。

律令国家祭祀が行われた官社の多くは、国家によって新たに神社という祭場が設置されたわけではなく、氏族祭祀もしくは在地祭祀が行われていた神社に、いわば間借りするような形態で国家祭祀が行われていた。神社修理・修造に関する記事は、『日本書紀』天武天皇十年（六八一）正月己丑条の「詔畿内及諸国。修理天社。地社神宮」など、国史に散見するが、とくに宝亀年間から、神社管理に関する記事が目立つようになる。その背景として考えられるのは、「官社は国家祭祀が行われる場であり、その建物の修理・修造が、かつて公費で行われた」ことである。例えば、天平年間（七二九〜七四九）の「正税帳」には、神社の修理・修造に関する費用が具体的に示されている。

・『続日本紀』天平九年十一月癸酉条

遣使于畿内及七道。令造諸神社。

また、右では、天平期の神事行政の一環として神社建物の造築が行われている。ところが、公費によって造築・修造された建物を維持管理する義務は誰にあるのか、という点を国家はあまり意識していなかったと考えられる。班幣祭祀が延暦年間（七八二〜八〇六）に転換を迎える経緯を考えれば、祝部に対する国家の強制力は弱かったと考えられる。そもそも、前述したように、国家祭祀の多くは、氏神祭祀や在地祭祀の場を利用する形態で実施されており、実際に神社を維持・管理していたのは、奉斎集団であった。しかしながら、奉斎集団には、国家祭祀の場を維持・管理する義務はなかったのであり、国家祭祀の効果を目的に公費を用いて神社建物を修理・造築した施策は、理念先行のものであり、維持・管理という現実を顧みずに行われたものだったと言える。それが宝亀年間に、国家祭祀の場である神社建物の維持・管理という大きな負担をどうするか、という問題が表面化したのである。そして、その解決策の一つとして、「神主」を特定の氏族から補任し、律令制下の神職に位置付けることで、神社修理という国家的義務を氏族に負担させようと意図したのである。以上の点から考えれば、「畿内に鎮座する出雲の神々」への奉祀者は、多くは出雲にかかわる人々だったと推定することができる。

　大和と出雲の関係は、「出雲国譲り伝承」のために、緊張関係がとくに注目され、出雲神の服属が強調される。しかしながら、先述の大物主神伝承を例にすれば、古代は未だ神々をコントロールするという思想的段階には至っていない。大和と出雲の関係は、「支配と服属」よりも良好な関係にあり、軋轢を生じた時期もあったであろうが、人々の往来を含め様々な交流が活発であったと考えるのが自然ではなかろうか。

　律令期に出雲国造が奏上した「出雲国造神賀詞」(19)には、「天穂比命」に対して「天皇命の手長の大御世を、堅石に常石にいわい奉り、いかしの御世をさきわい奉れ」とあるように、神賀詞で強調されるのは、『日本書紀』において大貴己神に佞り媚びた天穂日命の後裔の出雲臣が、出雲の地で国家祭祀を担うことの正当性である(20)。

　そして、律令制が成立し、官社制度が導入されると、国家における出雲の神々の特殊性は低下していく。『出雲国風土記』には、複数の神戸が載せられるが(21)、『新抄格勅符抄』では、「熊野神　廿五戸　出雲国加十戸」「杵築神　六十一戸出雲　天平神護元年奉充」とあって、奈良期の神戸では、「熊野神」と「杵築神」との間に差が見られる。しかしながら、仁寿・貞観期の神階奉授では、もはや両者に差は見られなくなっており、国家にとっての出雲神は、特別に警戒すべき存在としては認識されなくなっていたのである。

おわりに

以上、出雲神郡の成立から、律令制成立期の祭祀について考察した。律令国家成立過程の時期に、天皇や大和政権にとって、出雲の神々は祟りなす神であり、祭祀が欠かせない神であった。国家は、出雲の神々を奉祀する祭祀者と祭祀の人的・経済的支援の拠点として、出雲国造と出雲神郡を設定した。出雲国造の祭祀とは、国家に祟りなす出雲神に対する祭祀であったのである。

註

（1）　神郡を扱った研究としては、田中卓「伊勢神郡の成立」（『神宮の創始と発展』田中卓著作集四、国書刊行会、一九五九年）、平野博之「神郡」（『九州史学』一一、一九五八年）、梅田義彦「神郡行政の特性とその変遷」（『国民生活史研究』四、一九六〇年。後、『神道の思想』二〈雄山閣出版、一九七四年〉に再録）、倉野憲司「出雲国造神賀詞について」（『神道学』三四、一九六二年）、岩橋小彌太「神戸、神郡」（『神道史叢説』吉川弘文館、一九七一年）、高嶋弘志「神郡の成立とその歴史的意義」（佐伯有清編『日本古代政治史論考』吉川弘文館、一九八三年）、熊田亮介「律令制下伊勢神郡の経済的基盤とその特質―神郡を中心として―」（関晃教授還暦記念会編『日本古代史研究』吉川弘文館、一九八〇年）、大浦元彦「『出雲国造神賀詞』奏上儀礼の成立」（『史苑』四五―二、一九八六年）、松前健「出雲の神話」（松前健著作集九『日本神話論』Ⅰ、おうふう、一九九八年。初出は一九八七年）、瀧音能之「出雲国造神賀詞奏上儀礼の成立過程」（『出雲国風土記と古代日本』雄山閣出版、一九九四年）など。

（2）　有富由紀子「下総国香取神郡の諸相」（『千葉史学』六〇、二〇一二年）。

（3）　早川万年「神郡・神郡司に関する基礎的考察―鹿島の場合に注目しつつ―」（井上辰雄編『古代東国と常陸国風土記』雄山閣出版、一九九九年）。

（4）有富前掲註(3)論文。

（5）小倉慈司「律令成立期の神社政策―神郡（評）を中心に―」（『古代文化』六五―三、二〇一三年）。

（6）言屋神社は、『延喜式』「神名」の「揖夜神社」、『出雲国風土記』の「伊布夜社」に比定される。

（7）熊野神社説は、井上光貞「国造性の成立」（『史学雑誌』六〇―一一、一九五一年）が代表的な論考であろう。ほかに、平野邦雄「神郡と神戸」（『大化前代政治過程の研究』吉川弘文館、一九八五年）、田中卓「日本古代史における出雲の立場」（『神道史研究』四五―四、一九九七年）など。

杵築大社説は、門脇禎二『出雲の古代史』（日本放送出版協会、一九七六年）、新野直吉「古代出雲の国造」（神道学会編『出雲学論攷』出雲大社、一九七七年）、岡田莊司「古代律令神祇祭祀制と杵築大社・神賀詞奏上儀礼」（『延喜式研究』二五、二〇〇九年）など。

（8）『出雲国風土記』意宇郡・賀茂神戸には、「賀茂神戸　郡家東南卅四里　所造天下大神命之御子　阿遅須枳高日子命　坐葛城賀茂社　此神之神戸　故云鴨神亀三年改字賀茂即有正倉」とあり、『延喜式』「神名」にある大和国葛上郡の「高鴨阿治須岐託彦根命神社」に比定されている。大神神社と同じく、畿内に鎮座しているが、出雲にかかわる神であり、「地祇」とされている。

（9）日本古代においては、天神と地祇の定義は明確になっておらず、したがって、天神と地祇を分類するのは困難である。そのため、天神と地祇の分類が、律令祭祀制にどのように関係しているかを示すことも困難である。しかしながら、『令義解』が撰集された九世紀半ばの見解にはなってしまうが、律令期に、国家と神々の由来の関係について、ある程度の見解が示されている以上、律令祭祀制の成立を考察する上では、検討すべき課題であろう。

（10）倉野憲司『古事記全注釈』（三省堂、一九七六年）。

（11）藤森馨「鎮花祭と三枝祭の祭祀構造」（『神道宗教』二一一、二〇〇八年）。

（12）本牟智和気の仰せの内容とは、「是於河下、如青葉山者、見山非山。若坐出雲之石硐之曽宮、葦原色許男大神以伊都玖之祝大庭乎（この川下にある青葉の山のようなものは、山のように見えるが山ではない。もしや出雲の石硐之曽宮に坐す葦原色許男大神を斎き祭る祝の祭場ではないか）」というものであった。

（13）日本古代の祟りに関する研究としては、米井輝圭「古代日本の「祟りのシステム」―律令国家における「祟り」の用例―」（『東京大学宗教学年報』一〇、一九九二年）、大江篤「『祟』現象と神祇官の亀卜」（『続日本紀の時代』塙書房、一九九四年。後、『日本古代の神と霊』〈臨川書店、二〇〇七年〉所収)、同「陰陽寮と『祟』」(大隅和雄編『文化史の諸相』吉川弘文館、二〇〇三年)、同「遷却祟神」(続日本紀研究会編『続日本紀の諸相』塙書房、二〇〇四年)、西山良平「〈聖体不予〉とタタリ」(門脇禎二編『日本古代国家の展開』上巻、思文閣出版、一九九五年)、山下克明「災害・怪異と天皇」(岩波講座『天皇と王権を考える』第八巻、岩波書店、二〇〇二年)など。

(14) 岡田莊司「天皇と神々の循環型祭祀体系—古代の祟神—」(『神道宗教』一九九・二〇〇、二〇〇五年)、同「古代～の法制度と神道文化—天皇祭祀に関する不文の律、不文の法—」(『明治聖徳記念学会紀要』復刊第四六号、二〇〇九年)、同「古代の天皇祭祀と災い」(『國學院雑誌』一一二—九、二〇一一年)。

(15) 『続日本紀』慶雲三年(七〇六)二月丙辰条には、「授船号佐伯従五位下。従三位粟田朝臣真人之所乗者也。」とあり、また、『続日本紀』天平宝字七年(七六三)八月壬午条にも、「初遣高麗国船。名曰能登。帰朝之日。風波暴急。漂蕩海中。祈曰。幸頼船霊。平安到国。必請朝庭。酬以錦冠。至是縁於宿禱。授従五位下。其冠製錦表絁裏。以紫組為纓」との記事があって、これらは船霊に対して位階が授けられたことを示している。仲哀記における記述とこれらの船霊の記事との関わりは、神階の原型を検討する上で課題とすべきであろう。

(16) 小倉前掲註(5)論文。

(17) 『類聚三代格』貞観十年(八六八)六月二十八日官符「応以大社封戸修理小社事」。

(18) 出雲大社周辺の考古学的考察としては、松尾充晶「考古学からみた出雲大社とその歴史環境」(『古代出雲大社の祭儀と神殿』学生社、二〇〇五年)などがあるが、考古学的見地からすれば、熊野神社周辺と杵築大社周辺のいずれからも、三輪山祭祀遺跡や沖ノ島祭祀遺跡のような国家祭祀の明確な痕跡は出土しておらず、考古学的知見が待たれるところである。

(19) 『出雲国造神賀詞』に関しては、粕谷興紀「『出雲国造神賀詞』考証三題」(『皇学館大学紀要』二四、一九八六年)など。

(20) 『令義解』で「天神」と位置付けられた「出雲国造斎神」は、「出雲国造神賀詞」では「加夫呂伎熊野大神櫛御気野命」(『出雲国風土記』では「伊弉奈枳乃麻奈古坐　熊野加武呂乃命」)であるとされ、意宇郡に鎮座した。一方、「出雲大汝神」は出雲郡の杵築宮に奉斎されたとされる。大和と出雲の交流の中で、意宇郡に「出雲国造斎神」、出雲郡に「出雲大汝神」をそれぞれ鎮祭する際に、何らかの軋轢が生じ、それが伝承に反映された可能性を提示しておきたい。

(21) 出雲国の神戸については、小倉慈司「出雲国の神戸について」(『出雲古代史研究』六、一九九六年)など。

第三章　令制下における国造

はじめに

延暦年間（七八二〜八〇六）以降、公務と神事は区別されるようになり、国家は両者の兼掌を禁止したが、これは、現在の政治と宗教の分離という性格のものではない。古代において、神事は公務とともに重要な行政の一つであった。奈良時代に、公務と神事の兼掌が認められていた時期があったが、両者の兼掌によって、公務が疎かになる、または神事が疎かになる事例が問題になった。そのため、延暦年間に入ると、公務と神事を区別するようになる。まず着手されたのが、公務においては郡司であり、神事においては神主や出雲・紀伊の二国造であった。公務を掌るのは官人、神事を掌るのは神宮司・神主・禰宜・祝などの神職と、職掌の区分が明確になる中で、国造も公務と神事の兼掌を否定されたのである。

この章では、八・九世紀を通じて変化する出雲・紀伊の二国造の性格を考察したい。

一　天平七年格の「神郡国造」の解釈をめぐって

令制下の国造に関する研究は、先学によって蓄積されているものの、その史料の僅少性から、未だにその性格・制度・実態などは、明らかにされていない点が多い。戦前では植松穆考氏の研究があるが、その中で植松氏は、国造に任命された人物には中央官人が多く、これらの国造は遥任であることに注目し、このような遥任の国造が出現するころには、すでに国造の職は名目的なものにすぎなくなっていたと指摘した(1)。高嶋弘志氏は、中央官人が遥任する国造の存在に加え、国造の任命記事が著しく偏在していることに注目し、任命記事に記載される国造を政変の功労者・為政者が寵愛する者であるとし、大宝令以降の国造は実質を伴わない名誉職的な存在であると指摘した(2)。そして、篠川賢氏は、「植松・高嶋両氏とも「新国造」の存在を前提として考えている点は私見と異なる」としながらも、紀伊・出雲の二国造以外の国造は、「天平の末年頃から現われる実質のない名誉職的なものであり、特異な論功行賞としてその任命が行なわれたところの、部分的かつ臨時（一代限り）の存在であった」と指摘した(3)。

また植松氏は、令制下の国造は一国一員で、役割もほぼ祭祀面に限られているとも指摘したが、戦後、虎尾俊哉氏、新野直吉氏は、令制下の国造を地方神祇官として位置づけた(4)。太政官と神祇官、大宰帥と主神と対応させて、官制上、必ずしも明確ではない国司の「祠社」の職掌を、国司と国造の機能分化として捉えられると指摘した。これらの説に対し、熊田亮介氏は、史料的には各国における神社管理ないし祭祀の専門官として国造像を立像できないと批判し、令制下においても国造の任用が比較的多く行われ、それに付随して制度的輪郭がある程度捉えられることから、令制下の国造は官職であると指摘した(5)。また、森公章氏は、令制下の国造は大化前代の遺制であり、その存在意義は地方

支配における実質的な役割にあったと指摘した。(6)

このように、令制下の国造の性格に関しては、「旧来の機能をほとんど失った名誉職的存在」、「地方神祇官」、「官職」など諸説論じられている。こうした先学の研究に対し、僅かな私見しか述べることはできないが、令制下の国造について論じてみたいと思う。とくに、神郡の国造を中心に、延暦年間（七八二～八〇六）に公務と神事が区別された施策について考察を加えることにしたい。

出雲・紀伊の二国造を含めた神郡の国造については、篠川氏が「出雲・紀伊の二国造は、旧来の国造が、地方豪族の天皇（朝廷）への服属儀礼を象徴する儀礼の担い手として、国家の政策によってとくに存続させられたものであった」と、その特殊性を指摘している。(7)

出雲・紀伊両国を含めた神郡と国造との関係について、まずは、次の史料の問題点を指摘しながら私見を述べたい。

•『類聚三代格』巻七　郡司事

太政官符

応聴以同姓人補主政主帳事

右検天平七年五月廿一日格偁。終身之任理可代遍。宜一郡不得并用同姓。如於他姓中无人可用者。僅得用於少領已上。以外悉停任。但神郡国造陸奥之近夷郡。多褹島郡等。聴依先例者。今被右大臣宣偁。奉勅。一郡之人同姓尤多。或身有労効。或才堪時務。而被拘格旨不蒙選擢。人之為憂莫甚於此。宜改斯例依件令補。不得因此任譜第人。自今以後永為恒例。

弘仁五年三月廿九日

右によれば、天平七年（七三五）格で一郡内の郡司（大領・少領・主政・主帳）は同姓の併用が禁止され、もし他姓の者がいない場合は、大領と少領は同姓の併用が許された。ただし、「神郡国造」、「陸奥之近夷郡」、「多褹島郡」は先例によって郡司の同姓の併用が許されたとする。このうち、郡司の同姓の併用を例外的に許された「神郡国造」は、従来、「神郡の国造」と解釈されてきたのだが、熊田氏や森氏は、「神郡」と「国造」を二つに分けて解釈すべきと指摘したのである。(8)

「神郡国造」の語は、「神郡国造」と一語で解釈するならば、「神郡においてのみ国造は郡司と同姓の併用が許される」ことになり、「神郡」と「国造」と分けて解釈するならば、「神郡では郡司は同姓の併用が許される」、「すべての郡で郡司と国造は同姓併任が許される」という解釈になる。

「神郡国造」をどのように解釈すべきか、私見を述べてみたい。

まずは、「神郡国造」を「神郡」と「国造」を二つに分ける解釈の妥当性について検証してみたい。先述の天平七年格は、一郡内において、大領・少領・主政・主帳は、それぞれ別姓の者が補任されねばならず、それにふさわしい人物がいない場合に限り、大領・少領は同姓の併用が許されるというものである。そして「神郡国造陸奥之近夷郡多褹島郡等」だけは「先例」によって大領・少領・主政・主帳の同姓の併用が許されたのである。

郡司は、「選叙令」同司主典条でも、三親等以上の連任が許されていない。令釈によれば、養老七年（七二三）に「伊勢国渡相郡・竹郡、安房国安房郡、出雲国意宇郡、筑前国宗形郡、常陸国鹿嶋郡、下総国香取郡、紀伊国名草郡」の「八神郡」は三親等以上の連任が許されたとしており、(9)このような「先例」があるため、天平七年格の例外に含まれたと考えられる。(10)

つまり、天平七年の格において「神郡」の語を単独のものとして解釈することは、養老七年に神郡司は連任が許されているから、例外として同姓の併用が認められることには矛盾がない。

それでは「国造」の語を単独のものとして解釈することはどうであろうか。「神郡」は、先述したように、三親等以上の連任が許された先例があるため、天平七年格の例外に含まれたと考えられるが、「国造」も矛盾なく例外に含まれるのであろうか。

天平七年格の例外に「国造」が含まれる場合、「大領・少領・主政・主帳は同姓の併用が不可だが、国造は、大領・少領・主政・主帳と同姓の併用が許される」という解釈になる。

それに対し、天平七年格の「神郡国造」を一つの語とする解釈は、「郡司の中で、神郡の国造は同姓の併用が許可される」となるが、この場合、同時に「神郡以外の国造は、郡司との同姓の併用は不可」となる。つまり、「神郡以外の郡では、大領・少領・主政・主帳・国造は、全て別姓が補任されねばならないのであるが、神郡の国造に限り、同姓の併用が許可される」という解釈になる。

天平七年格の「神郡国造」を「神郡の国造」とする解釈の非整合性を論じるのに、神郡の中に国造が存在しない郡があることを挙げるのは[11]、論拠として妥当ではないだろう。「神郡の国造」と解釈した場合、八神郡すべてに国造が存在しなくとも、「神郡に国造が存在する場合は、その国造は例外として、郡司と同姓の併用が可能」と解釈されるべきなのである。つまり、「神郡国造陸奥之近夷郡多褹島郡等」は例外が「許される」ということであって、必ず郡司内での同姓の併用が行われるということではない。例えば神郡の中で、郡司と国造が、別姓の者が補任されていても、それは例外規定を用いなかっただけのことであり、「神郡の国造」とする解釈の非整合性を証明することにはならないのである。「神郡の国造」とする解釈の非整合性を問うのであれば、国造と郡司の補任においては、神郡だけでなく一般的に、他姓と併任されていたことを論証しなければならない。

つまり、「神郡の国造」を天平七年格の例外とするのであれば、郡司と同姓の併用が可能なのは、神郡の国造のみということになる。これは、神郡以外では、郡司と国造も同姓の併用が不可という解釈となり、「国造」のみの解釈（「郡司は同姓の併用が不可だが、すべての国造は同姓の併用が許される」）と反対になるのである。

「神郡国造」を一つの語として解釈するか、二つに分けて解釈するかは、郡司と国造の同姓の併用が可であるか不可であるかを明らかにせねばならないのである。

二　令における国造

律令制下の国造とは、いったいどのような位置付けになっていたのであろうか。それを本節で考察してみたい。

「選叙令」郡司条注文によれば、「其大領少領才用同者先取国造」（大領・少領においては、才用が同じならば国造を優先して任用すべし）とあって、大領・少領の補任において、才用が同じならば、「国造」を優先して補任するとされる。この郡司条注文が指す国造については、「新国造」[12]「旧国造」[13]「国造氏」[14]という三説が提唱されたが、[15]これらの諸論に対し熊田氏は、「少なくとも令制下における注文が、先学も正しく指摘されているように、才用が同じ場合における国造の優先任用規定にすぎないと思われる以上、注文の性格ないし意図についても、それを前提として考えるべき」とした。[16]そして、郡司条と同司主典条が対立する場合、前者が優先されるとした。

つまり、郡司条注文によれば、大領・少領と国造は、同姓であることが前提であるから、天平七年（七三五）格の例外として「国造」を単独に解釈することは妥当となる。

また、「選叙令」郡司条では、注文以外にも、次の古記説の解釈が諸論の問題点となっている。

古記云。先取国造謂必可被給国造之人。所管国内不限本郡。非本郡任意補任。以外。雖国造氏不合。問。不在父祖所任之郡。若為任意補任。答。国造者一国之内長。適任於国司。郡別給国造田所以任意補充耳。問。国造才用劣者若為処分。答。未定国造。依才能任他人。已訖後定国造。若有所闕者。才能雖劣。先用国造也。一云。不合。若才用劣者。猶在国造耳。

森氏は諸説の論点と解釈をまとめ、その主張の共通点は、「国造」は一国一員のそれであり、現任国造その人を指すことであったと指摘する。(17) そして古記では「国造之人」と「国造氏」は対照をなしているとし、前者の現任国造は郡司条注文の適用を受けるが、後者の国造を出す氏族はその対象外であると述べている、と指摘する。

熊田氏も「あくまで国造職にある者だけが郡領任用の対象になるということであり、他の者についてはたとえ同族であろうとも、その対象とはしない」とし、郡司条注文は国造に対する優先任用規定ではなく、あくまで郡領候補者の「譜第」と「才用」を第一基準とした上での、二次的判断基準規定であると指摘する。(18) さらに熊田氏は、令制下の国造は官職であり、だからこそ郡領に任ぜられると国造を解退されたとし、郡領候補者の国造は現職であると論じた。

また篠川氏は、古記が「国造之人」と「国造氏」(19) をことさら対比するのは、当時「国造」の語に「国造之人」と「国造氏」の二つの意味があったからであるとし、古記の解釈は誤釈であるとした上で、(20) 古記説を次のように解釈した。

問い。父祖代々(郡領)に任ぜられている郡――すなわち本郡――でないのに、どうして任意に(郡領に)補任されるのか。答え。国造(の人)は一国の内の長であり、たまたま(本郡でない郡の)郡司に任ぜられても、郡を別にして――すなわち本郡の――国造田は給される。ゆえに任意に補し充てられるのである。問い。国造(の人)の才用が劣っている場合はどうするのか。答え。いまだ国造を定めていなければ、才能によって他人を(郡領に)任ずる。すでに国造を定め終わった後、もし(郡領を)欠くことがあれば、才能が劣っても国造を(郡領に）優先任用する。しかし一にいうには、そうではなく、もし才用が劣っていれば、なお国造のままにあるのみである。

篠川氏を含め、先学の諸論は「適任於国司」を「適任於郡司」の誤記として解釈するものが多い。しかしながら、私見では、穴説の解釈と考え合わせると、「適任於国司」の解釈で問題ないように思う。

穴云。先取国造謂非兼任。而解退国造任郡領也。問。国造本興如何。答。古昔。无国司而只有国造。治一国之中。郡別。任大少領耳。問。神祇令。国造出馬一疋者。未知。国造任郡領之後不出哉。答。不可出也

（「先取国造」とは兼任ではない。国造を解き退けてから郡領に任じるのである。問う。国造のもともとのおこりはどのようなものであるのか。答え。昔は国司という職がなく、国造があっただけである。一国を治め、郡別には大領・少領が任じられていた。問う。神祇令の条文である「国造は馬一疋を出す」という事例を知らない。国造が郡領に任ぜられた後は出さないのか。答え。出すことはない）

右の郡司条の穴説によれば、国司が定められる以前の国造の役割は、「一国を治める」ことであったとする。これを踏まえて古記説を解釈すれば、「国造者一国之内長」が「（昔は）国造は一国内の長であった」と解釈できよう。さらに、「適任於国司」であるが、この部分を比喩的な箇所として考えれば、「郡司」ではなく「国司」として解釈するのが妥当であると考えられる。つまり、「適」の語を「〜にひとしい」と解釈すると、「適任於国司」の解釈は、「ちょうど国司に任じるようなもの」となる。

古記説では、国造が郡領に任ぜられる場合に、「所管の国内」であれば、代々任ぜられていた郡以外の郡司に補任される妥当性を述べているのである。古くは、国造は「一国之内長」だったのであり、それは「律令制下に国司が補任されるようなもの」という解釈になる。「郡別」に国造田を給わるのは、国造は、郡単位という意識ではなく、一

国単位で補任されていたためであり、だから補任される郡と国造田が別に置かれる、とする。[21] 例えば、A国に、a〜hの郡がある場合、A国造がa郡に補任されても、国造田はa郡以外の郡に給わることがあるように、A国内であれば、aからhまでのすべての郡司に補任される可能性があるという解釈である。

そして、これらを踏まえて古記説をまとめると次のようになる。

問う。代々任ぜられてきた郡ではない郡司に補任される。なぜ任意に補任されてしまうのか。答え。（昔は）国造は（郡単位ではなく）一国単位の長だったのであり、それはまさに（現在の）国司が補任されるようなものである。国造田は（郡領に任ぜられる）郡とは別に給わる。国造がすべての郡司に補任される可能性があるためである。国造の才用が劣っていたならばどのように処分するのか。答え。まだ国造が決まっていなければ、才能によって他の人を任ずる。その後に国造が定まり、もし郡領に欠員が出たならば、才能が劣っていても国造を優先して大領に任じる。しかし、一に言うには、そうではなく、もし才用が劣っていれば、（郡領に任用せず）国造のままにあるのみである。

ここで注意が必要なのは、「国造者一国之内長適任於国司」が、「国造＝国司」を示しているわけではないということである。国司が設けられる以前は、国造は一国の「長」としての役割を果たしていた可能性があるが、律令制の施行により、各国の行政は国司の職掌として定められたのであり、国造の職掌が国司のそれと類するわけではない。国造は一国一員であり、さらにはその任用は郡単位ではなく国単位であり、その国造の任用は、基本的には「一国一員」、「郡ではなく国単位で任ぜられる」ということであるが、それは昔国造が一国を治めていたとするころの名残であり、こうした任用のあり方が国造と国司の共通点であると述べているのである。

また、「適」を「過」とする研究もあるが、[22]「過」の場合でも、解釈に問題は生じない。むしろ、先述の穴説の解釈に対応すると思われる。つまり、「国造者一国之内長。過任於国司」は、「国造は一国の長であったが、時代が降ると（国造ではなく）国司が（一国を治めるために）補任されるようになった」と解釈できるのである。

どちらの解釈にせよ、古記説は、穴説と対応させて理解すべきと思われる。「国造者一国之内長。適任於国司」は、律令制成立以前の国造の任用のあり方を示した解釈であり、国造が郡領に補任された場合、所管の国内のすべての郡領に任意に補任される根拠となる箇所となっている。

三　令制下の国造の意味

「選叙令」郡司条注文では、「大領・少領の才用が同じ場合、まず国造を取れ」としており、穴説では、「郡領と国造は兼任されず、国造が郡司に補任した場合、国造は解退させられる」と解釈する。しかし、出雲国意宇郡では、両者の兼任は慶雲三年（七〇六）から延暦十七年（七九八）まで認められていた。

・『類聚三代格』巻七　郡司事

太政官符

　応任出雲国意宇郡大領事

右被大納言従三位神王宣偁。奉勅。昔者国造郡領職員有別。各守其任不敢違越。慶雲三年以来令国造帯郡領。寄言神事動廃公務。雖則有闕怠。而不加刑罰。乃有私門日益不利公家。民之父母還為巨蠹。自今以後。宜改旧例国造郡領分職任之。

　延暦十七年三月廿九日

右によれば、もともと国造と神郡領の職掌は別なものであり、違越しないものであったが、神郡である出雲国意宇郡では、慶雲三年以降、国造が郡領を兼帯するようになったとある。

奈良時代においても、国造全体の位置付けは不明確なものであったが、その存在意義がさらに低下する契機は、延暦年間にあった。奈良時代は、少なくとも神郡において、国造とは公務・神事において、その存在意義があった。ただし、奈良時代においても、国造の職掌はとくに明文化されていなかった。もともと、国造は基本的に神事に携わる職とされ、公務には基本的に携わらない職であったが、慶雲三年以降、公務と神事を兼掌（＝郡司と国造の兼任）するようになった。平安期に、全国的に神宮司・神主がその職掌を明確にされていく一方で、国造についてはほとんど触れられていない。延暦年間に、公務と神事の兼掌が不可とされ、国造は公務に携わることが否定された一方で、神事においては、神宮司・神主が徐々に制度化され、国造の存在意義は、全国的にますます薄れていったのである。

すべての神郡において、国造が神事や公務を担っていたわけではなく、伊勢国度会郡・多気郡などは、神主・郡司・国造はそれぞれ補任されていたと考えられる。伊勢国の場合、「伊勢朝臣老人」が国造に補任されたが[23]、伊勢大神宮の宮司は「大中臣朝臣」であるから[24]、国造と神職とは兼任されない[25]。伊勢老人の国造補任は、植松氏・篠川氏などが述べているところの、「名誉的な存在としての国造」が与えられたのだと考えられる[26]。また、「壬生宿禰小家主」も常陸国造に任用されているが[27]、この壬生宿禰小家主が鹿島神宮司とは考えにくく[28]、郡司にも任用されていなかったと考えられる。また、出雲国造の職掌は神事を掌ることであるが、伊勢老人も壬生小家主も、神郡の神事を掌っていたとは考えられず、その「国造」が称号としての国造なのか官職なのかは不明であるものの、少なくとも神事を掌る職ではなかったのである。

もともと国造の職掌は不明確であり、その特徴は定かではない。加えて、氏族系譜の混乱・再編成などによって、国造は徐々にその姿を消していったのであろう。

「神祇令」には大祓への国造の関与が見られ、『続日本紀』には「大幣」を班つのに国造が関与していたことが記されている。(29)これは、律令制成立以前、国造は一国内において、ある程度の広い行政権・祭祀権が認められていた名残であり、律令制成立後は、国造の行政権や祭祀権は太政官と神祇官に吸収された。(30)次の史料も、国造の令制における存在意義を結果的に弱めたものである。

・『類聚三代格』巻四　加減諸司官員幷廃置事

　太政官符

　　停国造補兵衛事

右検去三月十六日勅書偁。郡領譜第既従停廃。国造兵衛同亦停止者。今中納言従三位壹志濃王宣偁。奉勅。先補国造。服帯刀仗。仕奉宿衛。勤官之労不可不矜。宜除国造之名補兵衛之例。

　　　延暦十七年六月四日

（延暦十七年三月十六日に「郡領を譜第で任じることはすでに禁止している。国造兵衛もまた同じく禁止する」と詔が出された。この詔以前に、国造と兵衛に補任されている場合、官の勤めをしないということはいけないことだ。国造兵衛は、国造の補任を解き、兵衛として補任せよ）

これによると、国造と兵衛を兼任すると、兵衛としての仕事が果たせないということになる。その理由としては、国造は神事を掌らねばならず「官の勤め」を怠りがちになると判断されたためであろう。国造であるために官職に就けないのは大きなデメリットであり、国造が消えていった一因と考えられる。(31)

また、延暦年間には、筑前国宗像郡の宗像神主が、郡領との兼任を禁止されている。(32)奈良時代における筑前国宗像郡大領と宗像社との関係については、宗像郡大領の宗像鳥麻呂が、「筑紫宗形神主」[33]としても国史に記載されていることから、宗像朝臣が、宗像郡大領と宗像神主とを兼任していたことが知られている。[34]また、宗像池作も「大領兼神主」であったことが記されている。こうした大領と神主の兼任が、延暦十九年に禁止されたのである。

•『類聚三代格』巻七　郡司事

太政官符

応停筑前国宗像郡大領兼帯宗像神主事

右得大宰府解偁。当郡大領補任之日。例兼神主即敍五位。而今准去延暦十七年三月十六日勅。譜第之選永従停廃。擢用才能。具有条目。大領兼神主外従五位下宗像朝臣池作十七年二月廿四日卒去。自爾以来頻闕供祭。歴試才能未得其人。又案神祇官去延暦七年二月廿二日符偁。自今以後簡択彼氏之中潔清廉貞。堪祭事者。補任神主。限以六年相替者。然則神主之任既有其限。仮使有才堪理郡兼帯神主。居終身之職兼六年之任。事不穏便。謹請官裁者。右大臣宣偁。奉勅。郡司神主職掌各別。莫令郡司兼帯神主。

延暦十九年十二月四日

右によれば、郡司と神主の「兼帯」が禁止されたわけだが、この中で指摘されたのは、

①郡司は、延暦十七年に譜第の中から補任することが禁じられた。

②神主は、六年交替であり、終身の職である郡司との兼任は望ましくない。

③郡司と神主の職掌は異なるものである。

以上の三つが主なものであった。①では、延暦十七年に、郡司の任用は譜第ではなく、才能をもって選任されることになった。ところが神主は、補任される氏族が定まっており、譜第を禁じる郡司と譜第を認める神主との兼任は望ま

しくないということであろう。右の①②③によって、郡司は「才能による補任・終身・公務を掌る」職であり、神主は「譜第による補任・六年交替・神事を掌る」職であって、両者を兼任することは不具合であると指摘されたのである。

同じ神郡でも、常陸国鹿島郡では、天平勝宝年間（七四九～七五七）に、大領を中臣連千徳がつとめ、鹿島神の宮司を中臣鹿島連大宗がつとめていることから(35)、すべての神郡において神事と公務とが兼任されていたわけではなかったが、出雲国意宇郡と筑前国宗像郡の神郡においては、公務と神事との兼掌があり、延暦年間に、それが否定されたのである。

・『類聚国史』巻十九　神祇十九　国造・延暦十七年十月丁亥条

勅。国造郡領。其職各殊。今出雲筑前両国。慶雲三年以来。令国造帯郡領。託言神事。動廃公務。雖有其怠。無由勘決。自今以後。不得令国造帯郡領。又国造。兼帯神主。新任之日。例皆棄妻。取百姓女子。号為神宮采女。便娶為妻。妄托神事。遂扇淫風。稽之国典。理合懲粛。宜国司卜定一女供之。

右では、神事と公務とを兼掌するものとして、とくに出雲・筑前両国を取り上げ、禁止している。「公務」とは郡司の職掌、「神事」は国造・神主の職掌を指しており(36)、慶雲三年以前は、両国造の職掌は神事に限定され、公務には携わっていなかったと考えられる。それが慶雲三年以降、国造は郡司を兼任することによって公務に携わるようになり、延暦十七年まで郡司と国造は兼任が許され、公務と神事を兼掌していたのである。そして、両者の兼任は神事を理由に公務の怠りを引き起こしていることを指摘し、その不具合を正すため、延暦十七年に、郡司と国造の職掌をそれぞれ「郡司＝公務」「国造・神主＝神事」と捉え直したのである(37)。

天平七年（七三五）は、神郡において、郡司と国造が兼任可能な時期であった。大宝二年（七〇二）に、「諸国の国造の氏を定め、その名を国造記に具にせよ」と詔が出されているように、国造も郡司も譜第の職であった。[39]郡司と国造は、それぞれ譜第の職であり、これらを兼任するということは、兼任も譜第で続くことになるのである。こうしたことが、天平七年格に反映されているとも考えられよう。[38]

また、神宮司・神主が制度化されて六年交替と定められていくが、国造の任期については触れられておらず、全国的には、国造に神事を委ねることはなかった。そして、公務においては実質上の職掌がなく、さらに神事においても明文化されない国造は、氏の混乱や衰退なども加わって、姿を消していったのである。

以上論じてきたように、八・九世紀を通じて国造は令制の位置付けから外れていくが、出雲・紀伊の二国造は、後代までその存在が確認できる。出雲国造は、霊亀二年（七一六）の記事をはじめ国史に頻出し、紀伊国造は『貞観儀式』に記載がある。[40]

紀伊国造に関する記事は少ないが、『続日本後紀』嘉祥二年（八四九）閏十二月庚午条には次の記事を載せる。

又高継所進之国符偁。国造紀宿禰高継犯罪之替。擬補紀宿禰福雄者。勅。国造者。非国司解却之色。而輙解却之。推量意況。稍渉不臣。宜停釐務。任法勘奏。

右によれば、「（紀伊）国造紀宿禰高継」が国司によって解却され、「紀宿禰福雄」が「擬補」されると、朝廷は「国造者、非国司解却之色、而輙解却之、推量意況、稍渉不臣、宜停釐務、任法勘奏」（国造の補任は国司ではなく朝廷が直接行うものである）と主張したのである。これは事件が大きく、朝廷が関与せざるをえなかったこともあるだろうが、紀伊国造は、嘉祥年間においても朝廷による補任が明確であったことを示している。これは、出雲・紀伊の二国造は、神郡の祭祀者としての位置付けが、ある程度明確であったためと考えられる。

出雲国造は、その職掌が国家的な神事を掌るものであることは明らかで、禰宜・祝とも併記されている。[41]延暦年間に出雲国で神宮司が廃されたことは[42]、出雲国造が国家的神事を職掌としていたことと無関係ではないだろう。神宮司は、出雲国の神宮司が廃されたころは、律令制下の神職として制度化されていた。それにもかかわらず神宮司が廃止されたということは、出雲国においては、出雲国造が国家的神事を行っていたため、神宮司が不要と判断されたためと考えられる[43]。

次の史料によれば、「国造幷禰宜祝等、寄事神祇曽無改正」とあるから、紀伊国造も神事を行うものとして位置付けられている。

・『類聚三代格』巻八　調庸事

太政官符

応同率神戸官戸課丁事

右得紀伊国解偁。検案内。官戸課丁少数常煩所司勘出。尋彼由緒。官戸悉為神戸百姓之所致也。何者此国有封神社総十一処。所充封戸二百卅二烟。可有正丁千二百七十六人。此則依式毎戸以五六人所率之数也。而今神戸所領正丁之数。或戸十五六人。或戸二三十人。官戸所有課丁之数。或戸僅一二人。或戸曽無課丁。詳検其由。神戸課役頗軽。官戸輸貢尤重。因斯脱彼重課入此軽役。謹案式云。戸以正丁五六人為一戸。其神寺封丁。若有増益者随即減之。死損者不須更加。而国造幷禰宜祝等。寄事神祇曽無改正。積慣之漸忽然難変。望請。不論神戸官戸。総計国内課丁。毎戸同率貫附。弁定之後。若有輙改替者。尋其所由。依法科罪。謹請官裁者。右大臣宣。依請。

寛平六年六月一日

以上のように、出雲・紀伊両国では国造に国家的神事が委ねられていたため、後々までその職が継承されたと考えられるのである[44]。

おわりに

延暦以降、「郡司と国造の兼任」、「郡司と神主の兼任」、「官人と神主の兼任」がそれぞれ禁止されたが、これは「公務と神事」の分掌を意図したものであった。朝廷にとって、律令神事は公務とともに重要な政策の一つであり、神主はその神事を掌る職として位置付けられたのである。

一方、国造は律令制定以降、衰退が見られ、出雲国や紀伊国などの国造が僅かに確認されるのみとなってしまう。出雲・紀伊の二国造は、律令制下において、律令神事を掌る職として位置付けられたために、明文化される存在となった。しかし、その他の国造は、律令制下においてその役割を求められず、存在はしていたものの、律令制下の職として位置付けられることはなかったため、氏族の衰退や混乱とともに姿を消していったと考えられる。

註

（1）植松穆考「大化改新以後の国造に就いて」（『浮田和民博士記念　史学論文集』六甲書房、一九四三年）。
（2）高嶋弘志「律令新国造についての一試論」（佐伯有清編『日本古代史論考』吉川弘文館、一九八〇年）。
（3）篠川賢『日本古代国造制の研究』（吉川弘文館、一九九六年）。
（4）虎尾俊哉「大化改新後の国造」（『芸林』四―四、一九五三年）、新野直吉『日本古代地方制度の研究』（吉川弘文館、一九七四年）。
（5）熊田亮介「令制下の国造について」（『日本歴史』四二二、一九八三年）。
（6）森公章「律令制下の国造に関する初歩的考察―律令国家の国造対策を中心として―」（『ヒストリア』一一四、一九八七年）。森氏は、「考課令」大弐已下条に見える朝集使の役割「所部内。見任及解代。皆須知」の『令集解』古記に「古記云、問、所部之内、答、国守以下散位以上、及以国造郡司等譜第子細知耳」とあって、国造も本来郡領や軍毅と同様、その動向を国司に把握される在地豪族であったとも指摘する。さらに、出雲・紀伊二国造の例や、阿波国造碑文の阿波国造粟凡直弟臣、『伊豆国造伊豆宿禰系譜』の伊豆国造の例などから、令制下の国造は、地方支配において、一定の役割を果たしていたと指摘した。

それに対し、篠川前掲註(3)著書は、出雲・紀伊の二国造は他の国造と同列に論じられないとし、さらに、令制下においても、旧来の国造一族が、なお地方支配の上で実質的に一定の役割を果たしたということは十分に考えられるとした上で、「その国造一族（国造氏）と、特定の個人が任ぜられる官職としての国造とは、区別して考えねばならない」とした。

(7)　篠川前掲註(3)著書。

(8)　熊田前掲註(5)論文、森前掲註(6)論文など。

(9)　『続日本紀』文武天皇二年（六九八）三月己巳条（＝筑前国宗形郡・出雲国意宇郡）、文武天皇四年二月乙酉条（上総国安房郡）、慶雲元年（七〇四）正月戊申条（伊勢国多気郡・度会郡）、養老七年（七二三）十一月丁丑条（下総国香取郡・常陸国鹿島郡・紀伊国名草郡）において、神郡の大領・少領の三等以上の親の連任が許されている。

(10)　神郡に関する先行研究は、岩橋小彌太「神戸・神郡」（『神道史叢説』吉川弘文館、一九七一年）、梅田義彦「神郡行政の特性とその変遷」（『神道の思想』二、雄山閣出版、一九七四年）、熊田亮介「律令制下伊勢神宮の経済的基盤とその特質―神郡を中心として―」（関晃教授還暦記念会編『日本古代史研究』吉川弘文館、一九八〇年）、高嶋弘志「神郡の成立とその歴史的意義」（佐伯有清編『日本古代政治史論考』吉川弘文館、一九八三年）、田中卓「伊勢神郡の成立」（『神宮の創祀と発展』田中卓著作集四、国書刊行会、一九八五年）、平野邦雄「神郡と神戸」（『大化前代政治過程の研究』吉川弘文館、一九八五年）、大関邦男「神郡について―伊勢神郡を中心に―」（『日本歴史』四七〇、一九八七年）、荒井秀規「神郡の田租をめぐって―伊勢国神郡を中心に―」（『三重―その歴史と交流』雄山閣出版、一九八九年）、有富由紀子「神郡についての基礎的考察」（『史論』四四、一九九一年）など参照。
有富氏は、神郡は中央祭祀と関連付けられた神事を中心としており、律令国家建設に着手しはじめた中央政府の新しい地方支配推進のための拠点であったと指摘する。

(11)　熊田前掲註(5)論文、森前掲註(6)論文。

(12)　新野前掲註(4)著書、磯貝正義『郡司及び采女制度の研究』（吉川弘文館、一九七八年）。

(13)　八木充『律令国家成立過程の研究』（塙書房、一九六八年）、今泉隆雄「『国造氏』の存在について」（『続日本紀研究』一六四、一九七二年）。

(14) 米田雄介「国造氏と新国造の成立」(『続日本紀研究』一六二、一九七二年)、篠川前掲註(3)著書。篠川氏は、新国造の存在そのものを否定し、名誉職的な国造を新国造と呼ぶとしても、それは大宝令制定段階では未だあらわれていないとする。

(15) 今泉隆雄「八世紀郡領の任用と出自」(『史学雑誌』八一―一二、一九七二年)は、郡司条注文によって国造氏族が郡領に任用されるのは、多くても三分の一ほどの郡であり、実態はむしろ国造氏族以外の者が任用される郡が広範に存在したために注文されたと指摘し、ほとんど実効性はなかったとする。

(16) 熊田前掲註(5)論文。

(17) 森前掲註(6)論文。

(18) 熊田前掲註(5)論文。

(19) 篠川前掲註(3)著書。

(20) これ以前にも、虎尾俊哉「大化改新後国造再論」(『弘前大学国史研究』六、一九五七年)、伊野部重一郎「郡司制の創始についての覚書」(『日本歴史』一八九、一九六四年)、今泉前掲註(15)論文、山尾幸久「国造について」(『藤澤一夫先生古稀記念　古文化論叢』藤澤一夫先生古稀記念論集刊行会、一九八三年)が指摘している。

(21) 熊田亮介「国造田について」(『新潟大学教育学部紀要』二四―二、一九八三年)。

(22) 鹿内浩胤「古記と国造田」(『日本歴史』五五九、一九九四年)。

(23) 『続日本紀』神護景雲二年(七六八)六月戊寅条。

(24) 『類聚国史』弘仁七年(八一六)六月丙辰条。

(25) 『日本書紀』持統天皇六年(六九二)三月壬午条によると、天皇が行幸した「神郡」「伊賀」「伊勢」「志摩」の国造に冠位を賜っている。これによると、伊勢では、神郡国造と伊勢国造の両者が存在していたことになる。

(26) 植松前掲註(1)論文、高嶋前掲註(2)論文、篠川前掲註(3)著書など。

(27) 『続日本紀』神護景雲二年(七六八)六月戊寅条。

(28) 『類聚三代格』天安三年(八五九)二月十六日官符「応修理鹿島神宮寺事」によると、天平勝宝年間(七四九～七五七)の鹿島神宮司は「中臣鹿島連大宗」であり、鹿島郡大領は「中臣連千徳」である。

(29)『続日本紀』大宝二年（七〇二）二月庚戌条。
(30)律令制定以前の国造が、一国全体の行政・祭祀を掌るほどの権限を、朝廷から委ねられていたかどうかは疑問である。律令制定以前は、すべての国造が絶対的な権限を有していたわけではなく、その権限・影響力は、国ごとにかなりのばらつきがあったと推測できる。
(31)譜第の国造が官人と兼任できないために衰退したことが、後世、『別聚符宣抄』延喜十四年（九一四）八月八日官符「応返進諸国雑田二千三百六十六町九段五十二歩其地子稲混合正税事」において、「欠国造田」が多数確認されることの一つの要因であると推測できる。
(32)『類聚三代格』延暦十九年（八〇〇）十二月四日官符「応停筑前国宗像郡大領兼帯宗像神主事」。宗像神主は『続日本紀』天平十年（七三八）二月丁巳条に「筑紫宗形神主」と記載されている。
(33)『続日本紀』天平元年（七二九）四月乙丑（五日）条。ここでは「筑前国宗形郡大領」「宗形朝臣鳥麻呂」と記載。
(34)宗像神社と宗像氏との関係について論じたものには、森公章「王臣家と郡司―筑前国宗像郡の郡領宗像朝臣氏を例として―」（『日本歴史』六五一、二〇〇二年）参照。
(35)『類聚三代格』天安三年（八五九）二月十六日官符「応修理鹿島神宮寺事」。
(36)『類聚三代格』延暦十七年（七九八）十月十一日官符「禁出雲国造託神事多娶百姓女子為妾事」では、「国造は神主を兼ねる」とあるから、出雲国造は神主の性格を強く有していたと考えてよいであろう。
(37)篠川賢（『日本古代国造制の研究』吉川弘文館、一九九六年）は、出雲国造と服属儀礼とを密接に結びつけているが、そもそも、「神祇令」には、「出雲国造斎神」は「天神」に規定されており、出雲国造も系譜上は天照大神の子神の天穂日命の末裔である。出雲族の末裔に位置付けられない出雲国造の神賀詞を、天皇への服属儀礼と結びつけることには、根本的な矛盾がある。
(38)『続日本紀』大宝二年（七〇二）四月庚戌条。
(39)『類聚国史』「国造」延暦十七年（七九八）三月丙申（十六日）条で郡司の譜第が禁止されたということは、それ以前の天平七年の時点では、郡司は譜第の職であった。
(40)『続日本紀』霊亀二年（七一六）二月丁巳条。
(41)『続日本紀』霊亀二年（七一六）二月丁巳条、『同』神亀三年（七二六）二月辛亥条、『同』天平勝宝二年（七五〇）二月癸亥条、

『同』神護景雲元年（七六七）二月甲午条、『同』神護景雲二年二月庚辰条、『同』延暦四年（七八五）二月癸未条、『同』延暦五年二月己巳条など。

(42)『類聚国史』延暦二十年（八〇一）閏正月庚辰条。

(43)『続日本紀』天平十年（七三八）二月丁巳条では神主と出雲国造が並列して記載されているが、これも、天平年間から出雲国造が神主と同様の職と見なされていたことを示していると思われる。このように、奈良時代からその職掌がある程度明確だったために、出雲国造はその存在意義を認められたのであろう。

(44)出雲国造・紀伊国造は、終身で譜第という、神宮司・神主と同じ性格の職として位置付けられたと考えられる。

第四章　奈良時代の神位の性格

はじめに

古代の神祇に関する研究は、諸先学により詳細な研究がなされてきた。

戦後、岡田精司氏が提示したイデオロギー論[1]は当時の世論を背景に支持され、神祇研究は神祇統制論が中心になった。岡田氏は、班幣制度の「班」の字に注目し、「班」の字が使われていることは、神が天皇・朝廷に支配・統制されるべき存在であると論じた。こうした国家イデオロギーの面から神祇政策を捉える研究は、それまでの敬神観念中心の神道史研究を変化させた[2]。

ところが、「神祇令」全二〇条を見てみると、国家が関与する神事や、即位儀礼の規定など、祭祀についての規定ばかりであり、神・神社を統制する定めはほぼない。それに対し、「僧尼令」全二七条は、その大部分が僧尼の行動を規制するものである。仏寺が統制されるべき対象なのに対し、神々は祭る対象であり、統制される対象ではなかったことを示している。

「神祇」とは祭祀の対象であり、「祭祀」とは共同体の安寧を願う儀礼である。「共同体」にはムラ・氏などに加えて律令国家も含まれる。律令国家祭祀とは、共同体（＝国家）を保全するための行政の一環である。そして、律令国家祭祀において最も重要なのは、幣帛や神饌などの奉献品を献ずることである。『延喜式』にも幣帛について詳細に規定されているし、大嘗祭でも重儀は御饌を供することとされている。

本章では、律令祭祀の構造における「奉献品」について、奈良時代の神階奉授を中心に考察する。

一　神階奉授の先行研究

神階に関する研究は、(3)従来、九世紀の同時叙位の問題か、(4)地方の神階奉授の研究(5)に集中し、奈良時代の神階を中心に論じた研究は比較的少ない。そうした数少ない研究の中で、林陸朗氏は「奈良時代は神の位階が一般化していなかった」と指摘した。(6)上田正昭氏は、「神階奉授の前提には、仏教が優位となった律令国家のありようが照射されており、神も仏法を擁護する「護法善神」の神とされて、「人神」観がますます具体化してきた様相があった」と論じた。(7)三宅和朗氏は、神階を官社内の序列化の手段であると捉えたが、(8)巳波利江子氏は、神階と官社との相関関係はないとする論を支持し、神階を官社制度の「副次的産物」と指摘した。(9)小倉慈司氏は、「初期の神階授与に伴っていた位階相当の食封・位田の給与」があったと指摘している。(10)

これらの研究を概観してみると、およそ三つの疑問が残る。第一は、神階奉授が官社内の序列の目的で行われたとするならば、何故、当初から畿内を中心として全国的に行われなかったのかという点である。第二は、神階奉授は、果たして本当に人神や人格神の観念と深いつながりがあったのかという点である。そして第三は、これは前述の諸研究とは直接関係ないが、神階奉授が北陸道に多く見られるのは何故かという点である。次に挙げた奈良時代の神階奉授の事例は二〇あるが、このうち、北陸道における神階奉授の事例は八つである（1・4・5・7・12・18・19・20）。

割合から考えれば、北陸道は、神階奉授が行われた比率が高いと考えねばならないだろう。

以上の三点を中心に、奉授の理由を視野に含め、奈良時代の神階について考察していきたい。

1　『新抄格勅符抄』「神事諸家封戸　大同元年牒」（越前国）
気比神　二百卌四戸　越前国天平三年十二月十日符従三位料二百戸 神護元年九月七日符廿二戸　十戸　廿二戸

2　『続日本紀』天平勝宝元年（七四九）十二月丁亥条（豊前国）
八幡大神禰宜尼大神朝臣杜女其輿紫色。一同乗輿。拝東大寺。天皇。太上天皇。皇太后。同亦行幸。是日。百官及諸氏人等咸会於寺。請僧五千礼仏読経。作大唐渤海呉楽。五節田舞。久米舞。因奉大神一品。比咩神二品。左大臣橘宿禰諸兄奉詔白神曰天皇我御命爾坐申賜止申久。去辰年河内国大県郡乃智識寺爾坐盧舎那仏遠礼奉天則朕毛欲奉造止思登毛得不為之間爾。豊前国宇佐郡爾坐広幡乃八幡大神爾申賜閉勅久。神我天神地祇乎率伊左奈比天必成奉无事立不有。銅湯乎水止成我身遠草木土爾交天障事無久奈佐牟止勅賜奈我良成奴礼波歓美貴美奈毛念食須。然猶止事不得為天恐家礼登毛御冠献事乎恐无恐美毛申賜久止申。尼杜女授従四位下。主神大神朝臣田麻呂外従五位下。施東大寺封四千戸。奴百人。婢百人。又預造東大寺人。随労叙位有差。

3　『続日本紀』天平神護二年（七六六）四月甲辰条（伊予国）
伊予国神野郡伊曽乃神。越智郡大山積神並授従四位下。充神戸各五烟。久米郡伊予神。野間郡野間神並授従五位下。神戸各二烟。

4　『続日本紀』宝亀二年（七七一）十月戊辰条（越前国）
詔充越前国従四位下勲六等剣神食封廿戸。田二町。

5　『続日本紀』宝亀五年三月戊申条（越前国）

叙越前国丹生郡雨夜神従五位下。

6 『続日本紀』宝亀八年七月乙丑条（常陸国・下総国）

内大臣従二位藤原朝臣良継病。叙其氏神鹿島社正三位。香取神正四位上。

7 『続日本紀』宝亀十一年十二月甲辰条（越前国・越中国）

越前国丹生郡大虫神。越中国射水郡二上神。礪波郡高瀬神並叙従五位下。

8 『続日本紀』延暦元年（七八二）五月壬寅条（陸奥国）(11)

陸奥国言。祈禱鹿島神。討撥凶賊。神験非虚。望賽位封。勅奉授勲五等封二戸。

9 『続日本紀』延暦元年十月庚戌朔条（伊勢国）

叙伊勢国桑名郡多度神従五位下。

10 『続日本紀』延暦元年十一月丁酉条（大和国）

叙田村後宮今木大神従四位上。

11 『続日本紀』延暦二年十二月丁巳条（大和国）

大和国平群郡久度神叙従五位下。為官社。

12 『続日本紀』延暦三年三月丁亥条（能登国）

叙従三位気太神正三位。

13 『続日本紀』延暦三年六月辛丑条（摂津国）

叙正三位住吉神勲三等。

14 『続日本紀』延暦三年八月壬寅条（近江国）

叙近江国高島郡三尾神従五位下。

15『続日本紀』延暦三年十一月丁巳条（山城国）

遣近衛中将正四位上紀朝臣船守。叙賀茂上下二社従二位。又遣兵部大輔従五位上大中臣朝臣諸魚。叙松尾乙訓二神従五位下。以遷都也。

16『続日本紀』延暦三年十二月丙申条（摂津国）

叙住吉神従二位。

17『続日本紀』延暦五年十二月辛巳条（山城国）

叙従五位下松尾神従四位下。

18『続日本紀』延暦十年四月庚子条（越前国）

叙越前国雨夜神。大虫神並従五位下。

19『続日本紀』延暦十年四月乙巳条（越前国）

叙従五位下大虫神従四位下。同国足羽神従五位下。

20『続日本紀』延暦十年九月甲子条（佐渡国）

叙佐渡国物部天神従五位下。

二　神階奉授の性格

まず、奈良時代の神階が、神や神社の序列化を目的にしているか否かという疑問点であるが、畿内の神階奉授の事例が延暦年間に入ってからということや、全国的にも、神階奉授の例が少ないことなどを考えると、官社内の序列化を目的としたものとは考えにくい。

それでは、官社内の序列を目的としないのであれば、何故、神祇に位階が奉られたのであろうか。先の二〇の事例のうち、奉授の理由が明示されているものから考えてみたい。

まず6では、藤原良継が病になったために、藤原氏の氏神である鹿島社・香取神に正三位と正四位上をそれぞれ叙している。[12]

8では、凶賊の討伐を鹿島神に祈禱したところ、「神験虚しきにあらず」を理由に、陸奥国が位封によってむくいることを申請したところ、勲五等封二戸が奉授された。陸奥国は鹿島神との関係が密接な国である。鹿島神の神賤が東征に参加したり[13]、常陸国の鹿島神の封物から、苗裔神である陸奥国の鹿島神社の幣帛料が出されていたことから[14]、それが窺える。延暦二十年（八〇一）には征夷将軍が「陸奥国の三神」の霊験を奏上したことによって加階されている。[15]

また、平安時代の事例にはなるが、大同元年（八〇六）には、遣唐使の航海安全を祈願して摂津国住吉郡の住吉大神に従一位が奉じられている。[16]

右の鹿島神・香取神・陸奥鹿島神・住吉神の神階奉授の事例を見ると、神の霊験を求めて奉る奉献品、または、神の霊験に対する報賽としての奉献品として位階が奉じられていることが確認できる。

当時の律令官人にとって、位階が重要なものであったことを考えれば、その重要なものである位階を「優れたもの」として神に奉ったと考えられる。そこには序列化の手段という意識ではなく、他の様々な献物と同様に、「奉献品」という性格を強く読み取ることができる。神階を序列化の手段ではなく奉献品と考えるならば、幣帛と同様であり、「人神」観が具体化した特別な根拠とは言えないだろう。

ところで、先に、住吉神に遣唐使の航海安全を祈願するために神位が奉じられた事例に触れたが、このほかにも、神位が、航海安全の祈願に奉じられる事例がいくつか見られる。

次の史料は、船霊に位階が授けられたものである。

・『続日本紀』天平宝字七年（七六三）八月壬午条

初遣高麗国船。名曰能登。帰朝之日。風波暴急。漂蕩海中。祈曰。幸頼船霊。平安到国。必請朝庭。酬以錦冠。至是縁於宿禱。授従五位下。其冠製錦表絁裏。以紫組為纓。

（「能登」と名付けられた船が海上で嵐に遭った際、その船霊に、国に帰れたら錦冠をもって酬いるとして船の無事を祈った。無事に船が国に帰りつくと、宿禱に縁って、その船霊に従五位下を授けた。冠は、表は錦、裏は絁でつくられており、纓は紫組である）

船霊に位階を授けることを序列化の手段と捉えるのは無理があるから、先述した鹿島神の神験に対して位封を賽す事例と同様、船霊に対して従五位下の位階と錦製の冠を奉献品として授けたと考えられよう。

奈良時代において船霊に位階を授ける事例はほかにもあり、『続日本紀』慶雲三年（七〇六）二月丙辰条によれば、「入唐執節使」が乗る船を「佐伯」と名付けて従五位下を授けているし、『続日本紀』天平宝字二年三月丁未条では、「入唐使」が乗る船を「播磨」「速鳥」と名付け、それぞれに従五位下を叙している。これら船霊に対する位階も、支配や序列を目的としたものではなく、奉献が主目的と考えられる。

また、宝亀九年（七七八）に、遣唐使船が甑島郡に流れ着いたときに「主神津守宿禰国麻呂」が同乗していたとあるのは(17)、船霊を祭るためであったろう。

船に船霊を乗せることは古くからの習慣と考えられる。『日本書紀』には、神功皇后が朝鮮半島に出兵する際、天照大神の和魂が王船鎮となり、荒魂が先鋒となり、住吉神も出兵に従っている記述がある。古代の風習が反映された場面と考えられよう。

航海安全に関しては、船に位階を授けるほかにも、古くから、遣唐船の航海安全を祈るために祭祀が行われている(18)。

宗像沖ノ島の祭祀遺跡は、その出土した遺物から、四世紀後半から十世紀ごろまで、大和政権や律令国家による祭祀が行われた痕跡を示すものと考えられている。大和政権や律令国家が、宗像沖ノ島で祭祀を行った目的は、対外関係の安定や遣唐使の航海安全と考えられている。宗像大社が祀る宗像三女神は、『日本書紀』神代巻において天照大神と素戔嗚尊との誓約に出現し、瓊瓊杵尊の天孫降臨を護助する神として位置付けられている。また、宗像沖ノ島の立地は、朝鮮半島への航路の要地にある。さらに、宗像沖ノ島祭祀で国家祭祀が終焉を迎えた時期は、遣唐使の廃止が決められた時期である。これらの点から、宗像沖ノ島祭祀の目的は、遣唐使の航海安全と考えられるのである。

また、次の史料からも、遣唐使が神祇を祀り、遣唐使の航海安全のために、伊勢大神宮・畿内七道の諸社に奉幣が行われたことが知られている。

•『続日本紀』養老元年（七一七）二月壬申朔条

遣唐使祠神祇於蓋山之南。

•『続日本紀』天平勝宝三年（七五一）四月丙辰条

遣参議左中弁従四位上石川朝臣年足等。奉幣帛於伊勢太神宮。又遣使奉幣帛於畿内七道諸社。為令遣唐使等平安也。

平安時代にも、遣唐使の航海安全の祈請がしばしば行われた。次の一連の史料は、藤原常嗣と小野篁が遣唐使となった際、航海安全のために行われたと考えられる神事である。

・『続日本後紀』承和三年（八三六）四月甲午条
頒奉幣帛五畿内七道名神。為有遣唐使事也。

・『続日本後紀』承和三年五月庚子条
授无位小野神従五位下。依遣唐副使小野朝臣篁申也。

・『続日本後紀』承和三年五月丁未条
奉授下総国香取郡従三位伊波比主命正二位。常陸国鹿島郡従二位勲一等建御賀豆智命正二位。河内国河内郡従三位勲三等天児屋根命正三位。従四位下比売神従四位上。其詔曰。皇御孫命爾坐。四所大神爾申給波久。大神等乎弥高爾弥広爾仕奉止奈毛思保志食。是以件等冠爾上献状乎。中務少輔従五位下藤原朝臣豊継。内舎人正六位下藤原朝臣千葛等爾令捧持氐。奉出事乎申給久止申。辞別氐申給久。神那我良母皇御孫之御命乎。堅磐爾常磐爾護奉幸閇奉給部。又遣唐使参議正四位下藤原朝臣常嗣乎。路間無風波之難久。慈賜比矜賜比天。平久可太良可爾帰之賜倍止。称辞竟奉久止申。

・『続日本後紀』承和四年五月丁酉条
授遣唐使第一船其号大平良従五位下。

・『続日本後紀』承和六年八月己巳条
遣神祇少副従五位下大中臣朝臣礒守。少祐正七位上大中臣朝臣禕守。奉幣帛於摂津国住吉神。越前国気比。神並祈船舶帰着。

・『続日本後紀』承和六年十月丁丑条
奉授坐下総国香取郡正二位伊波比主命。坐常陸国鹿島郡正二位勲一等建御加都智命並従一位。坐河内国河内郡正三位勲二等天児屋根命従二位。従四位上比売神正四位下。

•『続日本後紀』承和六年十二月丁巳条

奉授越前国正三位勲一等気比大神従二位。余如故。伊勢国正五位下多度大神正五位上。

承和三年四月に、遣唐使の安全のために「五畿内七道名神」に奉幣された。この承和の遣唐使節は、藤原常嗣が「遣唐使」、小野篁が「遣唐副使」であり、藤原氏や小野氏に関係した祭祀が行われ、その際に神位が奉じられたのである。

同年五月には、遣唐副使である小野篁の申請によって、小野氏の氏神である小野神に従五位下が奉じられた。また、伊波比主命・建御賀豆智命・天児屋根命・比売神にも位階が奉じられているが、これらの神が、春日社の祭神であることを考えれば、遣唐使である藤原常嗣の氏神であるための神階奉授と考えて問題ないであろう。詔にも「遣唐使参議正四位下藤原朝臣常嗣を路間に風波の難無く慈賜へと矜賜ひて、平くかたらかに帰し賜へと称辞竟え奉くと申す」とあるから、遣唐船の航海安全を祈るために、藤原氏と小野氏の氏神に神位を奉授したと考えられる。そして、遣唐使の第一船を大平良と名付け、従五位下を授けているのは、航海安全を祈るために船霊に位階を授ける先例に沿ったものであろう。

さらに、承和六年十月に、伊波比主命・建御賀豆智命・天児屋根命・比売神に神位が奉じられたのは、無事に遣唐船が帰ってきたことを、遣唐使藤原常嗣の氏神に「酬」いるためであった。同年十二月に、気比神に正三位勲一等が奉授されているのも、同年八月に摂津国住吉神と越前国気比神に船舶の帰着を祈った報賽であろう。

以上のように、航海安全に位階を奉じるのは、古代の慣例であったと考えられるが、この航海安全と位階との関係性が、北陸道の神々に位階が叙せられたことにつながっていると考えられる。

古代において、航海は危険をともなうものであったが、日本海の航海はとくに危険なものであったが、[19]渤海使が佐渡島に漂着するなど、[20]渤海との交流は、北陸道が密接であった。[21]宝亀四年、渤海使に、大宰府を経由して来朝するように申し渡したにもかかわらず、[22]対馬を目指しながらも海上で嵐に遭うと、風雨の関係などで、越前のあたりに漂着してしまうことがあった。[23]そのため、延暦二十三年には、渤海国からの使者が能登国に多くたどり着くことを認めて、客院をつくらせたのである。[24]日本と渤海との航海には、地理的な条件から、北陸道が密接な関係をもっていたのである。[25]

神の霊験を期待するために位階が奉授されたこと、航海安全のために船霊に位階を授けたこと、遣唐使の安全を祈るために神階奉授を行ったこと、日本と渤海間の航海が非常に危険をともなうものであったこと、渤海使と北陸道が密接な関係をもったこと、これらのことを併せて考えると、日本・渤海間の外交・航海安全に関して北陸道の神々に神位が奉じられたことが指摘できる。

1の天平三年（七三一）に「気比神」に位階が叙せられたのは、渤海の記事が初出した時期であることを考えると、[26]渤海への警戒をこめて、日本海側の治安の安全を目的として行われたと考えられる。[27]承和年間に、船舶の帰着に関して気比神に位階・勲位を奉じたのは、日本・渤海間の外交・航海に関して祈願された前例によるであろう。

渤海への対外防備の意識は、佐渡国の記事からも確認できる。佐渡国は、天平十五年に越後に併合され、[28]天平勝宝四年に再び分立した。[29]天平勝宝四年に、渤海国からの使者が佐渡島に漂着しており、[30]渤海と日本を結ぶ航路の一地点として佐渡国が改めて見直され、分立につながった可能性が考えられる。また、佐渡は、陸奥・出羽・大宰府と並んで、防衛上、重要な地とされていた。[31]佐渡は出羽の雄勝城に鎮兵粮を運送しており、[32]越後国とともに征夷を担う国でもあった。20の「物部天神」への神階奉授は、渤海や蝦夷に対する防衛上の要地としての性格が意識されていたこと

によるだろう。(33)

北陸道の神階奉授を航海安全や対外交渉との関係性で捉えると、3の伊予国の「伊曽乃神」「大山積神」「伊予神」「野間神」に対して行われた神階奉授も、瀬戸内海が船の交通の要所であるために、航海安全と対外交渉を目的に奉じられたと考えられる。伊予国の四神に位階が叙せられた時期は、天平宝字三年に、新羅討伐のために大宰府に行軍式をつくらせるなど、(34)日本と新羅との関係は再び悪化していた。(35)新羅との対外交渉の不安が、「伊曽乃神」「大山積神」「伊予神」「野間神」に対する神階奉授につながったと考えられる。また、対新羅以外にも、唐では安禄山の乱の影響が甚大であった。(36)朝廷としては、外交上、これを軽視することはできなかったであろう。(37)

伊予国の神々は、その地理的条件から、航海安全と対外交渉に関する霊験を国家から期待され、当時の中国大陸や朝鮮半島との外交の混乱による危機を回避することを目的に、神位が奉じられたと考えられよう。

以上、これまで、奉授理由が航海安全・対外交渉と考えられるものを中心に考察してきたが、その他の奉授理由についても考えてみたい。

2の「八幡大神」「八幡比咩神」に対する品位(38)の奉授であるが、詔の中で、「神我天神地祇を率いいざないて必ず成し奉らむ事立つに有らず。銅の湯を水と成し我身を草木土に交えて障る事無くなさむと勅賜いながら成ぬれば歓しみ貴みなも念食しめす。然猶止む事得ずして恐けれども御冠献る事を恐む恐みも申し賜わくと申す」とあるように、その理由は、東大寺造営に八幡神の護助があったことに対する奉献である。品位が奉授された天平勝宝元年の十一月に八幡大神は京に向かい、(39)迎神使が派遣されて諸国では「祓清」が行われ、(40)十二月に、宮南梨原宮に八幡神の神宮がつくられている。(41)

10・11の今木神・久度神は、平野社(42)の祭神として祀られ、平安時代に公祭化する。(43)義江明子氏も「今木大神は、和氏が渡来して以来奉じてきた神。久度・古開神は朝鮮系のカマドの神であり、いずれも桓武天皇の母たる和新笠とのゆかりによって延暦年中に平野社に祭られた」と論じ、「奈良時代末期から平安時代前期の転換期に桓武天皇の外戚神となった」と指摘した。(44) 岡田莊司氏も指摘するように、今木神と久度神は桓武天皇の外戚神である。延暦年間に入り、桓武天皇の外戚神である今木神・久度神は、国家祭祀の対象にもなり、天皇のみならず国家の平安を目的とする祭祀が行われ、そのなかで神位が叙せられたのであろう。

15の「賀茂上下二社」「松尾神」「乙訓神」への「加階」は、「遷都を以て」とあるように、新しい都の平安を願うものである。延暦十三年には、「鴨・松尾神」が「近郡を以て加階」されているが、(45) こちらも同様であろう。

12・13・16の「気多神」と「住吉神」は、延暦三年には、すでに気多神が従三位、住吉神が正三位になっていた。この二神はいったいどの時期に神階奉授がなされたのであろうか。

•『続日本紀』宝亀元年八月辛卯条

遣神祇員外少史正七位上中臣葛野連飯麻呂。奉幣帛於越前国気比神。能登国気多神。使雅楽頭従五位下伊刀王受神教於住吉神。

宝亀元年に、気比神・気多神に幣帛が奉られ、住吉神から神教を受けている。「気比神」「気多神」「住吉神」すべてに位階が奉じられていることを考えると、この三神は同じような時期に位階が奉られていたと推測される。(46)

以上、奈良時代の神階奉授の事由について考察を加えた。それによれば、神位は「奉献品」という性格が明らかであり、とくに、外交交渉や航海安全との関係性が顕著であった。

三　平安時代の神階奉授

『続日本後紀』では、神位に関する記事で、「余如故」や「无位」といった記述が頻出する。「余如故」は、除目記事の「如故」に対応する。例えば、二荒神が従五位上勲四等から正五位下に昇叙して「余如故」と記述されているのは、[47] 位階のみが上がって勲位はそのままという意味である。このことは、官人の除目の表現が、神階奉授においても用いられ、神位が広く奉じられるようになったことを示している。「无位」という記述も同様で、「无位」ということは、神位が奉じられた神が増加し、神位が一般化したために、位階が奉じられていない神に対して「无位」という表現が用いられたのである。

以上の点から、承和年間（八三四～八四八）には、位階が奉じられた神祇が増加し、神位が一般化しつつあった状況を確認できる。承和十二年には、丹波国・但馬国・美濃国の国司の申請によって、「出雲神」「出石神」「養父神」「粟鹿神」「伊奈波神」に従五位上が奉じられており、[48] 国司の申請によって神位が奉じられる形態を指摘できる。奈良時代の神位は、その事由に鑑みると、主に朝廷の祈願に対して奉じられたものが多い。しかし、奈良時代から、国司や陸奥鎮守府による預官社の申請が行われていたことを考えると、[49] 国司の申請による奉授形態の事例も、早い時期に求められるべきであろう。国司の申請による奉授形態は、神位が広く奉じられるようになった承和年間から一般化したと考えられる。

そして、嘉祥年間ごろからは、神階奉授が神社の序列化にかかわってくるようになる。

次の史料は、嘉祥の一斉奉授を記したものであるが、嘉祥三年（八五〇）と翌仁寿元年に、官社であるか否かにかかわらず、有位の神には一階を進め、無位の神には正六位上が奉じられた。

・『類聚三代格』巻一　神叙位幷託宣事

太政官符

応国内諸神不論有位無位叙正六位上事

右太政官去年十二月廿八日下五畿内七道諸国符偁。右大臣宣。奉勅。特有所思。天下大小諸神。或本預官社。或未載公簿。有位更増一階。無位新叙六位。唯大社幷名神雖云無位奉授従五位下者。而今推量。六位之中其階有四。至于奉行必応有疑。宜除奉授従五位之外。不論有位無位共叙正六位上。

嘉祥四年正月廿七日

「大社幷名神は無位であっても従五位下を奉じる」とあるから、国家が名神を重視していることが、神位の差にも反映されている。

嘉祥の一斉奉授により、全国すべての神祇に神位が奉じられたことになるのだが、斉衡年間になると、神位の高低を基準とした政策がとられる。

・『類聚三代格』巻一　神宮司神主禰宜事

太政官符

応以女為禰宜事

右撰格所起請偁。太政官去天長二年十二月廿六日符偁。承前之例。諸国小社。或置祝無禰宜。或禰宜祝並置。旧例紛謬准拠無定。加以或国独置女祝永主其祭。左大臣宣。自今以後。禰宜祝並置社者。以女為禰宜。但先置者。令終其身者。諸国依格遵来年久。而太政官斉衡三年四月二日符偁。得神祇官解偁。検案内。住吉。平岡。鹿島。

香取等神主幷祝禰宜皆是把笏。自余神社未預此例。祭祀之日拱手従事。望請。三位已上神社神主幷祝禰宜等。同預把笏以増神威。謹請官裁者。右大臣宣。奉勅。入色者依請。白丁者不在此限者。如今諸国神社其数巨多。国司偏称霊験。請増爵位。二三年間或叙三位以上。因茲諸国雑色人等。皆補禰宜祝莫非把笏。差使乏人職此之由。熟尋物情。諸社有祝専主祭事。至于禰宜有職無務。伏望。除非先置社之外。新叙三位已上神社禰宜。依天長二年十二月廿六日符。停把笏以女補任。然則於公有益。於社無損者。中納言兼左近衛大将従三位藤原朝臣基経宣。奉勅。依請。

貞観十年六月廿八日

右官符所収の斉衡三年（八五六）符には、次のようにある。

〈神祇官解によれば、住吉・平岡・鹿島・香取などの神主・祝・禰宜は把笏しているが、他の神社は〈把笏が〉許されておらず、祭祀の日は、手を拱く〈作法で〉奉仕しているとし、三位以上の〈神位が奉じられている〉神社の神主・祝・禰宜に把笏を許可し、神威を増すことを請うている。右大臣が宣すに、入色の者は申請の通りにし〈＝三位以上の神社の神職には把笏を許す〉、白丁の者は〈把笏の〉対象としない〉

把笏は公的な儀式において許可されるものであるから、把笏の許可された神職の祭祀は、公的なものとして位置付けられる。その把笏の基準に、神位が用いられたのである。先に論じたように、神位は「奉献品」としての性格から始まったが、神階奉授が広く行われるに従い、位階がもつ「序列化」という性格があらわれるようになった。

こうした国家による政策が諸国にも浸透していき、諸国でも神社の格付けと神位との関連が見られるようになる。先述したように、神位は国司の申請によって奉じられるようになるから、国によっては、国司行政として神位を序列化の手段としたケースもあった。国司行政は国ごとのものであるから、国ごとに、神階奉授の特徴が見られたのである。

それでは、国ごとの特徴を、次にいくつか取り上げてみたい。

［肥前国］

肥前国では、一神が単独で受けるのではなく、何神かまとまって奉授されているが、これは、国司が、神階奉授の申請をまとめて上奏し、それによって複数の神位が奉じられたと考えられる。名神である田島神が肥前国内では最も高い位階であり、その一段低い位階に他の官社の三神、そのまた一段低い位階に非官社と、規則的に奉授されている。これは、肥前国では国家祭祀と国司祭祀がリンクしており、それが神位の高さに反映されていたと考えられる。田島神は元慶八年（八八四）までに正四位上に昇叙している。(50) 田島神は、海路に関して霊験を求められた神祇であったと考えられ、その霊験は国家からも古く信仰され、神封一六戸が充てられている。(51)

また肥前国では、甘南備神が特筆できる。貞観十二年（八七〇）正月に正六位上から従五位下を奉じられているが、(52) その同年二月に、対新羅の告文をもった勅使が甘南備神へ派遣されている。(53) このときに勅使が派遣されたのは、甘南備神のほか、八幡大菩薩宮・香椎廟・宗像大神である。八幡神・香椎廟・宗像神は国史に頻出し、対新羅に関して霊験を求められている神祇であって、勅使の派遣は妥当なものであろうが、肥前国甘南備神は官社ではなく、貞観十二年が国史の初出である。対新羅に関して、甘南備神に勅使が派遣された理由としては、告文には「被叙位牟止願太万布止言上多利」としか記載がないが、おそらく卜占の結果を受けた朝議の判断であろう。

［肥後国］

肥後国は、ほぼ健磐龍命神と阿蘇比咩神への奉授で占められる。これは神階奉授だけに留まらず、肥後国内の神祇行政の方針と考えられる。

健磐龍命神は、承和七年に疋野神が官社になるまでは、肥後国で唯一の官社であった。[54] 健磐龍命神の神階奉授の特徴としては、「神霊池」に関連して昇叙している点である。この神霊池は、「肥後国阿蘇郡山上」にあり、[55] 旱澇に遭っても水量が変化しないところから、[56] 古くから信仰の対象になっていた。国史にも、「健磐龍命神霊池」と記載があり、[57] 健磐龍命神と神霊池の信仰は不可分であった。この神霊池に異常があるたびに、国家は、寺で読経させ、勅使を「伊勢太神宮」「八幡大菩薩」や山陵に派遣している。健磐龍命神と神霊池への信仰が不可分であり、神霊池が怪異を示すたびに奉幣や読経などの対応がなされれば、それに併せて、健磐龍命神への意識も高まり、神階奉授・神主の把笏[58]・神封奉充[59]につながったものと考えられる。

阿蘇比咩神は、官社に預かる以前の仁寿二年には従四位下を奉授され、[60] 貞観年間には従三位まで昇叙している。[61] [62] 健磐龍命神と阿蘇比咩神への神階奉授は、肥後国の神祇政策が反映されたというよりは、国家の主導によるものと考えられる。

〔美作国〕

美作国は、官社の数よりも神位を奉じられた神祇の数のほうが多い。

貞観六年には、大庭郡の七神と苫東郡の高野神・前社神の全九神に一斉に神位が奉じられている。[63] 大庭郡はさほど豊かな土地ではないが、[64] 官社と神位が奉じられた神祇が多い郡である。「郡司→国司→朝廷」といった申請のシステムが整っていたと考えられる。

中山神は、正三位にまで昇叙する神祇であるが、官社に預かったのは比較的遅く、貞観六年である(65)。貞観二年の奉授(66)の時点では、官社でなかったにもかかわらず従四位下であり、美作国内では中山神が最も位階が高い。これは、国家祭祀よりも、在地祭祀や国司祭祀において霊験を求められた神祇であったと考えられる。中山神を吉備国の信仰と関係付ける研究も見られるが(67)、和銅六年（七一三）に美作国が備前国から分立したのは(68)、美作国の駅が山陰道の方につながっていると考えられることなどから、北（美作国）と南（備前国）とで交通の便が非常に悪く、国政が困難であったことが理由であると考えられる。そうした地理的条件を考慮すると、吉備国の信仰の影響は限定的と考えられる。

貞観五年に苫田郡が苫東郡と苫西郡とに分立した時期に(69)、中山神は貞観六年に官社に預かり、貞観七年には従四位下から従三位へ四階も昇叙している。中山神の信仰は、美作国内の行政整備に影響していたと考えられる。

［陸奥国］

陸奥国の神階奉授は比較的早い時期に多い。全国的に見ると、貞観以降に神階奉授がとくに増加するが、陸奥国の場合、貞観以前が二三件、貞観以降が一八件と、全国的な傾向と逆である。また、官社への奉授が多い(70)。

陸奥国では勲位を奉授された神祇が一一神確認でき、他国と比べてもその事例は多い。都都古和気神・石波止和気神・刈田嶺神・飯大嶋神・阿福麻水神などの神祇が、無位でありながら、勲位を奉じられているように、位階と勲位とは、ある程度区別して奉じられている。

官人の勲位は時代が降るにつれてその意義が薄れると考えられるが、神の勲位もその傾向が見られる。征功に対する神階奉授の場合でも、勲位ではなく位階が奉じられる事例は、神階奉授において、位階と勲位とは明確に区別されていないことを示している。その結果として、勲位が、その意味を徐々になくしていったのは当然と言えよう。もともと官人の位階と神のそれとの根本的な違いは、官位相当の有無にある。神の位階・勲位は「奉るもの」という意識が基本であり、それに付加される序列性・栄誉性は、制度的に整っているとは言い難い。奉献の意味が強いものであったため、勲位との違いは明確にならなかったのである(71)

また、陸奥国の中では、飛び抜けて高い位階の神は存在しない。名神と官社・非官社には格差をもうけられたが、意図的に序列化を図ろうとする場合、きちんと序列分けが行われなければ、政策として意味がない。陸奥国の名神と官社の場合、四位・五位が入り混じっており、とくに名神を意識して高位を奉授したとは考え難い。貞観元年までの最高位は、石椅神の従四位下であり、少なくとも、貞観以前は、名神と神位とは制度的に結び付いていなかったと考えられる。

以上、肥前・肥後・美作・陸奥の四国の神階奉授の特徴を概観したが、名神や官社など国家制度に沿って奉じられた形態と、国内の神祇信仰に基づいて申請されたものとが確認できた。

神位が国司の申請によって奉じられることは、史料上明らかであるが、この奉授形態は、ある問題を生じることになる。先述した貞観十年官符「応以女為禰宜事」によれば、貞観十年ごろには、次のような状況にあった。

(諸国の神社の数はとても多い〈にもかかわらず〉、国司は偏って霊験を称して、爵位を増すことを申請し、二、三年の間に三位以上が叙せられることがある。このことによって、諸国では、雑色が皆、禰宜・祝に補せられ、把笏しない者はいない。人が乏しくなってしまうのはこのためである。実情によれば、諸社には祝が専らに祭事を掌っており、禰宜には職務がない)

斉衡三年符で、三位以上の神社の禰宜・祝には把笏が許されることになったが、諸国では、霊験を理由に神階奉授を申請し、短期間で三位以上に叙せられる神社が増加したのである。この事例が顕著であるのは、信濃国である。

信濃国は、持統天皇五年（六九一）に「遣使者祭龍田風神。信濃須波。水内等神」[72]にあるように、比較的早い時期に国家的祭祀が確認できる。しかし、官社と神位の関係は薄く、後世の一宮制では、一宮が諏訪大社、二宮が小野神社、三宮が穂高社であるが、こちらも神位の高さとは無関係である。

信濃で一貫しているのは、健御名方富命神への信仰の高さである。貞観元年以前、神階奉授件数は一二件であるが、そのうち一〇件が健御名方富命神と健御名方富命前八坂刀売神への奉授である。持統天皇の時代から霊験を求められていた健御名方富命神は、承和九年に無位から従五位下を奉授されたが、すでに勲八等を奉じられていた。[73]

そして、貞観二年から九年にかけて、馬背神・守達神・武水別神・会津比売神・草奈井比売神は、急激に昇叙されている。まず馬背神は、貞観二年に正六位上から従五位下を奉じられ、[74]その後およそ七年で九階を進んだ。従三位でありながら官社でないことも特徴である。また、貞観八年には、武水別神が無位から従二位を奉じられたが、官社に預かるのは翌貞観九年である。[75]会津比売神と草奈井比売神も無位から従四位下を奉じられているが、[76]官社ではない。信濃国では、数社の非官社が「特加」とも言える奉授がなされているのである。官社ではなかったことは、国家的霊験を求めたものではなく、信濃国の神祇信仰に基づいたものと考えられる。

このように、短期間で高位を奉じる状況は、朝廷側にとっては歓迎できないものであり、「国司は偏って霊験を称して、爵位を増すことを申請し、二、三年の間に三位以上が叙せられることがある」という典型例が信濃国であったと考えられる。

神位は、平安時代に入ってから、神社の序列化という性格をもったものの、国司の偏った申請によって、国家的には統制がとれたものにはならなかったのである。

ただ、上野国は、神階や一宮が制度的と言ってよいほどに整っている。これは、上野国庁は、国家祭祀制度を国内の神祇制度にも反映させたことを示している。川原秀夫氏はその論の中で[77]、高位の神祇が存在しないために、上野の神々は、律令政府にとって重視されなかったとしている。しかしながら、先述した貞観十年官符の中で、朝廷は、諸国の神祇の位階が急激に上昇していることを批判しており、「高位」=「律令政府から重視」とは一概には言えない。また、上野国には名神に預かっている神祇が三神存在しており、国家によって重視された神祇も存在する。

承和六年に貫前神・赤城神・伊賀保神は従五位下が奉じられ[78]、承和十三年にも甲波宿禰神は従五位下を奉じられた[79]。しかし、貞観元年には、貫前神が四神の中では一段抜き出た存在になった[80]。上野国の神階奉授の特徴は、貫前神・赤城神・伊賀保神・甲波宿禰神の四神が規則的に昇叙していることであり、まず貫前神、続いて赤城神と伊賀保神、そして甲波宿禰神という位階の順序ができており[81]、それが元慶年間まで続き、後の一宮制にまで反映されている[82]。また、若伊香保神は、元慶年間に急激に昇叙され、官社ではないにもかかわらず、五宮であり、神位も上野国の中では五番目に高い。

以上のように、諸国レベルでは、国内の神社の序列化に神位が寄与した事例もあったのである。

四　神職の預把笏と神階

神職制度が整う過程においては、新たに「預把笏」という施策が制度化された。

「把笏」とは、公的儀礼の場における威儀であるから、把笏が許された神職が行う祭祀は、公的性格の強いものと認識される。

承和二年（八三五）、気比神宮の禰宜・祝が把笏を許された[83]。気比神宮における神封の検校や禰宜・祝の補任などの神事は、国司の職掌の一つであったが、承和六年に、「気比大神宮の雑務」が神祇官の管轄となったことで、神封や禰宜・祝の補任などの神事全般に対する気比神宮司の権限も増大したと考えられる[84]。気比神宮司と越前国司との争論や、気比神宮司と気比神宮寺別当との争論などを見ると、神宮司の権限はかなり大きかったと思われる。承和二年の預把笏は、気比神宮の神事を神祇官の直接的な管理へ移行させる一環とも推測できる。

また賀茂神は、奈良時代から国家から霊験を期待される神であった。延暦三年（七八四）には従二位が奉授されており[85]、国家に強く意識されていた神であった。天応元年（七八一）という早い時期に禰宜・祝に把笏が許された後[86]、祝の補任記事が見られるようになる[87]。国家から強く霊験を期待された賀茂社の祭祀は、把笏によってさらに公的性格を強く付与されたのである。

神主・禰宜・祝への預把笏は、公的儀式としての威儀をもたせるものであったから[88]、把笏が許された禰宜・祝は、白丁ではありえず、位階を有する者が補任されていた。さらに、補任される氏族も定まっていた。

史料上、祝部が把笏に預かっている神社は、伊勢の大神宮を除けば、すべて三位以上である。とくに、越中国の高瀬神・二上神は、斉衡元年（八五四）三月に従三位に昇叙し[89]、同年の十二月に禰宜・祝に把笏が許されている[90]。これは、斉衡三年に、神位が三位以上の神社の祝部に把笏が許される施策による。斉衡三年に、三位以上の神社の神主・禰宜・祝に把笏が許された[91]。これによって初めて、神位に、階位が本来もつ官位相当的な要素が付加された。多くの神社から三位以上の神祇を選び、その神職に把笏を許したのであるが、この預把笏の背景としては、把笏を許すことで、その神職の威儀を整えさせ、祭祀の効力を高める目的があったと考えられる。とくに神位が三位以上の神祇は、更なる神威が期待されており、国家は、「官社」「名神」に加え「三位以上の神」という新たな基準を設けたと考えられる。

律令成立期から斉衡年間にかけて、国家は、国家祭祀の対象を徐々に分化させた。まず、国家祭祀の対象として「官社」を指定する。霊験あらたかな神祇を諸国から神祇官に報告させ、その神社に祈年祭幣帛を奉じて、その霊験を国家にも向くように意図したのである。平安時代になると、「名神」が選ばれ、平安祭祀制の核となっていく。そして、「三位以上の神」がさらに選ばれた。「把笏を以て神威を増す」とあるから、把笏によって威儀を正された儀礼は、霊験を一層発揮するものとして国家から期待された。

律令制が国内の実情に沿うかたちで整備されていく過程で、国家祭祀の対象として、官社が指定され、名神がとくに霊験の高い神として位置付けられ、さらに三位以上の神がとくに選ばれたのである。

もともと、国司は国家行政である国家祭祀にかかわるものではなかったが、平安時代以降、国司は国家的祭祀への関与を求められるようになっていく。嘉祥年間（八四八〜八五一）には、建前上、官社・非官社の別なく、すべての神に正六位上が奉じられ、名神・大社には従五位下が奉じられた(92)が、これは、国司が所管内のすべての神社を把握していることが前提である。

しかしながら、更なる神威の増大を求め、神位が三位以上の神を選び、把笏によって祭祀の威儀を整えさせようと意図した施策は失敗に終わる。国司は、国内の霊験を言い立てて神階奉授の申請をした結果、二、三年の間に三位以上に昇叙する神社が出てきてしまい、諸国では多くの禰宜・祝に把笏が許されてしまったのである。こうした事態は、神祇官が、国司による神階奉授の奏上を厳しく審査せずに許可してしまった結果である。三位以上の神祇を選定すること自体に問題があったわけではないが、中央政府と地方行政との間にしばしば見られる齟齬であったと言えよう。

三位以上の神祇の祝部に把笏を許して、祈請する神祇の神威を高めようとする政策は、国司からの神階奉授の申請過多によって失敗してしまう。朝廷も失敗の原因を国司に求めている。諸国の神社を国司に検校させることは神社行政の基本であって、国司の検校の怠慢を防ぐため、中央への報告を義務付け、細かく制度化したのだが、それでも生じたシステム上の不具合であったと言えよう。

おわりに

以上、神階奉授について、先行研究への疑問を基に考察を試みた。

神階奉授の目的は官社内の序列が目的であるとする論については、奈良時代の神階奉授は、神位が奉じられた神の絶対数が少ないことや、奉献品としての性格が強いことを明らかにし、序列化の手段でないことを指摘した。神位が奉献品であるならば、その性格は幣帛や神饌や神衣と同様であり、人神観の具体化する特別な根拠とは言えないだろう。

奈良時代の神階奉授は、律令国家による統制の目的で行われたのではなく、国家が霊験を求め、災異を除けるために神に奉じた奉献品であった。そこに見られるのは、支配イデオロギーの観念ではなく、祭祀構造における幣帛と同様の性格であった。

註

（1）　岡田精司「律令的祭祀形態の成立」（『古代王権の祭祀と神話』塙書房、一九八〇年）、同「古代における宗教統制と神祇官司」（『古代祭祀の史的研究』塙書房、一九九二年）など参照。

（2）岡田氏の論では、律令制・在地共同体の変質とともに、官社制も衰退したと捉えているが、一方、川原秀夫氏や小倉慈司氏は、律令制の変質を「浸透」と捉え、延暦期に見られる神社行政の変化を、律令制の衰退ではなく発展であると指摘した。
（3）西山徳「官社制度における神位階の問題」（『徳島大学学芸紀要（社会科学）』五、一九五五年。後に『神社と祭祀―上代神道史の研究―』〈至文堂、一九六五年〉、『増補　上代神道史の研究』〈国書刊行会、一九八三年〉に再録）、川原秀夫「神階社考」（『古代文化』四九―一二、一九九七年）など。
（4）二宮正彦「貞観元年の諸神同時叙位について」（『神道史研究』一〇―一、一九六二年。後に『古代の神社と祭祀―その構造と展開―』〈創元社［創元社学術双書］、一九八八年〉に再録）、熊谷保孝「文徳天皇朝における神祇行政―諸神同時昇叙を中心に―」（『歴史教育』一六―九、一九六八年。後に『律令国家と神祇』〈第一書房、一九八二年〉に再録）など参照。
（5）鈴木一馨「古代東北の神祇政策―官社制度と神階を中心として―」（『駒沢大学史学論集』二〇、一九九〇年）、木本秀樹「越中国雄山神の神階奉授」（『富山県立山博物館紀要』一、一九九四年）など。
（6）林陸朗「官社制度と神階」（『國學院雑誌』五四―二、一九五三年）。
（7）上田正昭「神階昇叙の背景」（『日本古代の国家と宗教』上、吉川弘文館、一九八一年）。
上田氏も、それまでの神階奉授の研究に対し、平安時代以降に関する論が多いことを指摘し、奈良時代における神階奉授に注目している。また、奈良時代と平安時代の神階奉授の時代相は、趣を異にし、宗教史上の意味合いにも違う側面があることを指摘している。さらに、神祇と仏教の習合について触れ、仏教思想が神祇信仰よりも優位に立っていたとしたとして、この神祇と仏教の差異が、神階奉授に大きく関連していたと論じる。
（8）三宅和朗「古代祝詞の変質とその史的背景」（『古代国家の神祇と祭祀』吉川弘文館、一九九五年）。
（9）巳波利江子「八・九世紀の神社行政」（『寧楽史苑』三〇、一九八一年）。従来の研究史には、神階は官社追求の手がかりとして相関関係を認める説と、神階と官社化とを同次元には考えず、相関関係を認めない説とがある。巳波氏は、官社内の格付けに触れてはいるが、官社内の序列化を、神階の「副次的産物」と指摘する。
（10）小倉慈司「八・九世紀における地方神社行政の展開」（『史学雑誌』一〇三―三、一九九四年）。
（11）『新抄格勅符抄』「神事諸家封戸　大同元年牒」には、「鹿島神　二戸陸奥国　延暦元年五月廿四日符」とあるから、「賽位封」は、常陸国の鹿島神ではなく、陸奥国の鹿島神に対するものであると考えられる。

(12)『続日本紀』では、奉授に関しては「叙」という記述が多いのが特徴である。「奉授」とするものは8のみであり、2の八幡神では「奉」が用いられる。
(13)『続日本紀』延暦七年（七八八）三月辛亥条。
(14)『類聚三代格』貞観八年（八六六）正月二十日官符「応聴奉諸神社幣帛使出入陸奥国関事」によれば、鹿島神の苗裔神は、陸奥の太平洋側の郡に多く鎮座する。これらの郡は、多賀城までの陸路・海路のうち、海路を通る郡であり、常陸国の鹿島神宮を通って多賀城に向かうルートに、苗裔神社が建てられたのであろう。
(15)『日本紀略』延暦二十一年（八〇二）正月甲子条。
(16)『日本後紀』大同元年（八〇六）四月丁巳条。
(17)『続日本紀』宝亀九年（七七八）十一月乙卯条。
(18)『続日本紀』宝亀八年（七七七）二月戊子条など。
(19)古代において航海が非常に危険であったとする史料は、日本海側に限っても、『続日本紀』天平宝字三年（七五九）十月辛亥条、『同』天平宝字七年十月乙亥条、『同』宝亀三年（七七二）九月戊戌条、『同』宝亀七年十二月乙巳条、『同』宝亀八年五月庚申条、『同』宝亀十年正月丙午条、『同』延暦五年（七八六）九月甲辰条などが挙げられる。
(20)『続日本紀』天平勝宝四年（七五二）九月丁卯条。
(21)北陸道と渤海との関係を示す史料としては、『続日本紀』天平宝字二年（七五八）九月丁亥条、『同』天平宝字六年十月丙午朔条、『同』宝亀九年（七七八）四月丙午条、『同』宝亀九年九月癸亥条などが挙げられる。
(22)『続日本紀』宝亀四年（七七三）六月戊辰条。
(23)『続日本紀』宝亀八年（七七七）正月癸酉条。
(24)『日本後紀』延暦二十三年（八〇四）六月庚午条。
(25)日本と渤海の航路に関する研究としては、上田雄「渤海使の海事史的研究」（『海軍史研究』四三、一九八六年）、新野直吉「古代環日本海外交の本能的一側面」（『政治経済史学』三二五、一九九三年）、古畑徹「渤海・日本間航路の諸問題―渤海から日本への航路を中心に―」（『古代文化』四六―八、一九九四年）、酒寄雅志「日本と渤海・靺鞨との交流―日本海・オホーツク海域圏と船―」（『境界の日本史』山川出版社、一九九七年）など参照。

(26) 渤海の史料上の初出は、『続日本紀』神亀四年（七二七）九月庚寅条。
(27) 『続日本紀』宝亀十一年（七八〇）七月戊子条では、北陸道に対して、警備の強化を命じている。航海の安全とともに、対外への防備も神階奉授の背景としてあったであろう。
(28) 『続日本紀』天平十五年（七四三）二月辛巳条。
(29) 『続日本紀』天平勝宝四年（七五二）十一月乙巳条。
(30) 『続日本紀』天平勝宝四年（七五二）九月丁卯条。
(31) 『類聚三代格』延暦十一年（七九二）六月七日勅。
(32) 『日本紀略』延暦二十一年（八〇二）正月庚午条。
(33) 『日本後紀』大同四年（八〇九）二月庚午条には、佐渡に「掾」が設置されたとあるものの、『日本三代実録』貞観七年（八六五）五月十六日丙申条では、佐渡は「雖有中下之名。不足備介掾之職。仍不入此例」の国とされており、佐渡の重要性は時代が降るにつれて薄れていったと考えられる。
(34) 『続日本紀』天平宝字三年（七五九）六月壬子条。
(35) このほかに、日本と新羅との関係が悪化していたことを示す史料としては、『続日本紀』天平宝字三年（七五九）八月己亥条、『同』天平宝字三年九月壬午条、『同』天平宝字五年正月乙未条、『同』天平宝字六年十一月庚寅条、『同』天平宝字六年十一月庚子条、『同』天平宝字六年十一月壬寅条が挙げられる。
また、この時期の日本と新羅との関係については、石母田正『日本の古代国家』（岩波書店、一九七一年）、石井正敏「初期日渤交渉における一問題」（『史学論集　対外関係と政治文化』一、塙書房、一九七四年）、申瀅植「新羅の対倭・対日関係」（『コリアナ』四―一、一九九一年）、鬼頭清明「敵・新羅・天皇制―8世紀を中心に―」（『歴史学研究』六四六、一九九三年）など参照。
(36) 『続日本紀』天平宝字五年十月辛酉条。
(37) 酒寄雅志「八世紀における日本の外交と東アジアの情勢」（『国史学』一〇三、一九八九年）、河内春人「東アジアにおける安史の乱の影響と新羅征討計画」（『日本歴史』五六一、一九九五年）は、安史の乱が新羅征討の計画を引き起こしたと論じている。
(38) 『日本書紀』天武天皇元年（六七二）壬申七月壬子条には、「高市社所居事代主神」「牟佐社所居生霊神」「村屋神」の「品」を「登進」て祠ったとある。これを「品位」とするか否かは諸説あるが、八幡神と比咩神への品位奉授や、淡路国の「伊佐奈岐命」

への「一品」、備中国の「吉備津彦命」の「二品」の奉授とは性格を異にするであろう。

吉備津彦命神は、承和十四年（八四七）に無位から従四位上を奉授されたが（『続日本後紀』承和三年十一月壬申条）、承和年間の神階奉授を確認すると、無位からの奉授は、ほとんど従五位下であり、梅宮社の祭神である酒解神が従五位上を奉授されている程度である。このことから、吉備津彦命神の奉授は「特授」とも言える待遇である。さらに、仁寿二年（八五二）には従四位上から四品を奉授され（『日本文徳天皇実録』仁寿二年二月丁巳条）、同年に封戸も奉じられている（『日本文徳天皇実録』仁寿二年八月辛酉条）。四品の奉授まで非官社であった吉備津彦命神に品位が奉授された理由は不明である。品位の奉授は、在地の信仰の強さだけが理由であるとは考えにくく、国司の申請を受けての品位の奉授ではなく、天皇か朝廷の特別な関係があったと推測される。藤原保則伝の記述を見ると、吉備国における吉備津彦命神の信仰圏の広さと深さがうかがえる（『藤原保則伝』〈続群書類従伝部〉）。『延喜式』神名帳を見ると、吉備津彦命神に関する社は備中国にしか見られないが、品位になった後、吉備津彦命神の信仰はさらに強まったと考えられ、後世、備前・備後両国でも一宮は吉備津彦神社になった。

(39)『続日本紀』天平勝宝元年（七四九）十一月己酉条。

(40)『続日本紀』天平勝宝元年（七四九）十一月甲寅条。

(41)『続日本紀』天平勝宝元年（七四九）十二月戊寅条。

(42)平野社については、今井啓一「桓武天皇御生母贈皇太后高野氏と平野神」（『芸林』八―四、一九五七年）、田中久夫「平氏の氏神について」（『史泉』二六、一九六三年）、水野正好「外来系氏族と竈の信仰」（『大阪府の歴史』二、一九七二年）、林陸朗「高野新笠をめぐって」（『折口博士記念古代研究所紀要』三、一九七七年）、松前健「平野社祭神論私見」（『宗教と社会』春秋社、一九八一年）、三橋正「賀茂・石清水・平野臨時祭について」（『平安時代の神社と祭祀』国書刊行会、一九八六年）、三宅和朗「平野祭の基礎的考察」（『史学』六六―一、一九九六年）など参照。

(43)岡田莊司「平安時代前期神社祭祀の公祭化」（『平安時代の国家と祭祀』続群書類従完成会、一九九四年）。

(44)義江明子「氏と氏神」（『日本古代の氏の構造』吉川弘文館、一九八六年）。

(45)『日本紀略』延暦十三年（七九四）十月丁卯条。

(46)気比神・気多神への奉幣と、住吉神に神教を受けたことは、称徳天皇の不予が理由であろう。この前日には、「伊勢太神宮」に幣帛と赤毛馬二疋が奉じられ、「若狭彦神」「八幡神宮」に鹿毛馬が一疋ずつ奉じられていたが（『続日本紀』宝亀元年〈七七〇〉

八月庚寅朔条）、同月癸巳に天皇は崩御した（『続日本紀』宝亀元年八月癸巳条）。
(47)『続日本後紀』承和三年（八三六）十二月丁巳条。
(48)『続日本後紀』承和十二年（八四五）七月辛酉条。
(49)『続日本紀』宝亀十一年（七八〇）十二月壬子条。
陸奥鎮守府に関しては、貞観四年（八六二）、陸奥の鎮守府に属していた神に対して、神位が奉授されている（『日本三代実録』貞観四年六月十五日壬子条）。ここでは「陸奥鎮守府正六位上石手堰神」と記述されていることから、石手堰神は、もともと陸奥鎮守府の神と見なされていた。鎮守府に属していたということは、軍功の霊験を示した神であると考えられるが、古代においては、神祇に関して、征夷将軍が霊験を奏する場合と、陸奥国庁が奏する場合とがあったことになる。官社を管理するのは国司であるが、征夷将軍・按察使・国司がそれぞれ神祇の霊験を朝廷に奏上し、神階奉授や預官社の申請をしたと考えられる。
(50)『日本三代実録』元慶八年（八八四）十二月十六日壬寅条。
(51)『新抄格勅符抄』「神事諸家封戸　大同元年牒」。
(52)『日本三代実録』貞観十二年（八七〇）正月十一日甲子条。
(53)『日本三代実録』貞観十二年（八七〇）二月十五日丁酉条。国史には「甘南備神」としか記載がないが、勅使派遣の僅か一ヵ月前に肥前国甘南備神が神位を奉授されていることを考えれば、告文を受けた甘南備神は肥前の甘南備神と比定してよいであろう。
(54)『続日本後紀』承和七年（八四〇）七月庚子条。
(55)『日本後紀』延暦十五年（七九六）七月辛亥条。
(56)『日本紀略』天長二年（八二五）四月庚辰。
(57)『続日本後紀』承和七年（八四〇）九月癸巳条。
(58) 承和十年（八四三）には神主が把笏に預かっている（『続日本後紀』承和十年六月乙丑条）。朝廷から強く意識され、おそらく肥後国内でも阿蘇山は畏怖される存在であり、このことから健磐龍命神への信仰が高まり、神主への待遇も良好であったと推測できる。そして、こうした状況が、後の一宮、さらに、阿蘇神主家の影響力の萌芽につながったものと考えられる。
(59)『日本紀略』弘仁十四年（八二三）十月壬寅条、『日本文徳天皇実録』斉衡元年（八五四）六月壬午条。
(60)『日本三代実録』貞観元年（八五九）五月十七日壬申条。

(61)『日本文徳天皇実録』仁寿二年（八五二）正月戊寅条。
(62)『日本三代実録』貞観十七年（八七五）十二月二十七日丙子条。
(63)『日本三代実録』貞観六年（八六四）八月十五日己巳条。
大庭郡の七神は、鎮座している場所も非常に近い。『作陽誌』では、大庭郡の式内社八座を、同じ布施郷に鎮座しているために、「布施神社」とも「布施八社」とも称している。しかしながら、この八社は、もともと現在の場所に鎮座していたのではなく、各郷に散らばって鎮座していたのを、現在の場所に統合したとする説もある。
(64)『日本三代実録』貞観九年（八六七）七月二十二日条。
(65)『日本三代実録』貞観六年（八六四）八月十四日戊辰条。
(66)『日本三代実録』貞観二年（八六〇）正月二十七日戊寅条。
(67)熊谷保孝「藤原良房と美作国――神階奉叙の背景」（『日本古代の神祇と政治』日東館出版、一九七七年）、同「中山神社の創始と発展」（『律令国家と神祇』第一書房、一九八二年）。
熊谷氏は美作国と藤原良房との強い結びつきを強調しているが、全国を見渡して美作国を考えた場合、貞観年間から神階奉授が多く見られることや美作国司の位階が高いことは特筆すべきことではないと考えられる。
(68)『続日本紀』和銅六年（七一三）四月乙未条。
(69)『日本三代実録』貞観五年（八六三）五月二十六日戊子条。
(70)陸奥国は、官社が百座と、全国的に見てもその数は多い。大宰府管内の国々と比べると、格段にその数は多い。しかしそれに反して、征夷に関する奉幣記事は、新羅などの対外関係で奉幣される回数に比べて、極端に少ない。陸奥国における、官社の多さと奉幣の少なさは特徴的と言えるだろう。
(71)野村忠夫「律令勲位制の基本問題―その性格と機能とを中心に―」（『律令官人制の研究』吉川弘文館、一九六七年）。
(72)『日本書紀』持統天皇五年（六九一）八月辛酉条。
(73)『続日本後紀』承和九年（八四二）五月丁未条。
(74)『日本三代実録』貞観二年（八六〇）二月五日丙戌条。
(75)『日本三代実録』貞観九年（八六七）三月二十六日丙寅条。

(76)『日本三代実録』貞観八年(八六六)六月甲戌朔条。
(77)川原秀夫「上野国における平安時代の神社行政」(『ぐんま史料研究』一六、二〇〇一年)。川原氏は、平安時代の神祇行政の中心を神階社への社殿造営と捉え、「上野国交替実録帳」の分析から、国司が国家の政策により社殿造営を重視していたことが窺えると指摘した。
(78)『続日本後紀』承和六年(八六四)六月甲申条。
(79)『続日本後紀』承和十三年(八七一)八月辛巳条。
(80)『日本三代実録』貞観元年(八五九)正月二十七日甲申条。
(81)貫前神と抜鋒神とが同一神であるのか否かの議論がなされている。岡田莊司「上野国一宮・総社と『神名帳』『神道集』」(『大倉山論集』四三、一九九八年)。
(82)『神道集』には、上野の一宮から九宮までが記されている。一宮は貫前神社、二宮は赤城神社、三宮は伊香保神社、四宮は甲波宿禰神社となっており、位階の高さの順番が反映されている。
(83)『続日本後紀』承和二年(八三五)二月戊戌条。
(84)『続日本後紀』承和六年(八三九)二月戊寅条。
(85)『続日本紀』延暦三年(七八四)十一月丁巳条。
(86)『続日本紀』天応元年(七八一)四月戊申条。
(87)『類聚国史』天長元年(八二四)四月甲午条、『同』天長元四月乙未条。
(88)野村忠夫「官人的把笏の問題—官人的身分標識の一考察—」(『律令官人制の研究』吉川弘文館、一九六七年)。
(89)『日本文徳天皇実録』斉衡元年(八五四)三月辛卯条。
(90)『日本文徳天皇実録』斉衡元年(八五四)十二月戊寅条。
(91)『日本文徳天皇実録』斉衡三年(八五六)四月甲戌条では、「諸国の三位以上の名神神社の神主・禰宜・祝」に把笏を許している。
(92)『類聚三代格』嘉祥四年(八五一)正月二十七日官符「応国内諸神不論有位無位叙正六位上事」。この後も、「無位」から神位を奉授された神祇が存在するので、嘉祥一斉奉授で漏れた神祇も多かったと考えられる。

第三部　国家祭祀と神社

第一章　律令祭祀の成立と神社

はじめに

神道の伝統的な祭祀には、日本列島の風土や歴史などが醸成した価値観が多分に反映されている。

その神道の成立をどの時期に設定するかという命題には諸説あって、それぞれ説得力をもつ。(1) その中で、島薗進氏は「朝廷は律令制度にのっとって神祇官という機関をもち、神祇官を通して伊勢神宮や諸大社、あるいは地方の官社と緊密な連携をもち、班幣・奉幣などの儀礼的実践を行なっていた。天皇の神聖な地位を語る儀礼言語や記紀神話は宗教界で一定の影響力を及ぼしていた。これらは宗教ではないのか」と述べ、神道の成立期を「古代国家神道ともよぶべき神祇祭祀体系」に求めた。(2)

また、岡田莊司氏は、神道の成立期の諸論として、

・第一説「七世紀後半・八世紀、律令祭祀制。天武持統朝成立論」
・第二説「八・九世紀、平安時代初期成立説」
・第三説「十一・十二世紀、院政期成立説」
・第四説「十五世紀、吉田神道成立期説」

以上の四説を紹介した上で、「神道の信仰体系は、古代以来の神社と祭祀とに備わって」いて、「古代律令神祇体系のなかに、神道的要素を抽出することは可能である」として、第一説を成立の基本と位置付けたのである。そして、第二説から第四説の論拠については否定するのではなく、「成立期以後に展開する神道史上の転換期」と位置付け、その重要性を強調している。(3)

筆者も、島薗・岡田両氏の述べるところに首肯する立場をとる。

ところで、日本古代の律令祭祀は、神道の成立の大きな画期であるが、大和政権の祭祀との連続性も指摘されている。とくに、考古学の分野からは、沖ノ島祭祀遺跡が四世紀後半から十世紀まで継続して行われた大和政権と律令国家の祭祀であることが指摘されるなど、その連続性が論じられている。(4)大和政権の祭祀は、大和地域の風土から生まれた価値観を基本としているのであるから、連続性を有する律令祭祀にも、その価値観が反映されていると考えることができる。大和政権の価値観を基にまとめられたものが記紀神話であるが、『日本書紀』は国家的事業として編纂されたため、律令国家祭祀の理念も反映されていると考えられよう。(5)大和政権や律令国家の祭祀構造を考察する際に、記紀神話を参照することには、ある程度の妥当性があると判断できる。

古代の史料に記載される祭祀などから、古代祭祀の社会的役割を考えるとき、その基本となるのは「共同体の保全」という点である。この「共同体の保全」という表現は、いささか漠然としているので、少し説明を加えたい。日本の古代祭祀に関係する史料には、「祈」という語が散見する。古代祭祀における祈りの構造は、「人が神に対して祭祀を行い、霊験の示現を請う」ことにあった。例えば、崇神朝のオホタタネコ伝承において、災異によって人々に生命の危機をもたらし、「国」という共同体を不安定にしたのは、大物主神である。そして、災異を鎮静化させ、安寧をもたらしたのも、同じ大物主神であった。神道的表現を用いれば、大物主神の荒魂が、祭祀によって和魂となり、共同体が保全されたことになる。オホタタネコ伝承によれば、日本古代においては、「災異＝神の怒り・神の祟り・荒魂によるもの」、「安寧＝和魂によるもの」、「利益＝神験・神の恩恵・奇魂・妙魂によるもの」と捉えた。崇神朝に災異の回避と安寧の享受を大物主神に願ったが、こうした神への願いが「祈」であり、古代祭祀の目的と本質だったと言える。そして、祭祀によって神々の力が示されることを霊験の示現または効験などと称した。

また、オホタタネコ伝承では、大物主神の神意を確認する手段として卜占が登場する。卜占による神意の確認とは、祟りの理由を知る手段であり、災異の原因を究明するための重要な作業であった。卜占は六国史を通じて頻出するが、卜占によって究明された災異の原因は、人間側にある場合も多いが、神々の一方的な理由による場合もあった。古代において、神とは善悪ではない。旱・霖・大風・疫病が人々の生活や生命の危機に直結する時代、または科学的な知識・技術・思考が乏しい時代に、社会は、神々の力を災異と利益の両面と捉え、神々へ霊験の示現を願うことで災異の回避を試みた。それは、現代から見れば非科学的ではあっても、古代では災異を回避するための合理的手段であった。日本の古代社会にとって、祭祀とは、共同体の保全のためには不可欠な作業と考えられていた。

以上の点から、古代祭祀の目的や社会的役割は、共同体の保全を神々に願うことにあったと考えることができる。この祭祀観は、少なくとも大和地域が有していたものであり、それが律令祭祀へと継承されたと考えられる。古代の共同体祭祀は、人々の生命・生活の安全を確保し、古代社会を保全するための重要な手段であって、共同体内の結束やヒエラルキーの確立、価値観の共有などは、祭祀の副産物であり、古代祭祀の第一義的な目的とは考えにくい。

古代社会は、神々の荒魂を和魂にすることを試み、災いを避け、安寧を享受し、利益を得ることを神々に願った。こうした願いが祈りであり、古代祭祀の本質であった。そして、その祭祀が行われる場の一つが神社であった。考古学の分野からは、古代の祭祀場が神社に限らないとする研究が進められているが、律令祭祀が神社を主軸にした制度であることや、「儀制令」春時祭田条の諸説が、「村ごとに在る社神」、「郷村ごとに社を立てる」と見解を述べているように、古代社会の様々な階層で「神社祭祀」が行われていたと考えて問題ないように思う。古代社会において、神社とは、共同体を保全するための重要な区域と考えられていたのである。日本の古代社会に成立した律令国家という共同体は、自らの保全のために、祭祀を法的に明文化した。そして、律令祭祀の主軸の一つに班幣祭祀を位置付け、全国の神社で国家祭祀を行ったのである。

それでは、国家は、その祭祀の場である神社を、律令制の下でどのように位置付けたのだろうか。「神祇官幣帛を祝が受け取り神社に奉献する」という班幣祭祀の流れの中で、「神社」の位置付けは不明確である。班幣祭祀に不可欠な場であり、国家維持のための重要な区域であるにもかかわらず、国家による神社の位置付けが何故不明確だったのか、この点を本章の主題とし、論を進めていきたい。

一　国家祭祀と国司祭祀

七世紀末から八世紀初頭の日本に律令制が成立すると、神事も制度化され、神祇官と神祇令が定められた(6)。神祇令には、一三種一九度の祭祀が規定され、とくに、仲春に行われる祈年祭と季夏・季冬に行われる月次祭は、「神祇官に百官が集められ、中臣が祝詞を宣告し、忌部が幣帛を班つ」ことが記されている(7)。祈年祭において、諸国の神社と祝(8)が重要な役割を果たしていたことが明確に分かるのは、次の史料が根拠になっている。

・『類聚国史』延暦十七年(七九八)九月癸丑条

定可奉祈年幣帛神社。先是。諸国祝等毎年入京。各受幣帛。而道路僻遠。往還多難。今便用当国物。

すなわち、諸国の祝が毎年入京し、祈年祭幣帛を受け取ることになっているが、往還には距離を含めて多難があるため、各国で幣帛を用意するようにし、祈年祭の幣帛を奉る神社が定められたのである。ただし、次の史料では、には、「甲斐・信濃・越中・但馬・土佐の国々の十九の神社が、祈年祭の幣帛を奉られることになり、その神名が神祇官の記録に載せられた」とあるから、祈年祭幣帛が特定の神社に奉られることは、八世紀初頭にすでに成立している。

・『続日本紀』慶雲三年（七〇六）二月庚子条

甲斐。信濃。越中。但馬。土左等国一十九社。始入祈年幣帛例。其神名具神祇官記。

延暦十七年に祈年祭幣帛を奉る神社を定めた、とするのは、この時点で、「祝が入京して祈年祭幣帛を受け取る神社」と「祝が各国で祈年祭幣帛を受け取る神社」とに区別された、ということであろう。

祈年祭幣帛を奉る神社の名簿は、神祇官に記録され、『延喜式』「神名」に詳録されることになるが、その数は二八六一社・三一三二座にのぼる。後世に「延喜式内社」と称されるこれらの神社は、延暦年間では、その数が限定的であったことが、小倉慈司氏によって論じられているが、それでも相当数の神社に祈年祭幣帛が奉られていたと考えられる(9)。『続日本紀』には、「幣社と為す」「幣社に預かる」「官社に入れる」「官社と為す」などの記載が確認できるが、これは先の慶雲三年の記事の「始入祈年幣帛例」と表記上の類似性が高いと考えられ、祈年祭幣帛が奉られる神社を「幣社」または「官社」と称したのである。

それでは、古代国家が、特定の神社を官社にする目的はどこにあったのだろうか。

『続日本紀』天平九年（七三七）八月甲寅の詔には、「其在諸国能起風雨。為国家有験神未預幣帛者。悉入供幣之例」とあって、霊験のある神々が幣帛を奉る対象となっていることから、官社化の重要な基準は、「霊験の示現の有無」にあったと言える。官社化においては、神験または霊験は「国家の為に」示現されることが重要とされており、効験による官社化の記事は六国史に散見される。

国家祭祀の構造は、「国家が祈願主となって祭祀を行い、国家に対する神験の示現を願う」ものである。そして、班幣祭祀成立の理念は、天平九年の詔に「諸国に在りて能く風雨を起こし、国家の為に験有る神」を「悉く供幣の例に入れしめよ」とあるがごとく、「諸国の神社とその祭神に対して祭祀を行い、その霊験が国家に示現されることを願う」というものであった。

それでは、国家祭祀の対象となった神社は、国家によってどのように扱われるのであろうか。この点について検証していきたい。

官社となった神社では、国家祭祀が行われることになる。神社で行われる儀礼などは、史料の制約上、詳細なことは分からない。しかし、祈年祭の祭祀構造としては、国家が用意した幣帛を、職員令に規定される祝が奉り、国家に向けての神験の示現を祈る、ということで諸社共通している。

神験の示現の構造を確認すると、まず、国家祭祀とは、国家に向けての神験の示現を祈るものである。「国家の為に験有る神」を「供幣の例に入れ」て行われる、いわゆる班幣祭祀も、国家が祈願主となり、諸国の神社に国家の幣帛を奉献するのである。

ところで、「職員令」の摂津職条・大宰府条・大国条を確認すると、摂津職条には、大夫の職掌として「祠社」と記されている。大宰府には「主神」がおり、「諸祭祠事」を掌っているが、「帥」の職掌にも「祠社」と記される。さらに、「国守」の職掌にも「祠社」が記される。これらの、摂津大夫・大宰帥・国守が掌る「祠社」とは何を指すのであろうか。

『令義解』では、「祠社」の解釈として「謂ふこころは、祠は百神を祭るなり。社は諸社を検校するなり。凡そ祠社と称するは、皆此例に准へよ」とあるから、それぞれの所管の神々を祭り、神社を検校することがその職掌であったと考えられる。ほかに、穴説や跡説では、祠は神社の祭祀以外のものも指すとする。これらの諸説に問題はないと思うが、大宰帥や諸国守の職掌である「祠社」が、国家祭祀とどのように対応するのか、ということに関しては不明な点が多い。「祠社」と国家祭祀との関係性は、律令祭祀成立の理念を理解する上で重要であると思われるので、「祠社」についてもう少し考察を加えたい。

まずは、国司と神事に関して、次の二つの史料から考察する。

・『続日本紀』神亀二年（七二五）七月戊戌条

詔七道諸国。除冤祈祥。必憑幽冥。敬神尊仏。清浄為先。今聞。諸国神祇社内。多有穢臭。及放雑畜。敬神之礼。豈如是乎。宜国司長官自執幣帛。慎致清掃。常為歳事。又諸寺院限。勤加掃浄。仍令僧尼読金光明経。若無此経者。便転最勝王経。令国家平安也。

右の詔によると、諸国の多くの神社では、清浄が保たれていないとして、「国司長官」に対し、祭祀や清掃を命じている。

また、次の勅では、国司に対し、管轄する国内の政治について行政指導を行っている。

・『類聚三代格』巻八　農桑事

勅。夫農者天下之本也。吏者民之父母也。勧課農桑令有常制。比来諸国頻年不登。匪唯天道乖宜。抑亦人事怠慢。宜令天下勤事農桑。仍択差国司恪勤尤異者一人。幷郡司及民中良謹有誠者郡別一人。専当其事。録名申上。先以粛敬禱祀境内有験神祇。次以存心勧課部下百姓産業。若其所祈有応。所催見益。則可専当之人別有褒賞。

神護景雲元年四月廿四日

右の勅の内容は、国ごとと郡ごとで農桑事の専当を決め、その名簿を作成させ、さらに、その専当者が担当する国内・郡内においては、有験の神祇を「禱祀」させ、百姓の産業を勧課させ、その祭祀と産業に効果が見られれば、褒賞を行うというものである。国司の職掌である「勧課農桑」は、税につながるものであり、国家にとって、国司の精勤は、大きな課題の一つであった。この勅では、諸国内の行政について述べているのであるから、「粛敬を以て境内の験有る神祇に禱祀」する目的は、神験を「境内」つまり国司や郡司の所管内に示現させることを指している。

右の神亀二年詔と神護景雲元年（七六七）勅で、国司長官に励行させた祭祀とは、国司もしくは国府が祈願主となって神社に幣帛を奉り、国内に対して神験の示現を祈ることが目的の祭祀であったと考えられる。さらに、延暦年間以前は、祈年祭に国司が介在する要素は見られないから、職員令に規定された「祠社」とは、摂津大夫・大宰帥・国守が主体となって行う祭祀であり、国家祭祀とは別の祭祀であったことが指摘できる。

次に、国守の職掌である「祠社」のうち、神社の「検校」とする解釈について考えてみたい。神社の検校に関しては、神祇令に「凡神戸調庸及田租者。並充造神宮及供神調度。其税者。一准義倉。皆国司検校申送所司」とあるから、「神戸の検校」については国司の職掌内と考えられる。ただし、『新抄格勅符抄』や六国史などを確認しても、神戸が充てられた神社の数は限定的である。先の神亀二年の詔では、国司は祭祀とともに清掃も督励されているが、ここで督励された祭祀が国司祭祀であるならば、清掃の対象も国司祭祀の対象社と考えられる。つまり、国守の職掌である「祠社」のうち、祭祀が国司祭祀を指すのであれば、検校の対象も国司祭祀の対象神社と考えられるだろう。

さらに、国司祭祀の対象神社が官社と連動していたのか、という問題が、国家祭祀と国司祭祀が連動していたか否か、という問題にもつながるので、この点について考えてみたい。

・『続日本後紀』嘉祥元年（八四八）七月甲申条
因幡国法美郡无位宇倍神奉授従五位下。即預官社。以国府西有失火。随風飛至。府舎将燔。国司祈請。登時風輟火滅。霊験明白也。

右は、因幡国法美郡の宇倍神は、霊験が明白であるという理由で従五位下が奉授され、官社となり、班幣祭祀の対象となった。その霊験の内容は、失火によって国府に迫る災いが、国司の祈請によってたちどころに消えた、という記事である。

このときの国司の祈請は、緊急時のものであるが、因幡国司による宇倍神への祭祀は、常祀の形態でも行われており、それに加えて必要時に臨時の祭祀が行われていたと推測できる。嘉祥年間まで、宇倍神に対する因幡国司祭祀が行われた一方で、国家祭祀が行われていなかったのは、国司祭祀と国家祭祀とが必ずしも連動していなかったことを示している。

この点は郡司祭祀との関係性においても同様である。

・『続日本後紀』承和四年（八三七）十二月庚子条
大宰府言。管豊前国田河郡香春岑神。辛国息長大姫大目命。忍骨命。豊比咩命。惣是三社。元来是石山。而上木惣無。至延暦年中。遣唐請益僧最澄躬到此山祈云。願縁神力。平得渡海。即於山下。為神造寺読経。爾来草木蓊鬱。神験如在。毎有水旱疾疫之災。郡司百姓就之祈禱。必蒙感応。年登人寿。異於他郡。望預官社。以表崇祠。許之。

（豊前国が所管する田河郡の香春岑に鎮座する辛国息長大姫大目命・忍骨命・豊比咩命の三神は、最澄の渡唐の無事などに関して神験があった。田河郡の郡司や百姓も、「水旱疾疫」の災害があれば祈禱し、必ず感応を蒙っていた。田河

郡は、豊前国の他の郡と比べて豊かであった。三神に対して崇祠の意を表明するために、官社の申請をして許された）

右によれば、田河郡が「他郡と異なり」豊かであるのは、「田河郡の郡司や在地集落が、災異があるごとに香春岑の三神に祈禱したため」とする。つまり、田河郡のみが香春岑の三神に対して祭祀を行っているから、「他郡と異なって」神験を蒙り豊かであるとされ、他郡や豊前国司は祭祀を行っていなかったのである。郡司祭祀は、郡ごとに霊験の示現を願う祭祀であり、国司祭祀・国家祭祀いずれとも連動していないことが指摘できよう。

令には、郡司の職掌として、具体的な神事の規定が載せられているわけではないが、郡司が所管の郡別祭祀を行っていたことは、ほかにも『続日本紀』の天平宝字七年（七六三）九月庚子朔条に、「勅曰。疫死多数。水旱不時。神火屢至。徒損官物。此者。国郡司等不恭於国神之咎也」とあるから、国司と同様に、郡司も所管の祭祀を行い、「疫死」「水旱」「神火」などの災異の回避を試みることが、郡司行政の一つとして求められていたと考えられる。(10)

以上の点から、律令国家・国・郡は、いずれもそれぞれの所管内の行政の一つとして祭祀を行うべきとされ、国司祭祀や郡司祭祀は、諸国・諸郡に委ねられるべきものであったと考えられよう。そして、こうした地域性が、律令国家祭祀が衰退した後に表面化していったと考えられる。

延暦十七年に祈年祭幣帛の大部分が諸国に委ねられると、国司は国家祭祀と国司祭祀とを兼掌するようになる。次の『類聚符宣抄』の断簡では、この兼掌によって生じた問題が浮き彫りになっている。

風土異令。人願不同。自今以後。可禱之状。令国言上。然後特於所言国内名神。奉幣祈請。不以一国之事掩諸国之願。如有異災遍於天下。不用此例。

弘仁十二年七月廿日　　少外記宮原宿禰村継奉

断簡のため全体像は把握できないが、国司による名神奉幣の際に、「一国の事を以て諸国の願に掩れず」とあるから、原則的に、名神奉幣は国家規模もしくは数ヵ国規模の祈願を目的とした祭祀であって、一国内に限定される祈願はふさわしくない、ということであろう。一国内に関するものであっても、「もし異災天下に遍くこと有らば、此例を用いず」とあるから、災異が広く他国に及ぶようなことであれば、名神への祈願内容に入れてもよい、と断簡からは読み取れる。

ここで問題にしているのは、名神奉幣が祈年祭班幣と同様に国司に委任された後、国司が国家祭祀と国司祭祀とを混同して行ってしまっている、という点にある。

延暦年間に始まる、国司に対する国家祭祀の義務化は、その理念と構造を変化させた。初期の国家祭祀の理念と構造は、国家が準備した幣帛を対象神社に奉献し、国家に対する霊験の示現を求めるものであった。それが延暦以降は、諸国が準備した幣帛を対象神社に奉献し、国家に対する霊験の示現を求める祭祀となった。もともと祈年祭班幣は、国家という祈願主と神社との直接的な構造であったものが、その多くは国家と神社との間に諸国が介在する祭祀になったのである。

国家祭祀である名神奉幣も、本来は、国家が名神社に対して幣帛を奉献する祭祀であったが、すでに弘仁年間には、その実施が諸国に委ねられており、その結果、国家祭祀と国司祭祀の混同が生じたのである。原則的に、国司の神事における職掌は、所管する国内に関する祭祀であったが、延暦年間に、加えて国家祭祀も担うようになった。国司祭祀は、一国内に対して霊験の示現を願うことを目的としているが、国家祭祀は、国家に対して霊験の示現を願うことを目的としており、八世紀を通じて、国司・国庁は後者を担ってこなかった。延暦年間から国家祭祀が義務化されたため国司・国庁であったが、国家祭祀と国司祭祀を峻別することがなかったために、国家祭祀である名神奉幣に一国内に限定する祈願を混同させる事例が頻発したのだろう。

ところで、国家祭祀と国司祭祀とは、祈願主も目的も異なる祭祀であるが、その祭祀対象と祭祀場が共通であることは多い。例えば、因幡国法美郡の宇倍神は、国司祭祀に加え、国家祭祀が行われるようになり、豊前国田河郡の香春岑神に対しては郡司祭祀に加えて、国家祭祀が行われるようになった。国家祭祀・国司祭祀・郡司祭祀は、祈願主と目的が基本的に別個の祭祀であるから、混同して行うことは弊害が指摘されたが、祭祀の対象・祭祀場は、同一であることが問題にはなっていない。

先述した神亀二年の詔や神護景雲元年の勅は、国家が行政の一環として国司祭祀の励行を求めたのであるが、同一の神社で国家祭祀が行われたとしても、国司がその国家祭祀に関与する義務はなかった。ところが延暦年間以降、諸国にとって、国家祭祀が意識すべき祭祀になるに伴い、その対象神社も国家祭祀の場として意識されるようになる。そして、諸国においては、国家祭祀への意識の高まりが、神階や官社などの国家的社格への意識を高めたと考えられる。九世紀に神階社や官社が増加するのは[11]、主に国司祭祀を意識していた諸国が、延暦年間に国家祭祀が義務化されることで、国家的社格への意識を高めていったことが理由として考えられよう。さらに、名神は国家祭祀において重要な神社となり、諸国においても、国司祭祀における優勢な神社として再確認され、これが中世一宮にも反映されたと考えられる[12]。

延暦年間にその多くが国司に委任された祈年祭班幣であるが、神社という祭祀場そのものは変わっていない。八世紀から九世紀にかけて、国家祭祀の主軸が班幣祭祀から奉幣祭祀へと移行していったように、国家祭祀は様々に変容するが、祭祀の場は神社でありつづけたのである。国家祭祀の場として不可欠な存在としてありつづけた神社は、律令制の下でどのように位置付けられていたのか、この点について次節で考察を試みたい。

二　律令制下の神社

神社が、神が常在する場であったのか、降臨する場であったのかは、議論が分かれるところであるが、八世紀には、神社建物の修造が進み、神の常在が前提となって法令が出されるようになった。

神が常在する場としての神社は、氏子・在地集落などの奉斎集団が共有する場である。『正倉院文書』の宝亀年間（七七〇〜七八〇）の解には、請暇の理由として、「為私神祀奉」、「為私神祭祀」、「欲鴨大神又氏神祭奉」、「依可私氏神奉」などと記されているから、氏族祭祀が請暇の正当な理由となる事項であったことが分かるし、律令国家は氏神祭祀の執行を当然のこととしていた。[13]また、「儀制令」春時祭田条に関する諸説からは、当時、在地集落などで神社祭祀を行っていたことがうかがい知れる。こうした氏族や集落単位の奉斎集団が神社を設置し、維持・管理を行っていたと考えられる。

律令国家が成立すると、畿内政権の祭祀は国家祭祀へと展開し、「諸国の天社・国社」が国家祭祀の対象となった。[14]神社は、律令国家が班幣祭祀を規定することで、国家祭祀の舞台ともなった。次の三つの記事は、大宝年間（七〇一〜七〇四）に諸社に幣帛が頒けられた際の一連の記事であり、祈年祭の前段階と考えられている。

・『続日本紀』大宝元年十一月丙子条
始任造大幣司。以正五位下弥努王。従五位下引田朝臣尒閇為長官。

・『続日本紀』大宝二年二月庚戌条
為班大幣。馳駅追諸国々造等入京。

・『続日本紀』大宝二年三月己卯条

鎮大安殿大祓。天皇御新宮正殿斎戒。惣頒幣帛於畿内及七道諸社。

右によれば、諸国の国造が入京し、全国の諸社に幣帛が頒けられている。このとき国造が受け取った幣帛が、国造が所管する地域の神社に奉じられるものであった場合、すでに班幣の対象となる「畿内及七道諸社」の名簿が作成されていたと考えるべきだろう(15)。

班幣祭祀は、祝が幣帛を受け取って神社に奉献するものであり、国家祭祀の主軸の一つであった。班幣祭祀に欠かせない事項として挙げられるのは、「神祇官幣帛」「祝」そして「神社」である。「幣帛」は国家によって用意される。「祝」は令に規定されているから、法的には令制の在地神職である。一方、「神社」は、国家が管理する法的根拠が確認できない。

祝は、職員令では「祝部」と記されるが、「祭主」「賛辞者」と解釈され、国司が神戸から選ぶとされた。「六国史」『正倉院文書』『新抄格勅符抄』などから、神戸が充てられていた神社を、ある程度、知ることができるが、官社の総数と比較しても、神戸が充てられている神社数は限定的であったと言える。多くの官社は、神戸や祝の規定に対応する神社ではなかったことが確認できる。

また、班幣の対象となった神社は神祇官の名簿に記載されるが、それにともなう具体的な管理規定などは示されていない。神社が恒常的な国家祭祀の場となった後も、奉斎集団による祭祀に対しては、ほぼ言及がない。果たして、国家祭祀の場である神社を、国家はどのように位置付けようとしていたのだろうか。

律令国家による神社管理に関する規定は、「祝を通しての管理」、「神戸を通しての管理」、「神主を通しての管理」、以上の三つに分類できると考えられる。「修造」ということであれば、『続日本紀』の天平年間(七二九〜七四九)の

「使を畿内及び七道に遣して、諸の神社を造らしむ」などの記事は、『正倉院文書』に収められている天平年間の正税帳の「神社造」「改造神社」に対応しており、神社を修造するために、公費を支出したことが知られている。ただ、これは臨時的な修造であり、恒常的な神社管理を国家が求めるようになるのは、八世紀後半である。

次は、宝亀年間の神社管理に関する規定である。

•『類聚三代格』巻一　神社事

太政官符

督課諸祝掃修神社事

右検案内。太政官去年四月十二日下諸国符偁。掃修神社。潔斎祭事。国司一人専当検校其掃修之状。毎年申上。若有違犯。必科違勅之罪者。今改建例。更重督責。若諸社祝等不勤掃修。神社損穢。宜収其位記。差替還本。即録由状附便令申上。自今以後立為恒例。

宝亀八年三月十日

右によれば、諸社の祝が掃修をつとめず神社を損穢させた場合、国司が祝を交替させて、報告すべきことが定められている。国家は、神社管理に関して、祝を現場責任者とし、国司をその監督者に位置付けたのである。

また、次は、神社の維持・管理が祝の義務であることが明文化された記事であるが、ここで朝廷は、「有封社は神戸が修造するが、無封社は修理する人がいない」との見解を示している。

•『日本後紀』弘仁三年（八一二）五月庚申条

制。有封神社者神戸修造。於無封社無人修理。自今以後。宜令禰宜祝等修造。毎有小破。随即修作。不得延怠使致大破。国司屢加巡検。若禰宜祝等。不勤修理。令致破壊者。並従解却。其有位者即追位記。白身者決杖一百。

国吏不検閲。有致破損者。遷替之日。拘其解由。但遭風火非常等損。不堪修作者。言上聴裁。

朝廷が示した「無封社は修理する人がいない」とする見解は、「無封社における修理費用の貧弱さ」という一面も示していたと考えられ、これが九世紀初頭の新たな政策につながっている。

さらに、貞観十年（八六六）には、国家は、もともと氏神祭祀者という性格が強かった神主を、その補任・考課などを国司の職掌とするなどして、統制下に組み込み、「祈禱」と「神社修理」とを管理した。(16)

貞観十年の神主に関する規定は次のようにまとめられる。

(1)神社を「有封・無封」と「祖・裔」に分類し、「有封の祖神」の神主が「無封の裔神」の祝部を経済的に支援すべきこととした。

(2)延暦十七年（七九八）、神主の補任は「終身」から「六年相替」となり、国司が氏の中から「選点言上」する職となった。

(3)国司が選んだ以外の者を神主に任用することを禁止した。

(4)神主は無官の者から選ばれた。

(5)神主の考課は国司が行う。

(6)(1)〜(5)は、弘仁十二年に大和国、貞観十年に全国に適用された。

神主は、もともと氏族的性格の強い祭祀者であったが、国家祭祀の祭祀者として位置付けられるようになった。その神主を規定することは、国家祭祀の徹底という意味において、必要なことであった。また、神主は奉斎氏族から選ばれるのが原則であるから、国家は、神主の背景にある氏族による経済的支援によって、神社の清浄性を維持しようとした。国家は、共同体の祭祀者である神主を令制の職に位置付けることで、奉斎集団による神社の維持・管理を、間接的に義務化させようと試みた。国家的経済支援という側面をもつ神戸とその神税をもって神主が無封社を支援すべきとされたことは、神主が令制の職に位置付けられた一例である。

以上、国家による神社管理に関する政策を「祝を通しての管理」、「神戸を通しての管理」、「神主を通しての管理」という三点から見てきたが、これ以降も、祭祀の厳修や清浄の維持を神社に求めつづけたことを考えれば、これらの三つの対策が、決定的なものではなかったと言えよう。そして、これらの対策によって改善されなかった大きな理由は、次の二点に集約できよう。

①奉斎集団を法制下に組み込まなかった。

②恒常的に公費を用いなかった。

国家は、神社に対して、経済的支援の一面がある神戸や神田などを充てたが、それはあくまで一部の神社であった。国家は、神社の恒常的維持を、あくまで奉斎集団に任せた。しかし、奉斎集団は、結局、国家の支配・統制を受けなかったため、神社の維持・管理に関する問題は、根本的に解決しなかったのである。

神社という祭祀の場は、古代の共同体にとって、生存維持のために不可欠な場とされた。それは国家という共同体にとっても例外ではなかったが、神社の奉斎集団は国家による統制をほぼ受けなかった。天平年間に、神社建物の修造が公費で進んでも、その状態に変化はなかった。公費で修造された建物を含めた神社は、奉斎集団による維持・管理だったために、国家祭祀の場に汚穢があっても、神社建物が破損しても、彼ら抜きの対策では有効な手段とはならなかったのである。

また、神戸の充てられた神社が限定的であったことは、法的に経済支援を受けていた神社が限定的であったと換言でき、実際に多くの官社は、奉斎集団にその維持・管理を委ねられていた。そして、奉斎集団には神社を維持・管理する法的義務はなかったのだから、彼らの零落・解体・移動などによって神社が維持されなくなれば、その神社からは、「奉斎集団の祭祀の場」という性格が抜け落ち、「国家祭祀の場」という性格だけが残ることになる。例えば、遷都によって、奉斎集団が氏族単位で大和国から山背国へ流出したことによって、神社を取りまく環境が激変したのである。そうした神社に汚穢や破損などの問題が生じた場合、神戸・神主が設定された神社であれば、法的拘束力のある法令を下すことができるが、経済的支援を受けない多くの官社では、有効な手段を講じることは困難だったのである。

最後に、国家が、神社の維持・管理を求めた目的について言及しておきたい。

国家祭祀の場である神社の清浄性は、祟りと関連している。神々が常在する神社が汚穢や破損の状態となることで祟りが発生する可能性が、卜占によって指摘されている。しかし、当初の官社制の理念は、霊験の示現ばかりが強調されており、祟りというリスクへの言及は少ない。先述したように、古代の神観念の一側面として、災異と恩恵の両面をもたらす存在であることが記紀からうかがえるが、官社制においては、恩恵の面ばかりが強調されている。その後、国家は霊験の示現を求めるばかりではなく、祟りの回避も制度化するようになり、とくに「神社の清浄性の維持」が、大きな課題となった。国家は、神社の汚穢や破損によって祟りが発生しないように、神社の清浄性を維持することに追われつづけたのである。

おわりに

以上、律令制下における神社の性格について検討を行ってきた。

律令制下の祭祀には、国家祭祀や国司祭祀が神祇令・職員令に規定されているほか、郡司祭祀もあった。これらは、基本的に、国家・国司・郡司が、それぞれの所管の責任において行う別個の祭祀であった。

延暦年間（七八二～八〇六）に、国家祭祀である班幣祭祀が国司に委任されると、国家は、国司に対して、国家祭祀の責任を問うようになる。とくに、国家祭祀の場となる神社の維持・管理について、国司を介在とした対策をとるようになった。宝亀年間から、国家は、祝の管理を通した神社管理を意図するようになっていたが、この祝の管理を国司に担わせたのである。こうして国司は、宝亀年間（七七〇～七八〇）から延暦年間にかけて、国家祭祀とその祭場について、責任を負うようになった。

神社は、国家祭祀・国司祭祀・郡司祭祀・氏神祭祀・在地祭祀の場であった。国家は、祟りの回避のため、国家祭祀の場である神社の清浄を求めた。神社の維持・管理の問題について、国家は、八世紀から九世紀にかけて、「祝を通した神社管理」、「有封社の祖神から無封社の裔神への支援」、「神主を通した奉斎集団による神社管理」などの対策をとった。

結論から言えば、神戸を有する神社は、神戸を通して維持・管理における法的拘束を受けたが、無封社が多いという現実は、国家が公費を用いた神社管理を意図していなかった、と言える。実際に神社を維持・管理してきた氏族や在地の奉斎集団に対して、法的拘束をなしえず、さらには、公費を用いた恒常的な維持・管理を対策としてとらなかったために、神社の維持・管理に関する課題は解決されず、この後も続いていくことになる。

国家は、神社を公的には扱いながらも法制下に位置付けず、国家的規模で祟りを生じかねない「汚穢」「破損」などの問題に対して、間接的対策をとりつづけたのである。

註

（1）神道の成立期をめぐる緒論については、岡田莊司「神道とは何か」（同編『日本神道史』吉川弘文館、二〇一〇年）参照。

（2）島薗進「神道と国家神道・試論—成立への問いと歴史的展望—」（『明治聖徳記念学会紀要』復刊四三号、二〇〇六年）。

（3）岡田前掲註（1）論文。

（4）『「宗像・沖ノ島と関連遺産群」研究報告』（「宗像・沖ノ島と関連遺産群」世界遺産推進会議、二〇一一年）。

（5）歴史学的見地からの記紀神話の研究については、岡田精司「記紀神話の成立」（岩波講座『日本歴史』古代二、岩波書店、一九七五年）など。近年の研究は、佐々田悠「記紀神話と王権の祭祀」（岩波講座『日本歴史』古代二、岩波書店、二〇一四年）。

（6）神祇官に関する研究は、岡田精司「律令制祭祀の特質」（『律令制祭祀論考』塙書房、一九九一年）など。近年では、有富純也「神祇官の特質」（『日本古代国家と支配理念』東京大学出版会、二〇〇九年。初出、『ヒストリア』一八七、二〇〇三年）など。

（7）班幣祭祀については、早川庄八「律令制と天皇」（『史学雑誌』八五—三、一九七六年。後、『日本古代官僚制の研究』（岩波書店、一九八六年）所収）、渡辺晋司「大幣と官社制度」（『神道及び神道史』三一・三二合併号、一九七八年）、古川淳一「班幣祭祀の成立」（『歴史』七四、一九九〇年）など。

（8）祝に関する研究は、西宮秀紀「神祇官成立の一側面—祝・祝部を中心に—」（『続日本紀研究』一九七、一九七八年）など。また、古代神職に関する研究としては、林陸朗「上代神職制度の一考察」（『神道学』一九、一九六二年）、西宮秀紀「律令国家に於ける神祇職」（『日本史研究』二七〇、一九八五年）、山本信吉「神社修造と社司の成立」（『社寺造営の政治史』思文閣出版、二〇〇〇年）など。

（9）小倉慈司「延喜神名式『貞』『延』標柱の検討—官社の数量的変遷に関して—」（『延喜式研究』八、一九九三年）。

（10）ただし、神事は、国家・国・郡において行政の一つでありながらも、一般的な行政とは区別されており、史料上でも「神事」と「公務」として区別されている。

また、『類聚三代格』延暦十七年（七九八）三月二十九日の太政官符「応任出雲国意宇郡大領事」によれば、「昔者国造郡領職員有別。各守其任不敢違越」とあるから、国造と郡領の職はもともと別であったが、出雲国意宇郡では慶雲三年（七〇六）以降、国造と郡領とが兼職となり、「寄言神事動廃公務」とあるように、神事を理由に公務を疎かにする事態が生じてしまったことが記載されている。

同様の事態が筑前国宗像郡でも生じており、『類聚三代格』延暦十九年十二月四日の太政官符「応停筑前国宗像郡大領兼帯宗像神主事」によれば、宗像郡司と「宗像神主」とを兼職した弊害を正している。「郡司・神主は職掌、各別なり」とあるから、筑前国宗像郡でも神事を理由に公務を疎かにする事態が生じていたのである。

両官符によれば、出雲国造と出雲国意宇郡領、宗像神主と筑前国宗像郡司は、それぞれ兼職が禁じられたのである。ただし、出雲国意宇郡と筑前国宗像郡は神郡であり、両郡司が兼職していたのは、杵築大社と宗像大社の神職であった。禁じられたのは一神社の神職の兼務であり、郡の行政としての神事が、むしろ励行を求められていたことは、『続日本紀』天平宝字七年（七六三）九月庚子朔条の勅で示した通りである。

(11) 加瀬直弥「『文徳実録』・『三代実録』に見られる神階奉授の意義」（岡田莊司編『古代諸国神社神階制の研究』岩田書院、二〇〇二年）。

(12) こうした国家と諸国との双方向化は、平安朝初期における国家祭祀の変容が契機になっていると考えられる。

(13) 『類聚三代格』寛平七年（八九五）十二月三日官符「応禁止五位以上及孫王輙出畿内事」。

(14) 班幣祭祀の成立については、諸先学によって考察が進められてきているが、とくに、「何故、全国に展開したのか」、「何故、奉幣ではなく班幣という形式をとったのか」などの論点については、今後も検討されていくべき課題であろう。

(15) 出雲における出雲国造と一九〇人余の祝部は、神賀詞奏上儀礼において注目されるが、大宝年間（七〇一～七〇四）の班幣の際には、すでに「出雲国造」と「その所管する諸社」との関係が成立しており、その名簿が作成されていた可能性が高い。

(16) 『類聚三代格』貞観十年（八六六）六月二十八日官符。

第二章　古代の神社とその周縁

はじめに

本章では、律令国家祭祀の場である神社とその周縁について考察していく。

日本古代の祭祀にはいくつかの類型がある。大きく分類すれば、天皇の祭祀（天皇祭祀）、国家の祭祀（国家祭祀）、氏神や在地などの祭祀（氏神祭祀・在地祭祀）などに分けられる。この中で、国家祭祀は、奉幣型（奉幣祭祀）・班幣型（班幣祭祀）に分けられ、律令型（律令国家祭祀）・平安型（平安祭祀制祭祀）にも分けられる。さらに、同じ班幣祭祀でも、祈年祭と相嘗祭・三枝祭とでは祭祀構造が異なる。「古代祭祀」は様々に細分化できるのである。

古代祭祀の共通項を再確認すると、古代祭祀の目的は、主に祈願者の安寧を祈願するものである。例えば、天皇祭祀は天皇が祈願者となり、天皇自身や天皇が治める天下の安寧を祈願する。国家祭祀は国家が祈願者となり、国家の安寧を祈願するのである。祭祀には、祈願目的（祈雨など）・祈願者（国家など）・祭祀対象（祭神）・祭祀場（神社など）・奉献品（幣帛・神饌など）が不可欠であり、これに加えて、祭祀者（祝・神主など）の有無や儀礼の様式が異なるのである。これらを検討することにより、祭祀の由来・性格・変遷などを明確にすることができる。

氏神祭祀では、氏族が祈願者となり、氏族のための祈願が、氏族中の祭祀者によって行われる。在地祭祀では、在地集落が祈願者となり、在地集落のための祈願が、在地集落中の祭祀者によって行われる。一方、律令国家祭祀では、国家が祈願者となり、国家のための祈願が行われるのであるが、こちらは祭祀者の性格は一様ではない。国家祭祀の祭祀者の性格を二つほど例に挙げると、まず一つは、律令官人である。奉幣祭祀では、官人が派遣され幣帛を奉献する。班幣祭祀である祈年祭では、国家が準備した幣帛が祝によって官社に奉献されるが、祝は神祇官や国司に管掌される令制の在地神職であるから、国家祭祀を行う祭祀者としては不自然ではない。国家祭祀を官人が奉仕するのである。もう一つは、特定の氏族が国家祭祀の祭祀者として奉仕する、祭祀者委託型の祭祀である。祭祀者委託型祭祀の特徴は、中臣氏や忌部氏のような名負氏とは違い、本来、国家祭祀の祭祀者ではない立場の氏族に、国家祭祀を委ねるものである。これは、神社や祭神と特定氏族との関係性を重視した国家祭祀であり、三枝祭や相嘗祭が相当する。

本章では、天皇祭祀、国家祭祀、氏神祭祀、在地祭祀などの古代祭祀の構造について、祈願者、祈願目的、祭祀対象、祭祀場、奉献者、祭祀者などを確認しながら、古代祭祀について検討していく。

古代祭祀の類型を確認していく前に、古代の神社について、図を用いて確認したい。

神社には、氏族、在地村落、神戸、神郡などが付随する。この中で、氏族と在地村落は、神社の奉斎集団であり、実際に神社を支えているのはこれらの奉斎集団である。そして、祭祀者はこれらの奉斎集団から選ばれる。延暦年間（七八二～八〇六）まで、神主は、神社を奉斎する氏族内の人物が終身でつとめる職であった。神主は、もともと令に明確な規定がなく、令制では曖昧な職であり、氏族との結びつきが強いことが特徴であった。それが弘仁年間（八一〇～八二四）になると、「解由制の導入」、「官人との兼任禁止」、「国司による考の勘定」など、令制の職として明確に整備されていったのである。

また、神社には、神戸や神郡、神田など、国家による支援がある神社もあり、神戸が充てられた神社では、神戸から祝部が選定された（図10）。

祈願者は祈願対象に対して効験を願って祭祀・奉幣を行う。期待する効験が祭祀の目的である。祈願対象は、神社の祭神であるケースが多く、神社という祭祀場とも関係する（図11）。

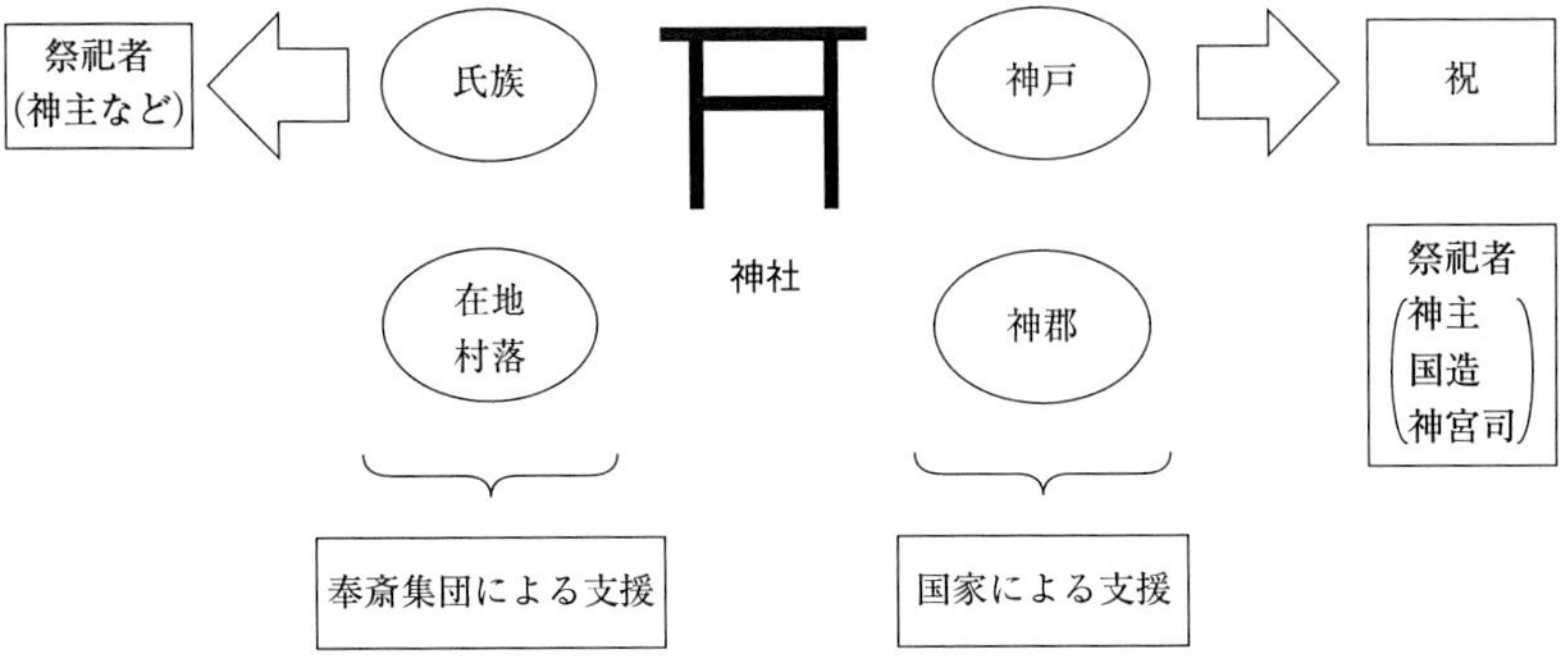

図10　神社とその周縁

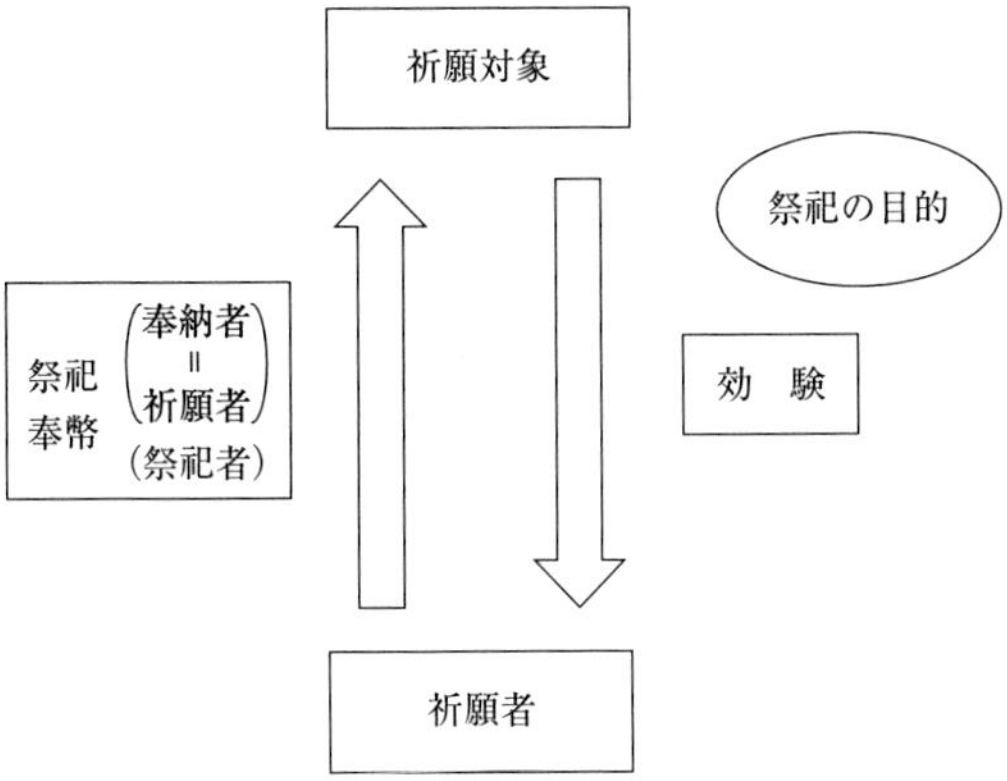

図11　古代祭祀の基本形

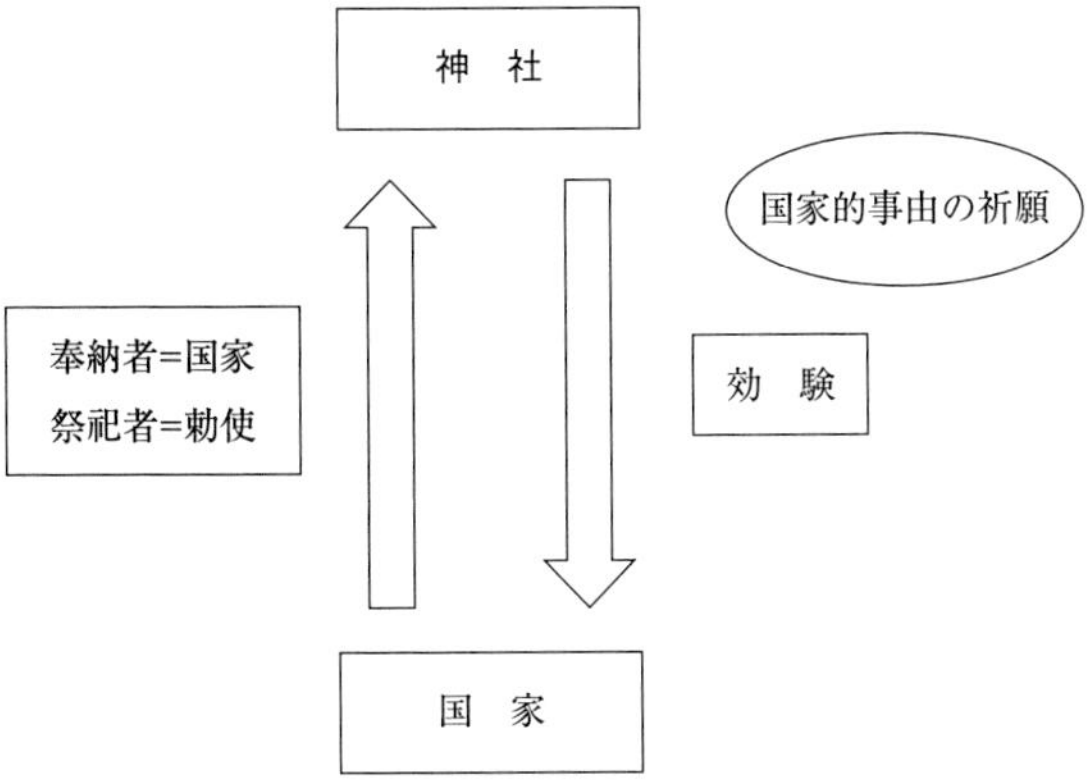

図12　遣 使 奉 幣

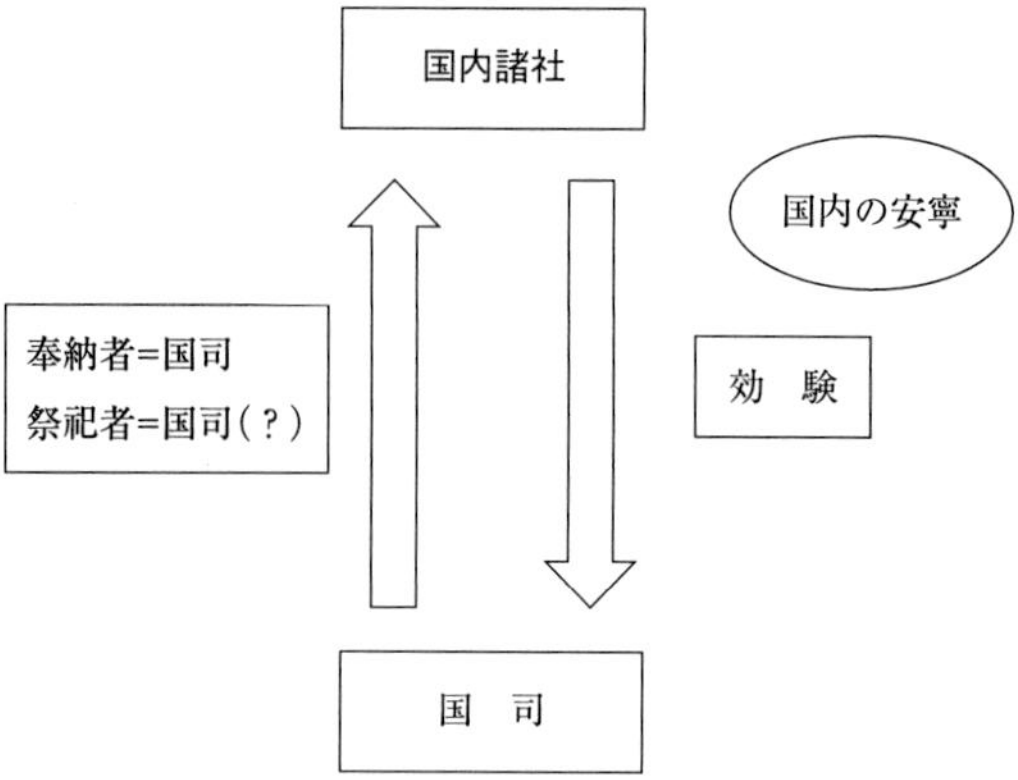

図13　国司祭祀

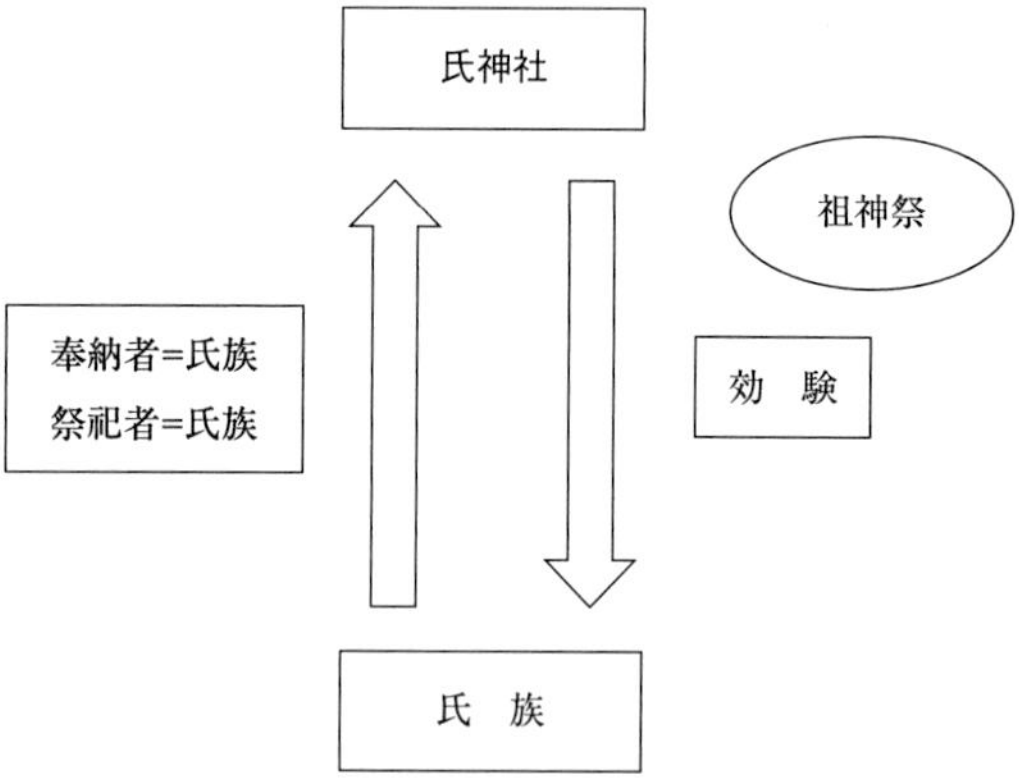

図14　氏神祭祀

国家が祈願者となり、神社に対して、国家が用意した幣帛を勅使が奉じ、国家的事由の祈願を行うのが遣使奉幣の構造である（図12）。

国司が祈願者となり、所管の国内諸社に対して、国司が用意した幣帛を国司が奉じ、所管の国内の安寧を祈願するのが国司祭祀の構造である（図13）。国司祭祀とは、国司行政の一つである。諸国には、諸国ごとの独自性が令制当初から存在し、それが、中世の一宮や惣社につながったと考えられる。

氏族や在地集落などが祈願者となり、氏族または在地集落内から選ばれた祭祀者が、自らの氏神社または集落の神社に対して、神祭を行う。氏族祭祀と在地祭祀は、共同体独自の祭祀であり、基本的に国家は関与しない（図14）。

国家が祈願者となり、特定の神社に対して、国家鎮護や豊作祈願などの祈願をするのが国家祭祀の基本構造である。在地の令制祭祀者である祝部は、神祇官に幣帛を受取りに行き、所属する神社へ、国家が用意した幣帛を奉納する。

遣使奉幣と班幣祭祀との違いは「祭祀者」という点から言えば、中央官人であるか令制の在地神職であるかという違いである（図15）。

延暦以降、祈年祭対象社は、官幣社と国幣社とに分けられた。古代の国幣社が官幣社と異なるのは、祝部が、神祇官ではなく国庁に幣帛を受取りに行く点と、その幣帛を諸国が用意する、という点である。国家祭祀であるため、本来、幣帛は国家が準備する必要があるが、平安時代以降、国家祭祀の権限が国司へ委譲された一つのケースである（図16）。

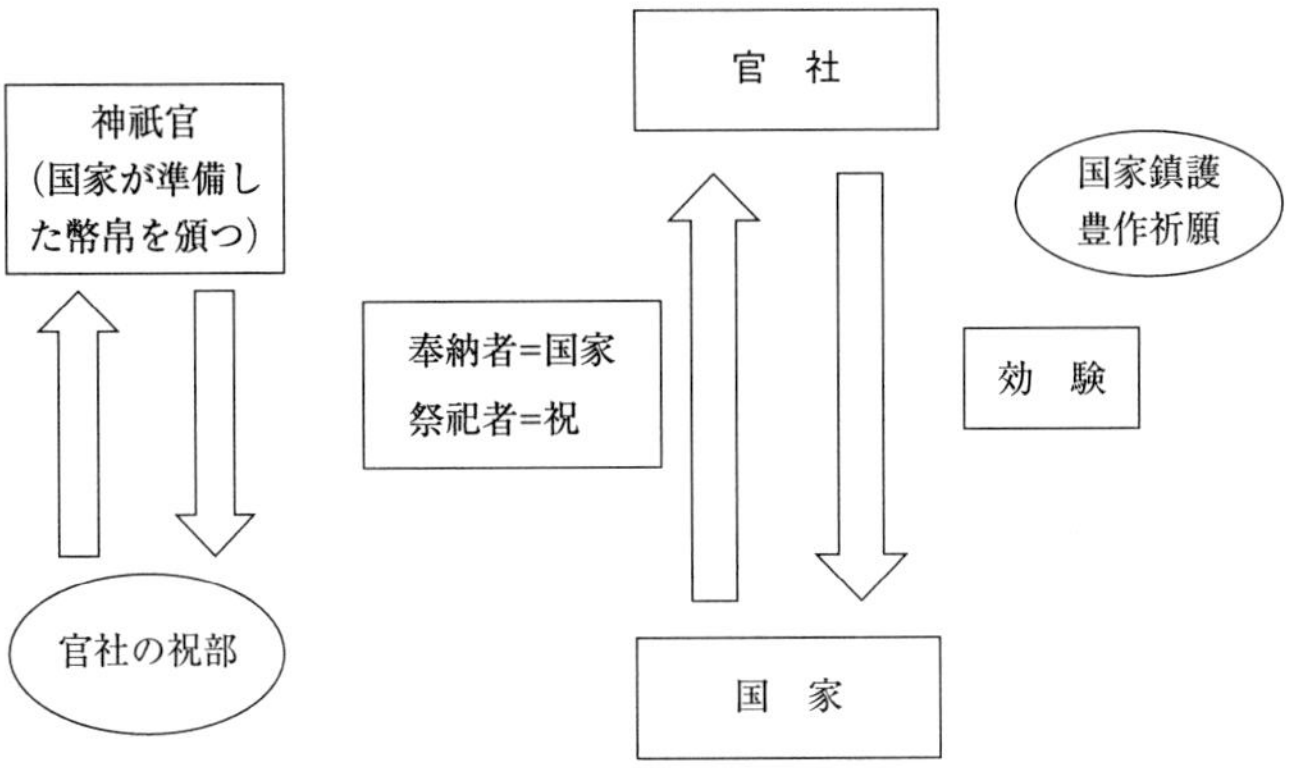

図15　律令班幣祭祀

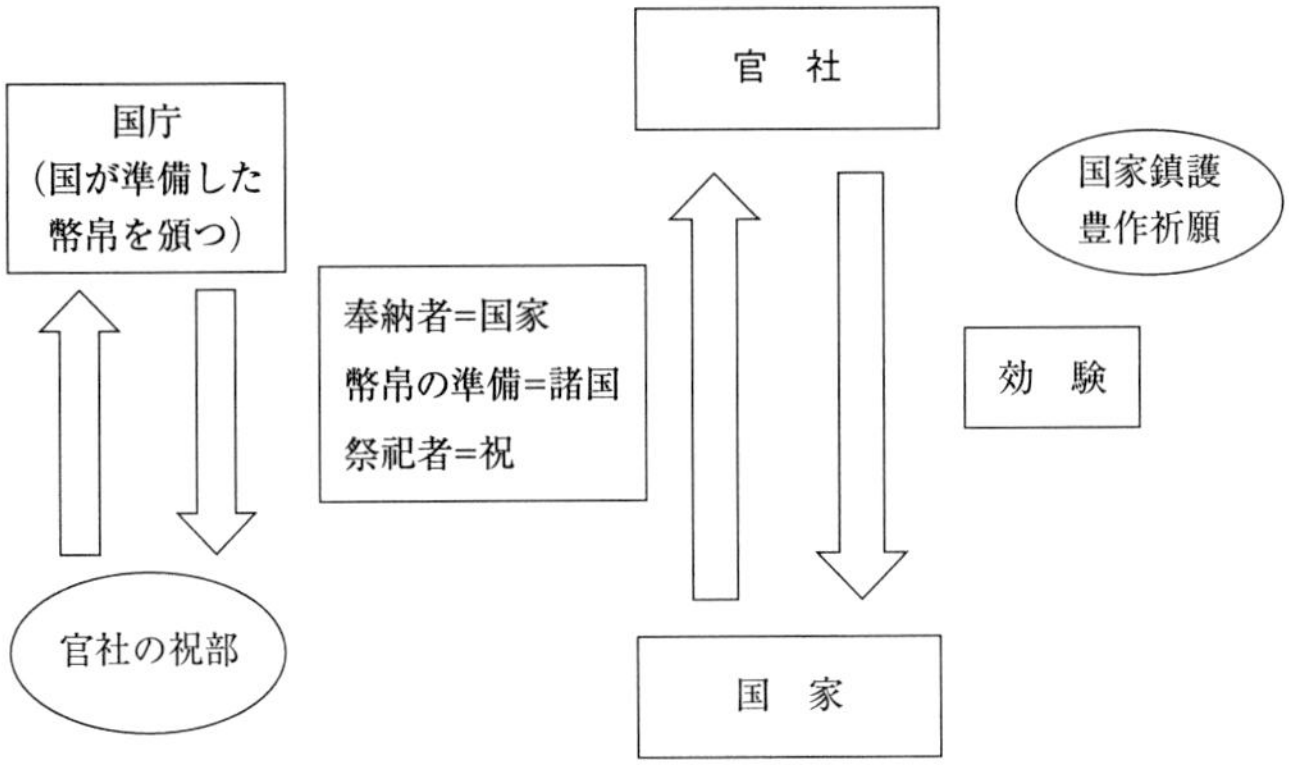

図16　律令班幣祭祀（延暦以降の国幣社）

律令国家の中でも、祈年祭とは異なる構造の班幣祭祀が祭祀者委託型の祭祀は遣使奉幣や班幣とは異なる構造である。これは鎮花祭や三枝祭などが例として挙げられる。神主など氏族性が強い祭祀者が国家祭祀を担当した。祭神と氏族という明文化されていない約束事を強く意識した国家祭祀である（図17）。

また、天皇は、正史である『日

本書紀』において、天下を治める存在として祭祀権を有しているから、[1]天皇祭祀とは、天下を保全する祭祀となる。

以上、古代祭祀の構造について検討したが、祭祀対象や祈願対象である神社とは祭祀場である。その神社が、祈年祭幣帛の対象となり、神祇官の名簿に記載され、官社と称されても、それらに対する国家の支出（神戸・神田など）は限定的であった。律令国家は、国家祭祀の場や建物の清浄性を保ち、祟りを回避するために様々な方策をとったが、神社の実質的な所属は、氏族や在地など奉斎集団にあり、律令国家祭祀は、祭祀場を奉斎集団に間借りする形態で行われた祭祀であったと換言できる。「官社に対する支出が限定的であった」、「実際に神社を管理する奉斎集団に対して神社の維持・管理を義務化しなかった」、以上の点により、国家が行った方策の有効性は限定的だったのである。

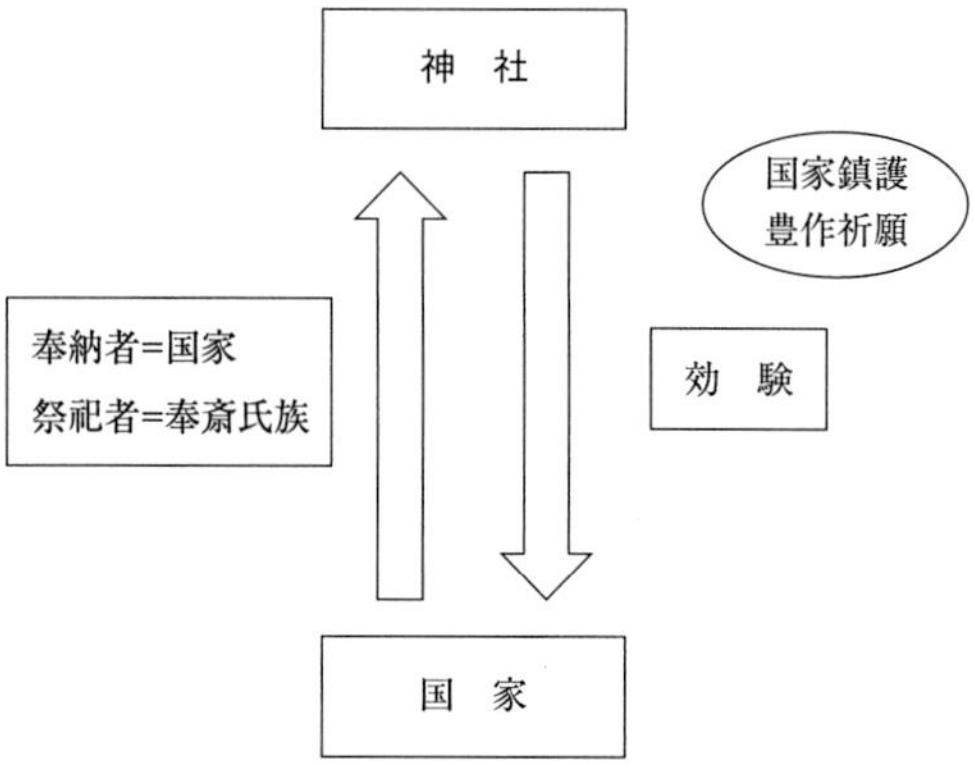

図17　律令国家の祭祀（祭祀者委託型）

また、古代祭祀の類型を確認すると、幣帛の準備や奉献を行う主体が重要であった、という点が指摘できる。国家祭祀では、国家が用意した幣帛を奉じることをもって国家祭祀と言えるのであって、祭祀の対象や祭祀者をもって国家祭祀と定義することは難しいのである。幣帛の研究においては考古学的知見なども参考にし、国家祭祀の考察を深めていくべきであろう。

一　神社建物について

本節では、神社建物について考察していきたい。祭祀場における建物にはどのような役割があったのか、また、神社建物をめぐり国家と奉斎集団がどのような関係性にあったのか、律令国家がその維持管理のためにどのような法令を整備したのか、以上の検討を試みたい。

神社建物に関する研究は、戦前・戦後を通して様々な視点から論じられてきた。

戦前、宮地直一氏は、自然の高山は神の住む天上に近いという理由から、「神奈備」を自然の信仰とは異なる神が降下した「天上の神々の住居」であると位置付けた。そして、その中に設けられた神籬が山から分離独立して、また住居の中に神霊を祭る風習と相俟って神社社殿を形成するに至ったとした(2)。これは「地祇」よりも「天神」を、「国社」よりも「天社」を優先する立場である。

また、大場磐雄氏は磐座・神奈備・磐境を「原始神社」と捉え、「その頃の神霊に対する観念は、一定不変の場所に恒久的に神が鎮まりますとは考へず」、「その都度磐境神籬を作ってこれを祀った」と指摘した(3)。大場氏は、司祭権を手中に収めることは、いわば政治的権力を手中にしたことの象徴であるとし、祭りが政治的権威と結合した結果、神殿は権威の象徴としての役割も担ったと論じた。

戦後、福山敏男氏は、神社建築の展開は、「1神籬・磐境」、「2神殿のない神社」、「3仮設の神社」、「4常設の神殿」の四つの段階を踏んだと推測し、それを前提に論を展開した(4)。

また、稲垣栄三氏は、神社に社殿が造営される契機として、次の二つを挙げた(5)。一つは神の象徴として自然の一部や心の御柱のほかに、鏡・玉・剣などをそれと見なすようになり、これらを収蔵する建築が必要になったこと。もう一つは、建築そのものが神の象徴・神籬と見なされるようになったことである。さらに稲垣氏は、神社建築が原始的な段階からきわめて発達した段階に引き上げられた動機として、政治的な要因を挙げている。「一つの地域の政治上・軍事上の実権を握ることは、同時にその土地の神を祭る司祭者となることである」という指摘であり、これは大場氏の指摘を継承するものでもある。大場氏や稲垣氏は、祭祀権と政治的権力の結びつきによって神殿が権威の象徴として見なされるようになったと考え、神殿は政治的支配を示すモニュメントであると捉えたのである。

以上の研究は、神社建物が、農耕儀礼から「自然に」成立したとする考え方を基本とするものであるが、(6)この考え方に対し、官社の指定にともなって社殿が普及したことを示唆した研究もある。川原秀夫氏は、官社に対して統一的修造を命ずる官符がたびたび出されていること、官費をもって社殿を造営すること、以上の二点を主に挙げ、「官社には社殿造営の義務も加えられ」たと推測し、官社化が、神社が社殿をもつようになった契機であろうと示唆したのである。(7)これは、神社建物が、農耕儀礼から「自然に」成立したとする見解に修正を加えるものであり、神社建物が国家の誘導・強制により先鞭をつけられたと捉えるものである。

建築史においても川原氏と同様の指摘が見られる。林一馬氏(8)や丸山茂氏(9)などが、神社社殿は自然発生的に建てられるようになったのではなく朝廷の指示により建てられたと論じた。

丸山氏は、奈良時代における官社の社殿の記事を通覧し、官社の建物や境内の施設が、在地の所有物・管理物であるよりは、国家の所有物であるかのような様子がうかがえると指摘した。そして、在地の首長が用いていた宗教施設は、自らが籠もって神託を受ける「祭殿」であったとし、大和朝廷が在地首長の祭祀権を支配下に置くということは、それまでの「祭殿」を破却してそれに替わる新たな宗教施設を与えることにほかならなかったはずであると論じた。

また、『風土記』を考察し、「国策としての神社には社殿があり、在地の宗教施設には社殿がないという様子が透けてみえる」とも指摘した。『風土記』の時代において、神に対する観念は、それを親しく身近に感ずるほどにはなっていないとし、神社建物の形成の契機について、農耕儀礼に端を発するような痕跡は認められないとした。

丸山氏は、『風土記』の考察から、神社の側に本殿が存在したという確証がないことをもって、「官社の指定に際し本殿も含めて社殿が新設された」と推測し、農耕儀礼によって「神社」が自然発生的に成立したとする説については、「神に対する観念の問題と、文献史料上の根拠が管見では皆無であることから、奈良時代前半以前には一般には成立していない」と反論したのである。さらに、「八世紀前半までに史料に認められる在地の宗教施設は、祟り神を押し込めたものと、渡来神を祭った祠と、創始の経緯は不明であるが、名前のみ知られる僅かな宗教施設である」と述べ、「神社」は官社制発足以前には一般的ではなく、在地首長の「祭殿」と、祝のいる「祠」のみが認められると論じたのである。

丸山氏は、神社を大場氏・稲垣氏以来の「神殿は政治的支配を示すモニュメント」であるという説を継承しながらも、「神社」という語・概念は「官社」制の導入によって成立したものであり、それ以前の祭祀施設は「祭殿」「祠」であって、「神社」とは区別すべきであると指摘したのである。

また岡田精司氏は、日本古代から「神殿」建築が存在していたという学説に対して、農耕儀礼を基本とする日本の祭祀の実態からかけ離れたものとし、次の五点を挙げて、古代日本に神殿が存在したという説を批判した。(10)

(1)古代日本の祭祀では祭りのときだけ、清浄な祭場に設けられた臨時の施設(=オカリヤ)に神迎えをするのが基本であったこと。祭祀は庭上で執行するのが基本であり、建物は必要としなかった。だから今でも本殿のない神社は珍しくない。

(2)古代日本に神殿が存在したとすると、古代の祭場として、神殿と同時期に並行して神体山や磐座の祭祀が行われていたことになる。両者は祭場の在り方からして、まったく相反する性格のもので両立は不可能である。どちらか片方が否定されねばならない。ことに祭場においては最も重視されねばならぬ清浄の感覚が、集落内に立地する神殿においては欠落している。

(3)神社建築における常設社殿の成立自体が、非常に新しく、古いものでも七世紀後半がやっとであり、一般化するのは平安時代に入ってからのことである。弥生・古墳時代の神殿の存在との矛盾は大きい。

(4)神社の起源は神殿論者のいうように古いものではないし、神社建築は地域ごとに様々な個性ある様式を展開させてきた。九州から関東までの広域に、画一的な神明造に似た神殿が成立することは、神社や古代祭祀の実態を無視したものであり、ありえない。

(5)神殿説の核心は棟持柱建築であろうが、七世紀末ごろに成立した伊勢神宮の正殿をもって復原の基準としたことには、疑問が多い。従来穀倉と考えられてきた棟持柱建築を祭祀施設と考えること自体に基本的な矛盾がある。

さらに岡田氏は、神社の社殿について、「各地で同時期に一斉に成立するというようなものではなく、時間的にも地域的にもバラバラに現れた」と述べており、伊勢・住吉などの大社では六世紀ごろ社殿が成立し、「民衆の祭る村村の社」の場合は「非常に新しい場合も少なくなかった」とも論じた[11]。

こうした官社制の導入にともなって社殿が成立したと捉える説に対し、関和彦氏[12]や大関邦男氏[13]は、神社社殿の造営が、在地社会において自然発生的に行われていた形跡が見られると指摘した。関氏は「『風土記』の時代には村落レベルの社でも社地・社殿を持つ場合があった」と論じ、大関氏は「社殿の造営自体は、すでに在地社会において自然発生的に行われていた形跡が見られるから」、社殿造営の義務は「国家の要請に見合った社殿の造営・維持管理と換言すべきであろう」と論じたのである。

このように、神社建築に関する研究史を簡単に眺めてみても、その発生・成立については諸説確認できる。確かに、神社建物が農耕儀礼から自然発生的に成立し全国に普及していったとする説には問題があろう。奈良時代に神社造営・神社修理の勅が出された史料を見れば、神社の全国的な普及の背景には朝廷の関与が大きかったことは否定できず、神社建物の普及が自然発生的であったと言えないのである。しかしながら、丸山氏が述べるような、「官社制以前の祭祀施設＝祭殿・祠」、「官社制以降の祭祀施設＝神社」とする論は、「何を以て神社とするか」という定義が曖昧であり、さらには、律令国家が「神社」という語を採用した根拠・経緯の説明が必要であろう。

池辺彌氏は、古代の史料に記されている「神を祀るところ」として、「1、カムナビ」、「2、モリ」、「3、ヒモロキ」、「4、サカキ」、「5、ミモロ」、「6、イハクラ」、「7、イハサカ」、「8、ヤシロ」、「9、ホコラ」、「10、神宮」、「11、神社」を挙げた。1〜7の自然物の中で、1・2・6は自然の状態そのままの祭祀対象であり、3・4・7は人間が自然物を用いて宗教的・信仰的な状態を作り出したとし、5はその二面があったとする[14]。池辺氏は、1・2・6を第一期、3・4・7を第二期、8のヤシロがあらわれたときを第三期と推測した。そして、ヤシロと平行して10の神宮が発生したとする。そして、第四期として11の神社が発生し、これが主流となって大部分のものを吸収するに至ったと指摘した[15]。

さらに池辺氏は、六国史を通覧し、「社」と「神社」の語が用いられる頻度を検証した。それによれば、『日本書紀』では「神社」が用いられず「社」であったものが『続日本紀』で「神社」があらわれ、『日本後紀』『続日本後紀』では「社」と「神社」が同じ程度用いられ、『日本文徳天皇実録』では「社」が少なくなり、『日本三代実録』では「神社」だけになる。そして、『日本三代実録』では「某神社」の型が固定したかに見えても、平安時代を通じて広く一般に用いられていたのは「某社」の型であったとし、「神社という語は官庁において用いられた法制上の語」であり、「それに対し社は古くから日本人の用い来たった民間語であった」と推測した。

「社」の語については、西宮一民氏が言語学的な視点から考察を加えている。社を「ヤ＋シロ」という語構成であると捉え、その語義的解釈から、ヤは「屋」、シロは「～するために設けられた所・～するための特別地」であり、ヤシロは「屋を建てるために設けられた特別地」であると指摘したのである。[16] 西宮氏は「社」を、「建築物を伴うことを前提とした土地」とする。『万葉集』の「うまさけ三輪の社の山照らす秋の黄葉の散らまく惜しも」という歌中の「社」は「神殿」ではなく「神の宿ります所の（＝デアル）山」の意であるとしながらも、『風土記』や出雲大社建立の例を挙げてヤシロ（社・屋代）を建築物と捉えている。

池辺氏と丸山氏は共に「「神社」は律令的な法制上の用語」と指摘し、池辺氏はその根拠として、六国史における「神社」の使用頻度の変化と、公卿の日記には「某社」の型で記載されていることを挙げる。しかしながら、『延喜式』では巻九・十の「神名」以外では「某社」の型が用いられており、公文書でもそれが見られることは、「神社」が法制用語であるとする明確な論拠にはならない。ただ、奈良時代以降、神社建物が普及するのにあわせるかのように六国史でも「神社」の使用頻度が増えていくことを考えれば、「律令的な法制上の用語」とは言えなくとも、律令制の成立以降、神社建物と「神社」の語が広く普及していったと考えるのが妥当であろう。

ここで注意したいのは、神社建物の「発生」「成立」「普及」は区別して捉える必要があるということである。例えば、奈良時代に神社建物が朝廷によって建てられ、八世紀後半から朝廷は神社建物の管理を厳しく求めるようになったが、これは、神社建物の「普及」を論じるものであって、「発生」や「成立」の根拠とはならないのである。

神社建築の「発生」「成立」については、林一馬氏が、カミマツリゴトの構成要素として、次の六つを挙げ、神社建物は③④に力点を置いた見方であると指摘した(17)。

①祭られる神的存在
②祭る人々
③祭りを行う場所
④祭儀執行に必要な施設・装置の類
⑤祭式儀礼そのもの
⑥社会的・経済的基盤としての祭祀圏

そして、神社建物の成立には、「建築的契機」、「宗教的ないし精神史的契機」、「政治的契機」の三つが存在したとする。「建築的契機」とは、仏教の影響を受け、その反発ゆえに仏教様式を一切排除し、在来の構法で建てられるようになったとするものである。林氏は、「日本の神社建築の成立と契機は、仏教と対比することで自己を自覚的に認識したことに起点が求められねばならない」とし、さらに「仏教に代表される新しい異質な大陸文化が伝来・定着した飛鳥時代以降を措いて他に考えることはできない」として、神社建物の起点を飛鳥時代に置いたのである。

しかしながら、神社建物が仏教建築の影響によって成立したとする説は、いくつかの矛盾が指摘できる。まず、林氏は、仏教に対する反発ゆえに仏教様式を一切排除したと推測するが、神社においては、奈良時代から読経などの仏教的な儀式が行われ、神宮寺なども建立されている。確かに、伊勢神宮では仏教的要素が排除されたが、他の神社では仏教との習合現象が確認できるし、八幡の場合、神号に「大菩薩」という語まで用いられている。八幡神は特殊な例であるとしても、神社で読経などの仏教儀式を受容しながら、その一方で、建築様式においてのみ反発を強調する説には矛盾があるであろう。そもそも仏教に対する反発という指摘は、中世の神道説研究によく見られる論法である。

また、先述した岡田精司氏の研究でも、「神社建築は地域ごとに様々な個性ある様式を展開させてきた」と述べており、神社建物の発生期についても地域性があるとしながらも、起源が古いものではないと断定することには疑問がもたれる。さらに、信仰形態に地域性があることを指摘しながらも、「神社建築における常設社殿の成立自体が、非常に新しく、古いものでも七世紀後半がやっと」と述べているが、これは、様々な信仰形態があることを認めているにもかかわらず、社殿の常設性を求める信仰形態においては多様性を否定しており、矛盾していると思われる。確かに常設の神社建築が全国的に一般化するのは、弥生・古墳時代ではないであろう。それはおそらく奈良時代以降であろうと推測するが、七世紀以前の祭祀形態を、「庭上で執行するのが基本であり、建物は必要としなかった」と画一的に捉え、常設の神社建築は存在しないと結論付けることには疑問がある。また、氏は「祭場においては最も重視されねばならぬ「清浄」の感覚が、集落内に立地する「神殿」においては欠落している」と述べているが、その根拠も不明確である。

古代の祭祀建物を「神社」と呼ぶか否かの議論は、「神社の定義」という根本的な問題を包含しており、「何を以て神社とするか」という定義が成立しない限り結論の出ない議論となろう。先論の多くは、神社における信仰形態の説を、民俗学的理解の上に構築しているが、それらは憶測にすぎず、確たる根拠とは言い難い。今後の神社建物の研究は、神社の定義を視野に置きながら、「神社」の発生期・形成期をそれぞれ考察せねばならないだろうし、それには、とくに考古学[18]との連携が必要となるだろう。

二　「神社の清浄」と神社建物

前節では、祭祀場の神社建物について、先行研究の検証と問題点を確認したが、本節では、「神社の清浄」という視点から神社建物を考察し、古代の神社像を明らかにしてみたい。

官社と称される神社では、国家が効験と祟りの予防と回避を目的に祭祀を行った。国家祭祀の祭祀者には祝が設定され、祭祀場である神社には建物が建てられ、経済的支援の側面がある神戸が置かれた。神社を管理するのは、氏族や在地村落などの奉斎集団であったが、社地は穢れ、神社建物が破損するという状況になったため、国家は神社の清浄を制度化していった。

国家が恒常的な神社の清浄を制度化した背景として、山本信吉氏は「清浄を尊ぶことが古今を通じての基本理念」であると指摘し、次のように論じた(19)。

> 神社制度の整備・発展期であった奈良時代においては、「清浄為レ先」「掃二修神社一」することが諸国における国司の責務とされ、神社にあっては祝等神事奉仕者の守るべき義務とされた。その理由は一言でいえば、神社を清浄に保つことによって、祭神の神威を高め、国家の祈願に対して効験を現わすことを期待したためである。

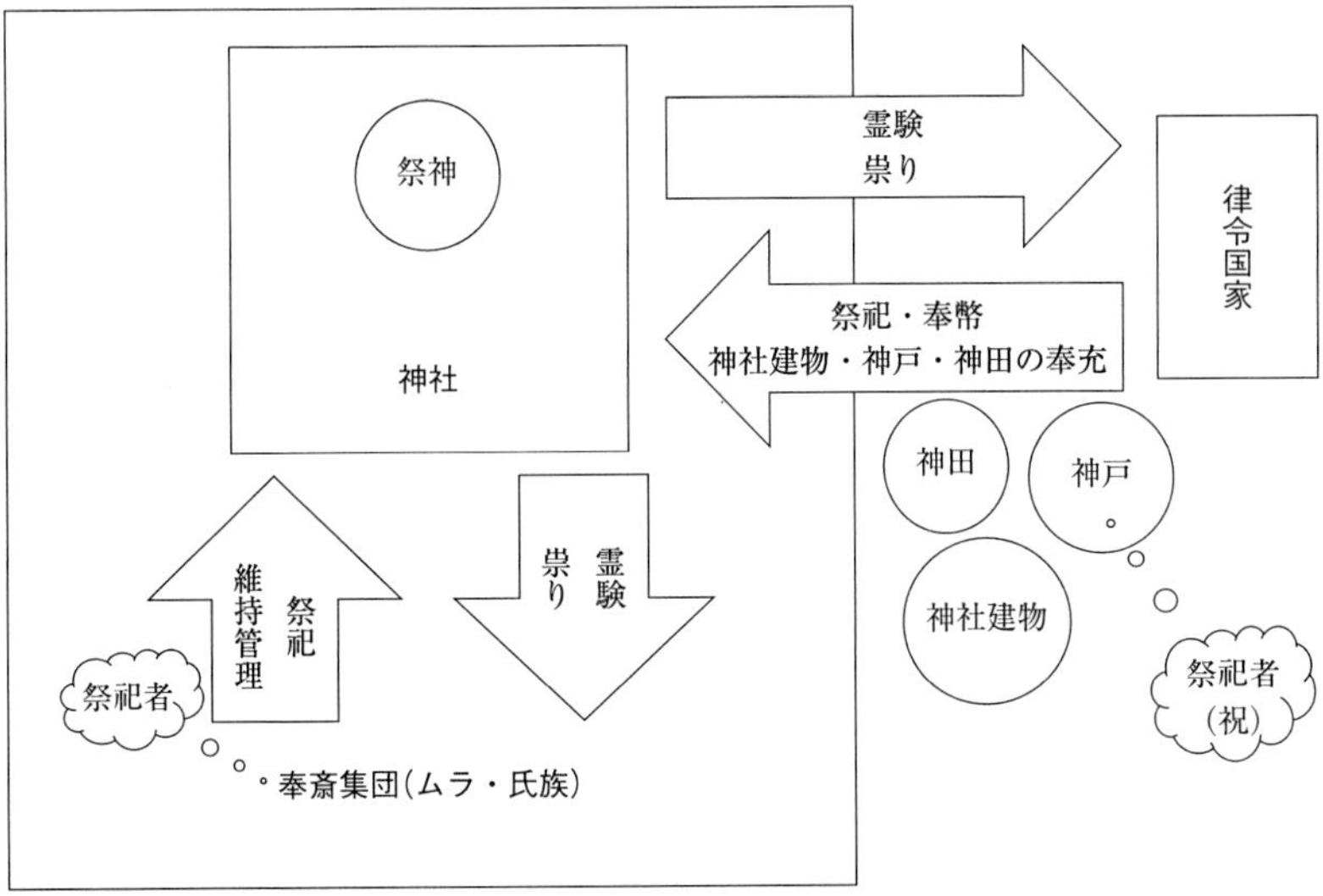

図18　律令国家の祭祀

山本氏が指摘する「神祇のために神社を清浄に保つ」という意識は、現在でも一般的なものであり、現在の神社修造の背景にはこうした清浄概念が前提となっているように思う。山本氏は、神社を清浄に保つという基本理念は太政官政府が確立しようとした概念であり、氏族や村落社会が有していた神祇思想とは差異があったとし、そのために太政官政府はしきりに神社の清浄の励行・遵守を求めていたと指摘した。「常祀であるか否か」、「神社社殿を有していたか否か」が、太政官政府と氏族・村落社会との差異であり、今日われわれが懐くところの神社を清浄に保つという概念は、常祀と神社社殿を確立した太政官政府によって成立されたと指摘したのである。

この山本氏の指摘は、奉斎集団が存在しながらも神社が穢れた理由に対して、一定の説得力をもつ。ただ、国家が神社の恒常的な清浄を制度化しはじめる時期は八世紀後半であり、しかも、積極的に理念を確立させるというよりは、神社に関する問題が生じ、それに対処するということを繰り返しながら、徐々に神社の制度が整っていったのが実情である。「神社の清浄」という理念は、建物破損の対処療法的政策の中で徐々に明確になっていったものと考えられる。

本章は、

①国家祭祀の場である神社に生じた問題を取り上げ、その原因を探る。

②その問題に対して、国家はどのように対処したのかを確認する。

③神社をめぐる制度化の過程を確認する。

以上の三点を視野に入れ、国家祭祀の構造について考察するものであり、本節では、「神社の清浄」から、それを明らかにしていく。

国家よる神社の一斉修造は、天武朝が早い事例である。

・『日本書紀』天武天皇十年（六八一）正月己丑条

詔畿内及諸国。修理天社。地社神宮。

このとき、畿内・諸国の「天社・地社」に「神宮」を「修理」させている。[20]ここでの「修理」の意味が「建てる」か「直す」かは判別しがたいが、諸国の神社社殿における国家の関与として初期の例であることは疑いない。

奈良時代に入り、慶雲三年（七〇六）と神亀二年（七二五）に神社の清浄が求められた。神亀二年の詔は、「諸国の神祇の社の内」に「穢」があるために、神社の清浄を求めたものである。この詔の背景には、「神を敬うことで災いをはらい祥瑞を祈る」「神仏を敬うためには清浄が必要である」という観念がある。

・『続日本紀』神亀二年七月戊戌条

詔七道諸国。除冤祈祥。必憑幽冥。敬神尊仏。清浄為先。今聞。諸国神祇社内。多有穢臭。及放雑畜。敬神之礼。豈如是乎。宜国司長官自執幣帛。慎致清掃。常為歳事。又諸寺院限。勤加掃浄。仍令僧尼読金光明経。若無此経者。便転最勝王経。令国家平安也。

右の「神祇の社」は、「雑畜が放たれている」という文言から、建物だけではなく神域全体を指していると考えられる。「神を敬うためには、清浄を必要とする」、「神域に汚穢があってはならない」という指摘からは、「春秋の祭祀の際に清浄にする」ことを求めているのか、「常に清浄に保つ」ことを求めているのかは判別しがたい。

天平九年（七三七）には諸国の神社が造営せられたが、[21]山本氏は、天平年間における社殿造営の施策が恒例化したものか臨時のものかは定かではないとしながらも、次の三点を挙げて臨時の施策と推測した。[22]

(1)「天平二年大倭国正税帳」には、国内の神戸の神亀元年以前の神税の使途について「祭神」「神嘗稲」「神田種稲」「神祝食料」などの項目を挙げているものの、修造に関する記載が見られない。

(2)「天平十年周防国正税帳」に見る正税からの無封神社の改造神社支出は、その項目が天平十年正月十三日恩勅による賑給料という臨時の支出額に続いて記されており、改造料も天平九年十一月二十八日太政官符による臨時の対応であった。

(3)天平九年は疫病が全国的に猛威を振るい、中央政府は諸祭神の神威の加護をとくに願った年であった。

山本説によれば、奈良時代前期の神税の使途には神社修造が含まれていなかったことになる。

神社改造の背景にある理念としては、古代の住吉・香取・鹿島神社の修理が、参考となる事例であろう。

・『日本後紀』弘仁三年（八一二）六月辛卯条

神祇官言。住吉香取鹿島三神社。隔廿箇年。一皆改作。積習為常。其弊不少。今須除正殿外。随破修理。永為恒例。許之。

古代において、住吉・香取・鹿島神社の建物は二〇年に一度の改作であったが、弘仁年間以降、正殿以外は破損のたびに修理されるようになり、正殿のみは二〇年に一度の改作が踏襲されたのである。この事例からすると、神社建物は式年の改作が基本であり、破損を「穢」と捉えていないことになる。

つまり、神社建物の破損は汚穢ではなく、律令国家が破損するたびに神社の修理を求めていたのは、もともとは「汚穢」の観念ゆえではなかったのである。

それでは国家は、何故に神社建物の修理を繰り返し求めたのであろうか。

「隠岐国正税帳」（天平五年二月二十九日）や「周防国正税帳」（天平十年）には、「神社造」や「改造神社」とあるが、これは、天平期に、諸国に神社をつくらせた一環で支出されたものであろう。

・『続日本紀』天平九年十一月癸酉条

遣使于畿内及七道。令造諸神社。

正税帳によれば、隠岐国では、「智夫郡」で「神社造用穎陸拾陸束肆把」、「周吉郡」で「神社造用穎貳伯玖拾捌束」とあり、それぞれ穎稲六六束四把と穎稲二九八束の支出である。

また、周防国では、「造神宮」を伝達するために、「駅使」が利用され、食稲六七束五把・酒七斗・塩四升が支出されている。そして、「改造神社用」として、穎稲四一四束七把五分が支出され、玉祖神社では「改造神社用」として穎稲六二九束八把の「神税」が支出されている。

神社を造るためには、次のように、人件費や「鐵」「赤土」などの材料費が税から支出されている。

改造神社料用穎稲肆伯壹拾肆束柒把伍分、役単功肆伯伍拾貳人、

傭稲貳伯貳拾陸束人別日五把

食稲壹伯捌拾束捌把人別日四把

塩玖升肆勺人別日二夕　価稲壹束伍把以一把買六升

釘肆拾貳隻各長五寸重五両料鐵壹拾参斤拾肆両小所得十三斤一両、所損十三両、価稲参束肆把伍分以一束買四斤

赤土貳升価稲参束以一束五把買一升

右、依太政官去天平九年十一月廿八日符、充用如件、

天平年間に増加した神社建物は、正税・神税を用いて建てられたと考えられる。神税であっても、正税帳に記載される税である。そうした税の支出によって建てられた神社建物は、公的建築物の一つであり、国家による管理の対象となるものであった。そのため、神社建物は管理の対象になったのであった。

諸国の神社は、「官舎・正倉・器仗・池堰・国分寺・神社等の類は、破損のたびに修理すること」と規定されてお

り、「神社」は「官舎」などと並んで修理が義務付けられている。神社建物が破損するたびに修理されるようになったことは、官舎などと同様、公費によって建てられた施設であることが理由であると考えられる。神税・正税によって神社建物が造営・改造されれば、それは官舎の一種であり、そのため、令制の在地神職である祝がそれを管理することが当然とされたのである。

山本氏が指摘するように、「天平二年大倭国正税帳」には国内の神戸の神亀元年以前の神税の使途について「祭神」「神嘗稲」「神田種稲」「神祝食料」などの項目を挙げているものの、「修造」に関する記載は見られなかったが、正税・神税によって造営・改作された社殿が他の官舎などと同様に管理されるにともなって「神社の破損は穢れであり、清浄に保つためには修理しなければならない」という論理が生まれたと考えられる。

祭祀のときに祭場を清浄にするという価値観は古くからあったものの、清浄を「常に保つ」という意識であったかは不明である。神域が祭祀のときにのみに使用される土地であるならば、恒常的に清浄が保たれていたわけではないだろう。この場合、背景にあるのは、神が坐す場所にはめったに手を加えないとする「祟り＝災異」への畏れの意識である[23]。それが、朝廷が公費の建物の破損を求めたことと祭祀の際に汚穢を禁忌とする「神祇令」の規定とが結びつき、「神社は恒常的に清浄を保つべきもの」という意識が明確化したと考えられる。

つまり、「神祇令」における斎戒規定では、「穢悪」が禁忌の対象であるから、祭祀の際には、祭場の清浄が必要であった。祭祀の目的には、効験の期待もあるが、祟りへの恐れも見過ごせない。神事的な禁忌は祟りにつながり、災異を引き起こす可能性があるものと考えられていたから、祭祀の場の汚穢は禁忌であった。この禁忌が、公的建築物の管理と結びつき、神社の破損を穢れとする恒常的な神社修造へとつながっていったのである。

天平年間に増加した神社建物は、効験目的でつくられたと考えられる。しかしながら、神は祟りを発生させるものであるから、神社建物を修造しないことにより祟りが発生したとすれば、神社は祟りの発生源ともなる。効験目的でつくったものが、結果として、祟りの発生源を増加させることにつながってしまったのである。恒常的に神社建物を清浄に保つことが求められたということは、その時期には、恒常的な神社建物が広く普及していたとも言える。

次節では、こうした制度上の問題点について、国家がどのように対処したのか確認したいと思う。

三 「神社修造」と祝

本節では、国家による神社管理規定を確認しながら、神社の周縁にある祝が、古代の祟りの構造の中で、どのように位置付けられていたか考察してみたい。

祭祀とは、共同体の保全を求めるために行われる儀礼・儀式であり、祟りによる災異を除けるものでもある。その祭祀の場である神社に、天平年間（七二九～七四九）、効験目的で恒常的な社殿が建てられたことにより、全国的に神社建物が増加した。宝亀年間（七七〇～七八〇）ごろから、経年によって神社建物が破損すると、災異が生じた際の卜占の結果として、「破損は汚穢であり、祟りの原因である」と報告されるようになる。国家としては、公費で建てた建築物の管理が必要であるのと同時に、祟り（＝災異）の原因となりうる汚穢を消すため、神社修造を制度化していったのである。

奉斎集団の祭祀の場（＝神社）に、国家が自らの保全を求めるために祈年祭幣帛を奉じたものが官社である。先論によれば、官社化の義務・条件の一つに、「社殿の造営・修理・清掃」があったとする。[24][25] しかしながら、官社に預かることにより社殿を造営しなければならないとする規定は存在しない。天平年間に国家による造営を契機に、多くの神社建物が建造もしくは改築されたと考えられるが、官社化と神社建物の保有とは、直接的には関係がない。これは神戸・神田と同じことで、官社となって神戸・神田を所有する神社も存在したが、すべての官社にそれらが奉充せられたわけではなかった。国家の支出によって神社建物が建てられても、その造営は臨時的なものであり、官社の義務でも条件でもなかった。

ところが、神社建物の「保有」の義務はなかったが、保有している場合、「維持・管理」は「祝」の義務とされるようになる。

古代の神社における祭祀奉仕者をどのような名称で呼ぶかという議論[26]は、「祝」「禰宜」「神主」「宮司」「神殿預」などの性格をどのように位置付けるか、という問題でもある。

西宮秀紀氏は、祝らを一括して呼称する歴史的名辞が史料上見あたらず、また、「神職」の語はその成立が未詳であることを指摘し、それに代わる言葉として、神祇官の職能と令制の職とを勘案し、「神祇職」という語を用い、多様な職の特質や普遍性をより明らかにしようと試みた[27]。

それに対し山本信吉氏は、「禰宜」「祝」などは律令制に先行して存在した社（ヤシロ）の祭祀奉仕者であったものが、律令国家によってしだいに神社という行政機構の職員として把握されていったという観点に立ち、官人化されつつある禰宜・祝などを「神職」「神祇職」という職として始めから把握することは適切ではないとした[28]。さらに、平安時代の朝廷は祭祀奉仕者を「神人」として認識しており、令制にいう職とは考えていなかったと指摘する。

また山本氏は、奈良時代における神社行政の基本を次の五点にまとめた。

①神社の造営と祭祀の整備

②神祇官奉幣社（官社）の選定

③祭神への官位授与および封戸などの給付（神格の序列化と経済基盤の見直し）
④祝部など神社の神事奉仕者の専従化と官人化
⑤国司の神社管理権の強化

山本氏は、律令制に先行して存在していたわが国固有の神祇信仰を律令国家体制の中に組み込み、神社とその神事奉仕者を行政対象としていかに把握してゆくかという努力のあらわれであったと指摘したのである。

西宮氏が指摘するように、八・九世紀の史料においては「神職」という語は成立していないが、氏が指摘する「神祇職」という呼称は、令制下に組み込んだ神社祭祀者・神社管理者に限られるものである。

制度的に神社祭祀者と神社管理者とは不可分の関係にあったが、国家的神事を担う者と奉斎集団の神事を担う者とがあり、古代において、そのすべてを総称する用語は史料上確認できないが、それを総称する語として、「神職」を用いることが穏当であるように思う。この「神職」に含まれる用語の中に「祝」もしくは「祝部」がある。祝部は、「職員令」神祇官条に、神祇伯が統括する神職として規定される。『令集解』では、「祝部」の語に「神主・禰宜・祝」が集約されている可能性を指摘する。

皇極天皇元年（六四二）には、祈雨のために「牛馬を殺して諸社の神を祭れ、市を移せ、河伯を禱れ」と教えたのが「村々の祝部」であったとするが[29]、この祝部が「職員令」で規定されたものと同じ性格の神職とは考えられない[30]。ここでの祝部は、「神祭りをする人、祭祀者」を広く指す語として用いられたと考えられる。神社に属するのではなく、「村々」に属していることからも、祈雨のために「牛馬を殺して諸社の神を祭れ、市を移せ、河伯を禱れ」と教えた祝部は、令で規定されている祝とは異なる、奉斎集団の神職であったと考えられよう。

国史などには律令制神職として「祝」と「祝部」の両方の語が出てくる。西宮氏は、「「祝」「祝部」という二重の呼び方をとるのは、伝統ある「祝」の名称が根強く地方に定着していたためであり、「祝部」という名称が地方に普及しなかったからに他ならない」とし、「祝」を地方レベルの名称、「祝部」を中央レベルの名称と指摘した[31]。確かに、次の事例では、「祝」と「祝部」とが同時に記載され、両者の間に格差があることを考えると、両者は異なる職とも考えられる。

・『続日本紀』神亀三年（七二六）二月辛亥条

出雲国造従六位上出雲臣広島斎事畢。献神社剣鏡幷白馬鵠等。広島幷祝二人並進位二階。賜広島絁廿疋。綿五十屯。布六十端。自余祝部一百九十四人禄各有差。

ただし、「祝二人」が位二階を進み、「祝部一百九十四人」が禄を賜っていることから、「祝」のほうが上位であったことになり、西宮氏の指摘と矛盾する。

六国史などを概観すると、「祝部」の語は、「職員令」に規定される「律令制下の職である祝」を指すほかに、「神主・禰宜・祝などの総称」としても用いられ、さらに「神事に携わる者・神祭りを行う者」の意味としても用いられている。

「祝」は令によって規定された職である。祝に関しては、「国家によって成立した語か、自然発生的に成立した語か」という基本的な性格も明確にされておらず、その実態も明らかではない。その成立には、奉斎集団が関与していた可能性が指摘されているが、国家は奉斎集団の性格には触れておらず、祝の氏族的性格を考慮して制度化するようになるのは貞観年間（八五九～八七七）ごろからである[32]。

本節では、祝を「国家的神事を担う神職」と捉え、国家祭祀の場である神社をめぐって、制度化されていく過程を考察するものである。

・『類聚国史』延暦十七年(七九八)九月癸丑条

定可奉祈年幣帛神社。先是。諸国祝等毎年入京。各受幣帛。而道路僻遠。往還多難。今便用当国物。

右によれば、諸国の祝が祈年祭幣帛を京に受取りにいったとあるから、官社には、国家祭祀を担当する神職として祝が置かれた実態が僅かに分かる。「職員令」からも「祝部」が神祇官によって把握されていることが知られる。この祝に対し、国家は、社殿修造の維持・管理の義務を課していくのである。

官社に預からない神社は、氏族や在地などの奉斎集団によって祭祀が行われていたが、官社に指定された神社には、「朝廷から幣帛を奉られる神社」という性格と、「奉斎集団から崇敬を受ける神社」という性格があった。官社に預かると、神社の名が神祇官帳に記載され、祝が置かれ、祈年祭幣帛が奉られるようになる。これによって、神験が、既存の奉斎集団だけでなく国家にも向けられるようになるとされた。こうして、官社に預かった神社では、「国家から幣帛を奉られる神社(=国家祭祀が行われる神社)」と「奉斎集団から崇敬を受ける神社(=氏神祭祀・在地祭祀が行われる神社)」という二つの性格を有するようになるのである。

官社では、祝に国家によって建てられた神社建物の維持・管理という義務が課される一方、奉斎集団は、その氏族性や在地性は否定されず、義務や負担が課されることもなかった。神社建物の維持・管理を含めた神社管理は、法的には国家が設定した祝や神戸に課されたのである。

奈良時代の神社管理の史料は、管理の具体的内容がはっきりしないものが多く、さらには、管理する主体や修理費用についても触れられていないものが多い。

神社管理に関する語としては、「清浄」「清掃」「造」「掃修」「修理」「修造」といったものが用いられていた。「清浄」「清掃」は、「きれいにする」の意であろうし、「造」は「建てる」の意味であろう。「修理」は「修理する」の意味であろうが、『古事記』に「このただよえる国を修理固成（おさめつくりかためなせ）」とあることから、「建てる」の可能性も考慮に入れる必要があろう。(33)「掃修」は、「清掃」と「修理」が組み合わされた語であり、「きれいにし、修理する」の意味と考えられるであろう。「修造」に関しては、「建造する」「修理する」両方の意味で用いられていた語であった。

・『続日本紀』慶雲三年閏正月庚戌条
　是日。令掃浄諸仏寺并神社。

神社の清浄に関しては、右の「仏寺ならびに神社を掃い浄めせしむ」という規定から始まる。そして、神亀二年には、「諸国の神祇社の内」に「多く穢臭あり、及び、雑畜を放てり」ということが問題視された。

・『続日本紀』神亀二年七月戊戌条
　詔七道諸国。除冤祈祥。必憑幽冥。敬神尊仏。清浄為先。今聞。諸国神祇社内。多有穢臭。及放雑畜。敬神之礼。豈如是乎。宜国司長官自執幣帛。慎致清掃。常為歳事。又諸寺院限。勤加掃浄。仍令僧尼読金光明経。若無此経者。便転最勝王経。令国家平安也。

右は、国司の長官に、「幣帛・清掃・歳事」を行わせており、国司に対して出された詔である。ここには「国司長官が自ら幣帛のことを執り行う」とあるが、これは国家祭祀における国司の関与とは異なるものと考えられる。国家祭祀とは、国家による神事行政であり、全国もしくは広範囲の諸国が対象である。一方、国司の所管の範囲は原則的には「一国内」である。「職員令」の国司、摂津職条の「大夫」、大宰府条の「帥」の職掌である「祠社」は、それぞれの所管内が対象であった。国司行政権の範囲は所管の国内であるから、「国司長官が自ら幣帛を執り行う」とは、一国内の保全を目的とした「国司祭祀」を指すと考えられる。つまり、神亀二年に国家が国司に求めたのは、国司祭祀の励行と祭祀場の清浄を指していると考えられる。

国家的神事に対する国司の関与は、「神祇令」にも規定されている通り、神税の検校であり、それが正税帳への記載にもつながっている。この国司による「検校」が、神社管理の一つの基本となっていくのである。

八世紀を通して、神社の清浄が必要であることは意識されていたが、恒常的な清浄が制度化されるのは、宝亀年間に入ってからである。

・『類聚三代格』

太政官符

督課諸祝掃修神社事

右検案内。太政官去年四月十二日下諸国符偁。掃修神社。潔斎祭事。国司一人専当検校其掃修之状。毎年申上。若有違犯。必科違勅之罪者。今改建例。更重督責。若諸社祝等不勤掃修。神社損穢。宜収其位記。差替還本。即録由状附便令申上。自今以後立為恒例。

宝亀八年三月十日

右では、神社の祭祀や掃修などを検校することが国司の職掌であると明記されている。右所収の宝亀七年四月十二日符では、国司の中から神社の掃修を検校する専当の者を一人あて、その専当国司に神社の掃修の報告を毎年行わせている。そして、神社の掃修をしない者に対して「違勅之罪」を科すように、国司に下したのである。神亀二年の時点では、神社に穢臰があり雑畜が放たれている状況に対して、国家は責任を追及してはいなかった。これは、神亀二年詔は、国司祭祀に関するものであるから、令制の在地神職である祝は、その対象とはなっていなかったためである。しかしながら、宝亀七・八年両符は、国家祭祀とその祭祀場を意識したものであるから、令制の在地神職である祝を掃修の担当者とし、規定の対象としたのである。宝亀七年の時点では、国司の検校を明文化することが主眼のため、実際の掃修者については曖昧であったが、翌宝亀八年には、神社の「掃修」を行うのは「祝」であると明記され、神社に破損や穢が生じた場合、その祝を交替することが国司に指示されている。「職員令」や「神祇令」などには神社管理の規定はなく、また罰則もなかったため、宝亀七〜八年に、祝に神社管理を担当させ、国司に検校させることを法的に明確にしたのである。

神亀二年詔と宝亀八年符を対応させて考えられるのは、八世紀初頭、朝廷は、国家祭祀の場である神社の清浄は国司祭祀の励行で確保できると想定していたようである。八世紀半ばに、公費によって建てられた神社建物が、経年により、その損壊が目立つようになると、国家としては、その公的建物を管理する必要に迫られた。そして八世紀後半には、祝に管理させることが現実的だと判断し、それを徹底するため、国司に検校させ、さらに検校の細則を定めたのである。

神社建物は式年で改築する例を考えると、必ずしも「破損＝汚穢」ではなかったが、宝亀八年符に記された「神社損穢」という文言は、神社の破損を穢れと捉えており、これ以降、神事的禁忌として対応されるのである。

国司は、祝をはじめ神戸・禰宜などを検校する立場にあったが、神社建物は公的建物に準じて管理されるべきものであった。

•『類聚三代格』巻十二　正倉官舎事

太政官符

応早修造前国司時破損雑物事

右被右大臣宣偁。奉勅。畿内七道諸国官舎正倉器仗池堰国分寺神社等類。随破修理。各立条例。至有闕怠。拘以解由。今聞。前後国司交替之日。検校破損。載不与解由状及交替帳等言上。自茲厥後。旧人者縁無其勢不堪修造。新司者称非己怠棄而不顧。稍経年月。弥致大損。此之為弊不可勝言。自今以後。交替之日。所有破損。宜令後任早加修造。其料者作差割留前司主典已上公廨充之。如無公廨者徴用私物。仍待修理訖乃許解由。又郡司之職検察所部。郡中破損須勤修理。若有破損不勤修理者。作差徴物亦同国司。但駅家破損者。一依延暦十九年九月二日格。庶令前後共勤官物無損。

弘仁四年九月廿三日

右によれば、国司は「官舎・正倉・器仗・池堰・国分寺・神社」などの修理に責任をもたなければならず、修理を行わなかった場合は、自らの責任でそれを行わねばならなかった。国司交替の際には、解由状・交替帳などで官舎などの破損の状況を言上しなければならなかったが、実際の状況は、前任の国司は費用がないことを申し立て、さらに後任の国司は自分の責任でないことを申し立てて、それぞれが責任を逃れようとしていた。それが弘仁四年（八一三）に、国司交替の際には、前任の国司の公廨・私物を費用として、後任の国司が修理を行わねばならなくなった。また郡司も、その職掌は所部を検察することであると再確認され、郡内の「官舎・正倉・器仗・池堰・国分寺・神社」の修理が行われなかった場合は、国司と同様に徴用されている。郡司は郡全体を監督する立場であり、所部の巡行や神社修造は、郡司行政の一つと再確認されたのである。(34)

九世紀になると、国司による巡検や検校は、さらに強化されていく。天長元年（八二四）には、国司が神社の神事をすべて神主に委ねている状況を批判し、神税の管理は各神社に委ねてよいものではなく、国司に責任があることを再確認している。

•『貞観交替式』天長元年八月二十日官符

太政官符

諸社封物令国司検校事

右参議弾正大弼従四位下橘朝臣常主奏状云。拠令。神戸調庸。及田租者。並充造神宮及供神調度。皆国司検校。申送所司者。而今所行。一委神主。不問所須。犯用任意。動闕祀事。宮社頽落。無意修造。伏望。一委国司。除造神宮及供神調度之外輙用者。拘国司解由者。奉勅。依奏。

天長元年八月廿日

また承和七年（八四〇）には、一年間に修造した神社の数を、毎年言上することを国司に義務付けている。

•『続日本後紀』承和七年四月戊辰条

是日勅。敬神如在。視民如子。国宰能事。古今通規。是以屢施条章。観彼治道。而吏乖公平。民苦疾疫。年穀不登。飢謹荐臻。論之政迹。理合徴粛。夫事久則懈。人之情也。宜更下知五畿内七道諸国。改既往之怠。成方来之勤。巡行所部修造神社。禰宜祝等。若有怠者。解却決罰。一依前格。年中修造之数。別録言上。若三年之内。遣使覆検猶有破壊者。国司郡司科違勅罪。

右によれば、職務怠慢によって神社を破損させた国司や郡司にも「違勅罪」が科されることが明記された。神社管理における国司と郡司の責任を重くし、神社の維持・管理をさらに徹底させようとした意図が確認できる。右の規定は、貞観元年（八五九）に改定され、修理の色目を朝集使に付して言上されるようになった(35)。さらに同五年にも改定され、これによって神社修理に関しては、制度上の完成をある程度見たのである。

•『類聚三代格』

太政官符

応神社帳准官舎帳勘畢之日令移式部省事
右得勘解由使解偁。官舎器杖池堰国分寺神社等類。中破已上。前司出料并修理之状。毎年申上。明立格制。而諸国言上不与解由状内多載神社破損。因茲即仰神祇官令勘破損色目。申云。或国雖進社帳不具色目。或国不進其帳無由拠勘者。是則無積科責之所致也。夫有司勘事。文案為本。不検彼帳。何弁真偽。今検弘仁十一年三月十九日格偁。民部省解偁。官舎池溝等帳或偏載修理之色不顕其総目。或不見修理之由只注其総目。望請。下知諸国。上件色目一一令申。進官之日即下二寮。召朝集使為例勘合。勘畢之日省移式部省。待移文到乃為上日。如此則諸国進有拠之帳。使者致勘出之帳。謹請官裁者。大納言正三位兼行左近衛大将陸奥出羽按察使藤原朝臣冬嗣宣。奉勅。依請者。望請。神社帳因准件格令神祇官為例勘会。即下知諸国。具注色目。并移式部省等事。一同官舎帳者。右大臣宣。依請。

貞観五年九月廿五日

右の事書の「神社帳」とは神社修理台帳のことである。前出した弘仁四年符により、神社の修理は、国司の責任であることが確認され、さらに前出の承和七年勅により、一年間の神社修造数が毎年言上されることになった。しかしながら、破損の状況を詳しく記載しない国もあれば、神社帳そのものを提出しない国もあったのが実情であった。また、神祇官も神社帳を詳しく勘合しておらず、問題とされている。そこで朝廷は、国司には神社帳を正確に言上させ、神祇官には厳密に勘合させるため、神社帳を神祇官から式部省に移送させることを定めたのである。

国家は、「国司」→「神祇官」→「式部省」と文書を伝達させることで、その内容を厳密に調査させ、神社修理の徹底を意図したのであった。

以上、ここまで、神社修造を中心に、神社の周縁にある神社建物と祝について考察を加えた。もともと祭祀において汚穢は禁忌であった。祭祀とは共同体を保全するための実利的なものであったから、祟り（災異）を引き起こす禁忌は、避けるべきものであった。また、天平年間に、おそらく霊験目的で建てられた神社建物は、正税をもって建てられた公的建築物であったから、国家にとっては恒常的な修理が必要となった。加えて、神社の汚穢が祟り（災異）を発生させているとの卜占の報告は、霊験目的で増加した神社建物が、結果として、祟りの発生源となってしまった。そのため、破損を神事上の禁忌とし、神社建物の修理を義務として祝に負担させた。国家は、公的建物の管理に加え、「穢れ→祟り→災異」の危険性を回避するため、神社修造を制度化していったのである。

ところが、こうした政策によって、経済的に困窮する祝が出てきた。祝に神社修理を負担させる際、その費用は神税が用いられたが、神戸のない無封社の財源は明記されていなかった。修理を徹底させた結果、無封社の祝が困窮するという、国家にとって新たな問題が持ち上がったのである。次節ではこの修造費用の問題について考察したい。

四　「神社修造」と神戸

九世紀になると、神社修造の費用に付言する史料が散見される。まず、大同四年（八〇九）には、神社の清掃・修理費用について初めて明言された。

- 『日本紀略』大同四年四月辛卯条

勅。修造諸国神社之状。宣勅先訖。而経渉年月。未加修造。自今以後。在所長官。専当其事。勤致修理。其料度者。以神税充。無封之社。宜用正税。云々。

（以前に神社修造の詔を出したのにもかかわらず、未だにそれが果たされていない、在所の長官は専らそのことに当た

って、つとめて修理を致せ、その修理費用は神税を充てよ、無封の社は正税を用いよ）

国家は、国司に神社の修造を進めさせたが、その際、有封社は神税、無封社は正税を用いることを指示したのである。

大同四年より約七〇年前の天平十年（七三八）の「周防国正税帳」を見ると、玉祖神社の「改造」費用は「玉祖神税」から支出され、それ以外の神社の「改造」費用は正税から支出されている。(36) 天平の神社修造令は臨時的なものであったが、大同四年に初めて費用が明文化されたのである。

神税とは神戸による税であり、神社経済を支える柱の一つである。『新抄格勅符抄』(37)「神事諸家封戸　大同元年牒神封部」には、神封は「〇〇社　〇戸」と記載されているが、全体的に見てみると、神封が一戸である神社が多く、(38)さらに、天平神護年間（七六五〜七六七）の前後に神封戸が充てられた神社が多いことに気付く。神封戸の僅少性と令制当初から神封戸が充てられていない神社が多い点を考えれば、律令制成立期の国家は、神社の経済基盤を神戸に設定していなかったということになる。

『新抄格勅符抄』では、伊勢の大神宮・八幡神に代表されるような、多くの神戸が充てられている神社が存在する。神封戸が多く充てられていた神社は、「神祇令」神戸条にも規定されている通り、神戸の神税が、神社の祭祀費用となり、「神宮」の建造費用となっていたと考えられる。一方、天平神護年間になってから神戸が充てられた多くの神社は、神戸が充てられるまでは、氏族や在地などの奉斎集団によって神事が維持されていたのであろうことは疑いない。『続日本紀』には地方豪族による「貢献」の記事が多いが、(39)多大な貢献を行えたことは、地方豪族には経済的基盤があったことを意味しており、そうした存在が神社の基盤となっていたと考えられる。

それでは、天平神護年間という、令制が施行されて六〇年以上経た時期に神戸が充てられた理由はどのようなものであろうか。おそらく、天平年間（七二九～七四九）に、国家によって神社建物が増加したが、それを管理する費用として神戸が充てられことは十分に考えられるだろう。

また、八幡比咩神に「神願」として六〇〇戸が充てられ[40]、丹生川上神に「嘉澍を得た」という理由で神戸四烟が充てられているように[41]、神戸には「奉献品」という性格もあった。

「神祇令」が施行された当初は、神税の用途に神宮の造営が規定されているものの、「大和国正税帳」の支出を見れば、実際には神税は「祭神」「神嘗稲」「神田種稲」「神祝食料」など神に供する調度が中心であり、神社の造営には正税が用いられていたと考えられる。

八世紀の神社建物は有封社では神税、無封社では正税が支出された。とくに天平年間の一斉修造には百姓が動員されている[42]。そのため、大同四年勅でも、無封社の修造費用には正税が用いられたのである。

弘仁年間（八一〇～八二四）になると、神社修理に関して、神戸を中心として制度化されていく。

・『類聚三代格』巻一　神社事

太政官符

応令神戸百姓修理神社事

右奉勅。諸国神戸例多課丁。供神之外。不赴公役。宜役其身修理神社。随破且修莫致大損。国司毎年巡検修造。若不遵改更致緩怠者。随状科祓。

弘仁二年九月廿三日

（諸国の神戸は課丁が多いが、公役に赴くことがない。神戸は神社の修理を役とし、破損するごとに修理して、大きく破損しないようにせよ。国司は毎年修理のさまを巡検し、怠りがあれば祓を科せ）

右によれば、基本的に神戸は、公役につかない存在であったことがうかがえる。先論では、私社が官社となる場合の義務・条件の一つに、社殿の造営・修理、清浄の維持を挙げるが(43)、右の弘仁二年符によれば、令制当初は、それらの義務は神戸にはなかったのである。八世紀後半には、神社を修理するのは祝とされたが、神戸については、祝が神戸のうちから国司によって選出されるのみであり、神戸に社殿修理の義務は課されていなかった。神社管理の費用については、有封社では神税が用いられたが、神戸に修理を行う義務はなかったのである。弘仁二年符により、神戸に神社修理の義務が課されることが明文化され、神社修理における神戸の重要性が増したわけであるが、神社修理の政策は無封社においてもその転換期を迎えていた。

•『日本後紀』弘仁三年五月庚申条

制。有封神社者神戸修造。於無封社無人修理。自今以後。宜令禰宜祝等修造毎有小破。随即修作。不得延怠使致大破。国司屢加巡検。若禰宜祝等。不勤修理。令致破壊者。並従解却。其有位者即追位記。白身者決杖一百。国吏不検閲。有致破損者。遷替之日。拘其解由。但遭風火非常等損。不堪修作者。言上聴裁。

(有封社では神戸が修造するが、無封社では修理する人がいない。今後は、禰宜・祝が破損ごとに修理し、大破させないようにせよ。国司は巡検し、禰宜・祝が修理を行わず破壊に至ったならば解却せよ。有位は位記を追い、無位は杖一百とせよ。国吏が検閲せず、破損があったならば、遷替において解由を拘えよ。ただし、風・火や非常時の破損については、言上して、裁下に従え)

右によれば、有封社では神戸が修造し、無封社では禰宜・祝が修理を行うことが定められた。「無封社では修理する人がいない」とするが、八世紀には、有封社・無封社を問わず、祝に対して神社の清掃・修理が義務付けられており、神社を清掃・修理しない祝部は交替させられることが定められていたはずである。この矛盾は、前出の弘仁二年九月二十三日符で有封社の修理を行う主体が祝部から神戸に変化したことによって、神戸のいない無封社が宙に浮いたかたちになり、制度上、一時的に混乱が生じたと考えられる。

また、無封社の禰宜・祝に対して、神社建物の修理義務を再確認したのは、国家が、多くの官社に財政的基盤を設定しなかったことが大きかった。国家祭祀の場を維持するための経済的基盤を設定しないことは、本来、制度上の欠陥である。しかしながら、当初はこれが欠陥としては認識されていなかったと考えられる。なぜなら、神社には奉斎集団が存在し、彼らが神社維持の担い手であり、国家は幣帛を奉じるだけだったからである。ところが、天平の一斉修造によって、公的費用でつくられた神社建物が増え、さらには神社の汚穢が祟りへとつながる事例が増加したため、国家は、国家祭祀の場を恒常的に清浄に保たねばならなかったのである。国家祭祀と氏族・在地の祭祀は、お互いに関与するものではないため、神社維持についても、奉斎集団は国家から統制を受けず、国家は、神戸や禰宜・祝に責任を課したのである。

弘仁三年符では、前出の宝亀八年符と同様、神社修理を怠った禰宜・祝への罰則も定められ、加えて白丁の場合は「杖一百」が科された。

弘仁二年から三年にかけて、神社修造の主体は祝と神戸になり、とくに無封社においては厳しく確認されたのである。

天平の一斉修造や大同四年勅では、無封社において正税が用いられているが、これは臨時的な修造であり、恒常的な神社維持に正税が用いられることはなかったと考えられる。弘仁二年と三年の一連の政策によって、神社管理の主体とその費用が明文化され、さらに弘仁四年には、郡司と国司に所管内を巡検・検校させるなど、神社の恒常的な清浄は、一時、制度的に整えられたのである。

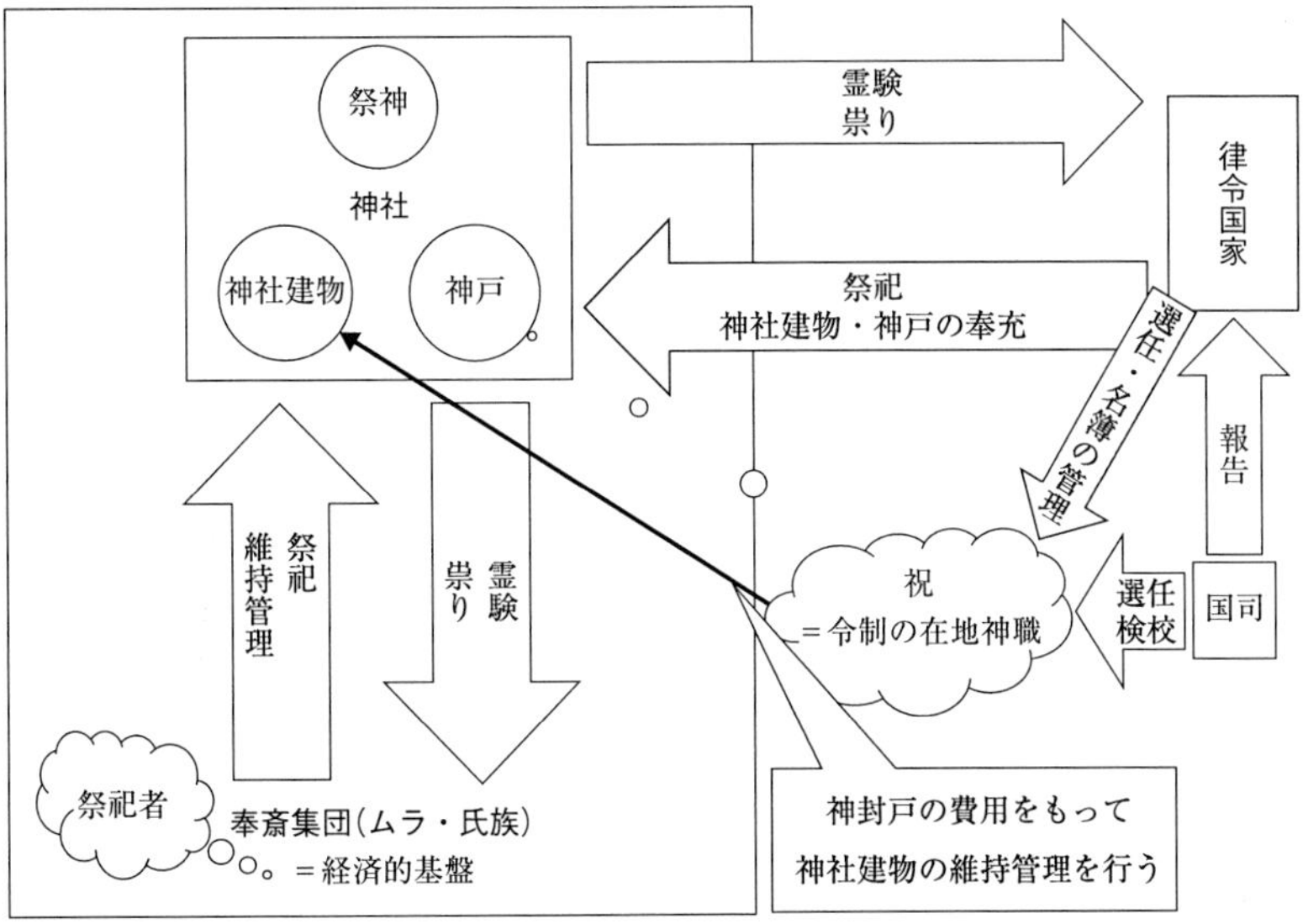

図19　有　封　社

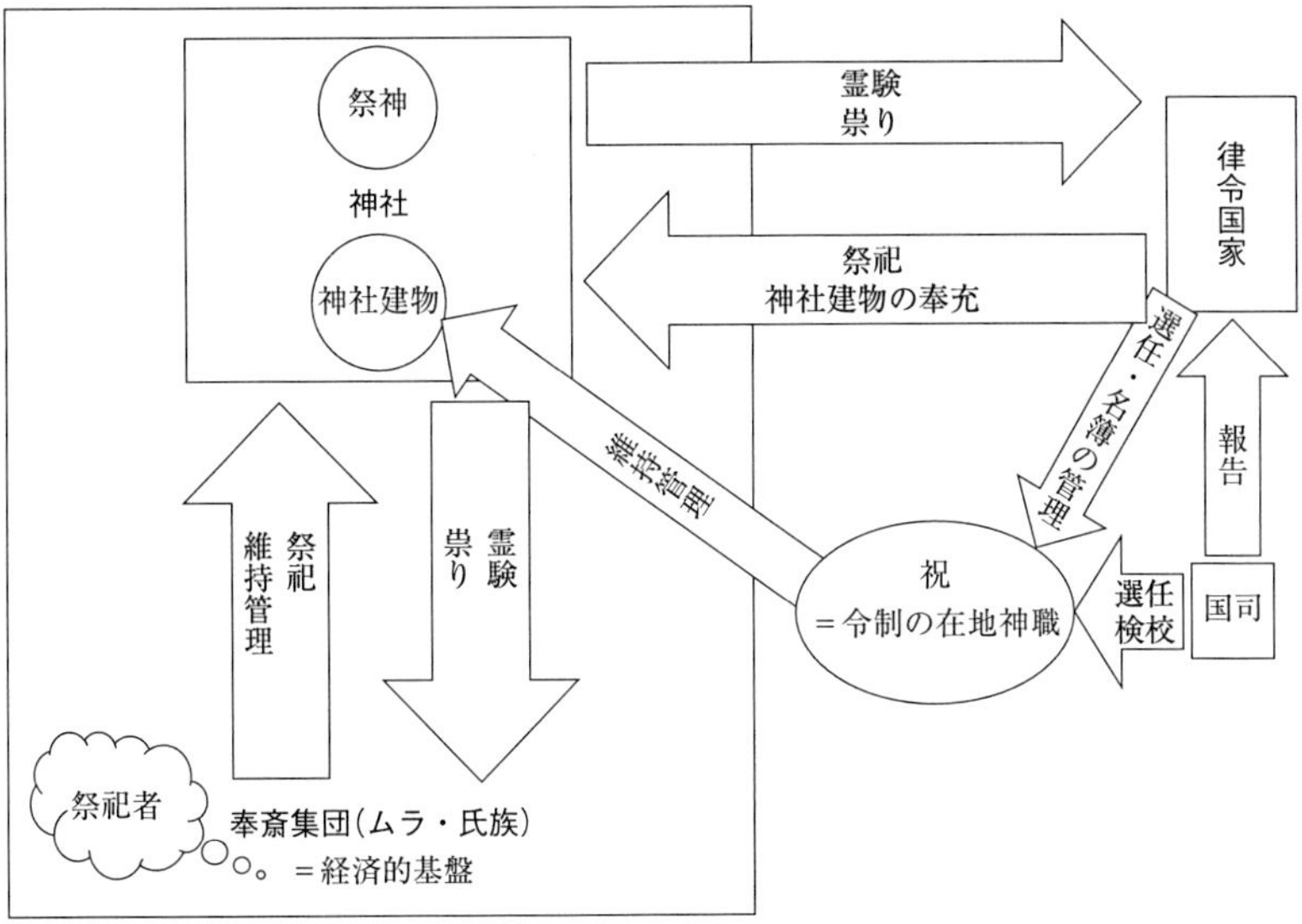

図20　無　封　社

ところが、これらの制度は、無封社において、欠点がすぐに指摘されるのである。次の史料によれば、「弘仁三年官符を受けて、それを大和国で実施してきたが、神封戸の存在する神社では修造を行うことができるが、神封戸のない神社には修造費用がないため、祝たちは修造することができない」とあるから、無封社の禰宜・祝は、自ら費用を捻出する必要があったのである。

•『類聚三代格』巻一　神社事

太政官符

応以大社封戸修理小社事四箇条之初条

右撰格所起請偁。太政官去弘仁十三年四月四日下大和国符偁。得彼国解偁。検案内。太政官去弘仁三年五月三日符偁。有封之社。令神戸百姓修造。無封之社。令禰宜祝部等永加修理。国司不存検校有致破壊者。遷替之日拘其解由者。国依符旨行来尚矣。而今有封神社已有治力。無封神社全無修料。仍貧幣祝部無由修社。吏加検責各規遁隠。推其苦跡誠有所以。仍検神苗裔本枝相分。其祖神則貴而有封。其裔神則微而無封。仮令飛鳥神之裔天太玉。臼瀧。賀屋鳴比女神四社。此等類是也。望請。以無封苗裔之神。分付有封始祖之社。則令有封神主鎮無封祝部。然則社有修掃之勤。国無祟咎之兆者。右大臣宣。奉勅依請者。事施一国。遵行有便。伏望。下知四畿内及七道諸国者。中納言兼左近衛大将従三位藤原朝臣基経宣。奉勅依請。

貞観十年六月廿八日

右は、神社修造に関する一連の規定を受けて、国司が厳しく修理を行わせた実態と、その結果を示している。弘仁三年に各神社に修理を負担させ、無封社の修理費用は禰宜・祝が自ら負担することになったが、その負担によって祝部は困窮してしまった。国家が国司に対して厳しく「官舎・正倉・器仗・池堰・国分寺・神社」の修理を命じたことにより、国司は禰宜・祝に厳しく神社建物の修理を行わせたと考えられ、それによって無封社の禰宜・祝は困窮してしまったのである。とくに大和国は、遷都により官人とその一族が大量に移動したため、多くの神社では氏族の支援がなくなり、困窮する無封社が多かったと考えられる。大和国には多くの官社があり、国家祭祀の場が管理されないことは大きな問題であった。さらに、「社の修掃の勤有れば国に祟咎の兆無し」とあるから、「社に修理や清掃の勤が無ければ、国に祟咎の兆しが有る」ことになり、この点も大問題であったのである。

実際には、無封社は奉斎集団に支えられていたのであるが、氏族の衰退や在地村落の移動によって神社だけが残される状況が、全国にも拡大したのであろう。そのため朝廷は、こうした現状を受けて、神社を祖・裔に分け、有封の祖神によって無封の裔神の神社修理費用を援助させる、互助システムを意図したのである。

神社修理に関しては、実際の神社修理を神主・禰宜・祝に行わせ、その費用は神戸や祝らに負担させ、それを国司が検校し、解由状などでそれを管理するというそれまでの制度は、貞観十年（八六八）以降も踏襲された。「有封の祖神」と「無封の裔神」との互助制度は、神社修造を徹底し、困窮した禰宜・祝を救いつつも、国家財政の負担にならないように意図されたものである。

八世紀、国家は主に奉献品を神社に奉じるのみであり、神社の管理は奉斎集団が行っていた。もともと、国家は神社を官社に指定しても、その維持を負担することは念頭になかった。八世紀半ばに神社建物を公費で建てたことも同様である。国家によって神社建物が建造されると、それを管理する必要が生じた。しかし、令制神職による神事の怠慢、国司による巡検の怠慢、神祇官による文書検察の怠慢、それぞれの怠慢により、神社建物は破損が進んだ。さらに、神社の破損が穢れにつながり、それが祟りの原因とされると、国家は、神社修造の制度化を進めた。

八世紀後半から始まる神社修理の施策は、禰宜・祝の困窮などを考えると、無封社にとっては実情に沿ったものとは言い難いものだったが、公的建物の修理という一般行政と祟り（＝災異）の防止という神事行政の両面から、「神社の清浄」を徹底する必要があった。様々な規定を設けて違犯がないよう細かくマニュアルをつくり、それをチェックする機能をもたせながら、神社の「掃修」の徹底化を図ったのである。

ただ、こうした制度に神社の奉斎集団を組み込むことは難しかった。奉斎集団は、古くから神社と由縁をもっており、基本的に神社はそうした集団に所属する施設である。国家が神社に祈年祭幣帛を奉じることで国家祭祀を行い、正税・神税を支出して建物を造っても、神社が奉斎集団の所属から切り離されたわけではない。神社と奉斎集団との関係性が切れてしまえば、国家にすべての負担がかかることを考えれば、国家がその関係性を弱めようとするとは考えにくい。国家にすれば、神社と奉斎集団との関係が密接であることは、経済的に望ましいことであった。ところが、奉斎集団は、国家が設定した組織ではないため、直接的に法的拘束を受けなかった。その費用は神税が主で、全体的には不十分であり、そもそも神社は奉斎集団の施設であったため、制度的には実情に沿わなかったのである。

神社が奉斎集団の施設でありながら「傾廃」した理由としては、氏族内の血縁の混乱・再編成・衰退、または在地村落の移動などにより、神社と奉斎集団の関係性が崩れたことが考えられよう。大和国城上郡に坐す宗像神社は、無封社であるために、神社の氏人である高階氏が神社修理の費用を負担してきたが、高階氏の経済力低下により、その費用が負担できなくなってしまい、神社は荒廃してしまった。こうした宗像神社と高階氏の関係は、当時、決して珍しいものではなかったのである。

おわりに

以上、神社とその周縁について考察を行った。祭祀とは、共同体にとって、自らを保全するための作業であり、神社とは祭祀の場である。つまり、神社とは共同体にとって、自らを保全するための施設である。神社は、共同体所属の施設として管理されたが、国家によって神戸が充てられた神社もあった。

八世紀半ばに、正税・神税の支出によって神社建物が増加した。効験目的で建てられた神社建物であったが、管理責任者が明確ではなかったため、破損が相次いだ。公費で建てた建物だったため、破損するたびに修造することが求められた。さらに、もともと「祭祀において穢悪は禁忌」とする価値観はあったものの、建物の破損は必ずしも汚穢ではなかったが、八世紀末から、「神社の汚穢が祟り・災異に結びついている」という卜占の報告が出されるようになると、「神社の恒常的な清浄」の面からも神社修造が必要になった。神社は祭祀場であると同時に、「官舎」であり、「祟りの発生源」でもあった。

国家は、自らの保全を目的として、神社修造を制度化していった。

神社修造の制度化の段階については、以下の通り大きく五つに分けられる。

(1)奉斎集団に所属する祭祀場において、共同体の保全を目的とした祭祀が行われていた。

(2)国家は、国家の保全を目的に、特定の神社（＝官社）に祈年祭幣帛を奉じ、国家祭祀を行う。

(3)国家の支出による神社建物が増加したことと、卜占で「神社の破損・汚穢→祟り」と結果が出されるようになったことにより、「恒常的な神社の掃修」が求められるようになった。

(4)令制神職や神戸に「神社の掃修」を行わせ、国司にはそれを厳しく検校させて中央に報告させた。神祇官には、諸国から報告された文書を厳密に点検させた。

(5)無封社の禰宜・祝が困窮してしまったため、「有封の祖神」と「無封の裔神」の互助システムを制度化した。

神社維持においては、実務は在地の令制神職に任せ、国司にそれを検校させ、神祇官が点検する施策が制度化されていく。とくに、九世紀から国司による検校を厳しくさせ、修理が行われずに神社が「傾廃」した場合、国司の責任において修理を行わせ、その状況を、毎年、正確に報告させ、神祇官にも厳密なる文書の点検を求めたのである。当初、「令掃浄諸仏寺幷神社」（＝寺と神社を清掃し、修理せよ）という単純な法令から始まった「神社の清浄」は、以上のようにして複雑化し、細かく規定されていったのである。ただし、神社は奉斎集団の施設という実情と、費用の不十分さから、全体としては効果は限定的であったと考えられる。

註

（1）大己貴神に祭祀権が与えられたとする先論もあるが（岩波文庫『日本書紀』など）、祭祀とは現世のためのものであり、大己貴神は祭祀の「対象」になったのであるから、当然、祭祀権は皇孫に帰する。
（2）宮地直一「神道思潮」（一九三〇年。後、『宮地直一論集五　神道史序説』に再録）、同「神社概説」（一九三〇～三一年。後、『宮地直一論集五　神道史序説』に再録）など。
（3）大場磐雄「原始神社の考古学的一考察」（『神道考古学論攷』葦牙書房、一九四三年）。
（4）福山敏男『神社建築』（小山書店、一九四九年。後に修正を加え、「神社建築概説」〈『神社建築の研究』福山敏男著作集四、中央公論美術出版、一九八四年〉に再録）。
（5）稲垣栄三「古代の神社建築」（『文化財講座　日本の建築Ⅰ　古代Ⅰ』第一法規出版、一九七七年）。
（6）このほかに、祝宮静「律令時代に於ける神戸と社殿修造との関係」（『國學院雑誌』三七―一、一九三一年）、林野全孝・桜井敏雄『神社の建築』（河原書店、一九七四年）、西田長男「「神社」という語の起源そのほか」（一九七四～七五年。後、『日本神道史研究』に再録）、桜井敏雄「伊勢神宮の創祀と原像―神宮の祭祀と配置―」（『伊勢と日光』小学館、一九八二年）などの研究も、神社建築は自然発生的に成立し普及したとする見解を基本としている。
（7）川原秀夫「律令官社制の成立過程と特質」（林陸朗先生還暦記念会編『日本古代の政治と制度』続群書類従完成会、一九八五年）。
（8）林一馬「神社社殿の成立とその契機」（『神社建築』一一七五、一九八一年）。

(9) 丸山茂「神社建築の形成過程における官社制の意義について」(『建築史学』三三、一九九九年)。
(10) 岡田精司「神社建築の源流─古代日本に神殿建築はあったか─」(『考古学研究』四六─二、一九九九年)。
(11) 岡田精司『神社の古代史』(大阪書籍、一九八五年)。
(12) 関和彦「在地の神祇信仰」(『日本古代社会生活史の研究』校倉書房、一九九五年)。
(13) 大関邦男「官社制の再検討─奉斎制度の側面から─」(『歴史学研究』七〇二、一九九七年)。
(14) 池辺彌「社と神社」(『古代神社史論攷』吉川弘文館、一九八九年)。
(15) 池辺氏は、第一期から第四期までの区分は、「あくまでも大きな流れとしての把握であり、それぞれの神社は個々の特性を長い歴史のうちに持ち続けて生きて来た」とも指摘する。
(16) 西宮一民「ヤシロ(社)考──言葉と文学」(『上代祭祀と言語』桜楓社、一九九〇年)。
(17) 林一馬「伊勢神宮成立史考」(『建築史学』二八、一九九七年)。
(18) 考古学における神社建築の研究史としては、錦田剛志「「古代神殿論」をめぐる近年の研究動向─考古資料の解釈をめぐって─(上・下)」(『皇學館大学神道研究所所報』六三・六四、二〇〇二・〇三年)に詳しい。
(19) 山本信吉「神社修造と社司の成立」(『社寺造営の政治史』思文閣出版、二〇〇〇年)。
(20) 『日本書紀』天武天皇十年(六八一)正月己丑条。
(21) 『続日本紀』天平九年(七三七)十一月癸酉条。
(22) 山本前掲註(19)論文。また山本氏は、寺院の修理費用は、官寺・私寺共に建立者負担が原則とされ、その経費の用意が予め設けられていたのに対し、神社の場合は、修理負担は誰が負担するのかその原則が当初から明らかではなく、修理経費についての対応がないとしている。
(23) 住吉・香取・鹿島の正殿が式年の改作なのは、祭神が鎮座する正殿にはめったなことでは手を加えないとする価値観があった可能性が指摘できる。
(24) 本書では、基本的に「神社建物」と記す。神社の建築物をどのように呼称するかは未だ議論の分かれるところであり、「社殿」「神殿」「常設社殿」など統一されていない。「常設社殿」説は、祭祀を行うごとに「社殿」が建てられていたのが変化して常設のものがあらわれ、それが「神社」の原型であるとする。

(25) 川原前掲註(7)論文は、私社が官社になる場合、
①国家による司祭者の選任
②祭祀料徴収権の否定
③社殿の造営・修理、清浄の維持
④祈年祭幣帛時における祝部の入京
⑤国司の管理
以上の五点が義務付けられると指摘した。

これに対し大関氏は、神税以外の出挙までは禁じられていないとして、「祭祀料徴収権の否定」を疑問視する（「古代神社経済の構造」『国史学』一五一、一九九三年）。
(26) 古代神職の先行研究としては、林陸朗「上代神職制度の一考察」（『神道学』二九、一九六一年）、梅田義彦『神祇制度史の基礎的研究』（吉川弘文館、一九六四年）、杉崎美智子「祝に関する一試論―日本古代国家の成立史にふれて―」（『史艸』一九、一九七五年）、熊谷保孝「律令制下の神職制度」（『日本古代の神祇と政治』日東館出版、一九七七年）、同『律令制国家と神祇』（第一書房、一九八二年）、高嶋弘志「律令神祇祭祀と神主の成立」（『北大史学』二一、一九八一年）、中村英重「神主の形態と氏神・氏上」（『駿台史学』七五、一九八九年）、大関邦男「律令制と神職」（林陸朗・鈴木靖民編『日本古代の国家と祭儀』雄山閣出版、一九九六年）など。
(27) 西宮秀紀「律令国家に於ける神祇職」（『日本史研究』二七〇、一九八五年）。
(28) 山本前掲註(19)論文。
(29) 『日本書紀』皇極天皇元年（六四二）七月戊寅条。
この記事について、岡田精司氏は、村々の祝の呪術より仏教の呪法、仏教の呪法より天皇の祭る神という「宗教的威力の三段階」があったと指摘し（「古代における宗教統制と神祇官司」『古代祭祀の史的研究』塙書房、一九九二年）、西宮前掲註(27)論文は、群臣より蘇我大臣、蘇我大臣より天皇という「政治権力の三段階」があったと指摘する。
(30) 下出積與「漢神信仰」（『日本古代の神祇と道教』吉川弘文館、一九七二年）は、「殺牛馬祭祀」「市を移す」「河伯を禱る」の行法は中国風の儀式・習俗であると指摘する。

(31) 西宮秀紀「神祇官成立の一側面―祝・祝部を中心に―」(『続日本紀研究』一九七、一九七八年)。

(32) 『類聚三代格』元慶五年(八八一)三月二十六日官符「応三年一進諸神祝部氏人帳事」。

(33) 太田博太郎「式年造替制私考」(『建築史学』二八、一九九七年)は、「修理」に「つくる」の意味があることに触れ、林前掲註(8)論文も、『日本書紀』の用例を引いて、「文中の「修理」なる語は、今日的意味のそれではなく、ここではむしろ歴史的な用語として、〈建築・新造〉にほぼ同義とみてよいであろう」とする。また、丸山前掲註(9)論文も、『古事記』の垂仁天皇記に、杵築大社の「修理我宮」と「令造神宮」が対照できるかたちで使用されていることが、「修理」を「つくる」と解釈できる具体的な事例であると述べている。

丸山氏は、「「修理」がすでに存在している社殿の破損を手当てするものなのか、様々なあり方をしている施設を、官社の指定によって国家の望む姿に建て替えたのか、これらの異なる意見を語釈の問題として結論を得ることは難しい」と述べているが、様々なあり方をしている施設を国家の望むかたちに建て替えたとする説は、官社には定まった建築様式があり、規模の大小があっても、その様式は全国一律で変わらないということになる。しかしながら、現在の考古学の研究によっても、聖域内の遺構を神社建物と判断できる類型はなく、むしろ地域によって異なっていたという見解が出されている。寺院のような定まった遺構の類型が見られないということを考えれば、神社には、全国共通の建築様式はなかったと考えられよう。

(34) 郡司も郡内の保全のために祭祀を行っており、そうした郡司祭祀も郡司のもつ行政権の一つであったと考えられる。

(35) 『日本三代実録』貞観元年(八五九)二月二十七日条。このほか、国司が朝集使に付して言上した文書としては、祝部氏人帳がある(『類聚三代格』元慶五年(八八一)三月二十六日官符「応三年一進諸神祝部氏人帳事」)。また、逆に朝廷が、朝集使に幣帛を頒けさせることもあった(『類聚三代格』貞観十七年三月二十八日官符「応附送税帳大帳朝集等使諸社不受祈年月次新嘗等祭幣帛事」)。

(36) 玉祖神社は一社で六二一束八把が用いられたが、玉祖神社以外の周防国・隠岐国の神社は、幾社か合わせて四一四束七把五分・六六束四把・二九八束が用いられている。

『正倉院文書』「周防国正税帳」(天平十年〈七三八〉)

玉祖神社の改造費用＝六二一束八把

玉祖神社以外の改造神社費用＝四一四束七把五分

『正倉院文書』「隠岐国正税帳」（天平五年）

智夫郡内の神社の修造費用＝六六束四把

周吉郡内の神社の修造費用＝二九八束

(37)　飯田瑞穂「新抄格勅符抄に関する考察」（『芸林』一〇―六、一九五九年）など参照。

(38)　熊田亮介「神戸について」（『文化』三八―三・四、一九七五年）は、『新抄格勅符抄』「神事諸家封戸　大同元年牒」について、①神社によって神封所有数のばらつきがある、②神封数の僅少性、③神社所在国に神封を有する神社が多い、という三つの特徴を指摘する。

(39)　『続日本紀』養老七年（七二三）二月戊申条、（以下、すべて『続日本紀』）天平十九年（七四七）九月乙亥条、天平勝宝元年（七四九）五月戊辰条、同五年九月戊戌朔条、天平神護元年（七六五）八月甲申条、同元年十月丁丑条、同元年十月己卯条、同元年閏十月丁酉条、同二年正月庚午条、同二年二月庚寅条、同二年七月己卯条、同二年九月丙寅条、同二年九月壬申条、同二年十二月壬寅条、神護景雲元年（七六七）二月庚子条、同元年三月己巳条、同元年三月乙亥条、同元年四月癸巳条、同元年四月戊申条、同元年五月戊辰条、同元年六月辛巳条、同元年六月庚子条、同元年七月癸酉条、同元年八月辛巳条、同元年八月庚子条、同元年九月戊申朔条、同元年十月癸巳条、同元年十二月壬寅条、同二年三月癸亥条、同二年三月甲子条、同二年閏六月庚戌条、同二年九月戊戌条、同二年十二月壬戌条、同二年十二月乙丑条、同三年八月辛丑条、宝亀元年（七七〇）三月癸未条、同元年四月癸巳朔条、同元年四月壬子条、同八年六月乙酉条、延暦元年（七八二）五月乙酉条、同三年三月乙亥条、同四年四月己卯条、同四年七月壬戌条、同七年六月辛丑条、同八年十二月乙亥条、同十年正月丙戌条、同十年十一月壬戌条など。

(40)　『続日本紀』天平神護二年（七六六）四月丙辰条。

(41)　『続日本紀』宝亀四年（七七三）五月丙子条。

(42)　「周防国正税帳」には「改造神社」の費用に関して「改造神社料用穎稲肆伯壹拾肆束柒把伍分、役単功肆伯伍拾貳人、傭稲貳伯貳拾陸束、人別日五把　食稲壹伯捌拾束捌把人別日四把　塩玖升肆勺人別日二夕　価稲壹束伍把以一把買六升」と記載されている。百姓が動員されると、一日一人当たり、およそ稲一束の費用がかかっていた計算になる。

(43)　川原前掲註(7)論文。

第三章　国家祭祀と神税
――神社経済――

はじめに

国家は神社に対し、霊験を求め、祟りを回避するために、幣帛を奉じた。これが国家祭祀であり、その祭祀者として祝が設定され、神社経済を支えるための神戸が設定された。

神社では、氏族や在地村落などの奉斎集団によって祭祀が行われていた。基本的に神社は共同体の施設であるが、国家祭祀を維持する目的、もしくは奉献の目的で神戸が設定された神社もあった。その神戸による税が神税である。神税は神宮の建造や供神の調度に用いるとされており、神社を経済的に支えるものと位置付けられている。

本章では、神社の経済的側面を考察し、国家祭祀の一側面を明らかにしたい。

一　神税に関する先論

令制下における神税(1)の性格を検討するについては、「神祇令」の条文が基本となる。

凡神戸調庸及田租者、並充造神宮及供神調度、其税者、一准義倉、皆国司検校申送所司

（神戸の租・調・庸は、神宮の建造、および神に供する調度に用いよ、その税は義倉に准ぜよ、これらを国司が検校して所司に申し送れ）

八・九世紀において、この条文は神税制度の基本となっており、神税に関する規定に頻出する。

しかしながら、神税に関する史料には、施策が矛盾するものや例外と思われるものが多く、『令集解』でも諸説分かれているように、神税の性格には不明な点が多い。(2)神税と官稲との性格の異同や、神税の「租」「調」「庸」にどのような区別があったのかも不明である。

神事行政は、「公務」（一般行政）と照らし合わせると例外的なものが多く、公務と整合性を求めるのが困難な場合が多い。神階奉授などもその一例で、位階を神祇に奉じるものの、神位の性格は官人のものとは大きく異なっている。これは神戸・神税についても同様で、公戸・官稲と区別されている場合がある。

•『続日本紀』神護景雲二年（七六八）三月乙巳朔条

東海道巡察使式部大輔従五位下紀朝臣広名等言。得本道寺神封戸百姓款曰。公戸百姓。時有霈恩。寺神之封。未嘗被免。率土黎庶。苦楽不同。望請。一准公民。倶沐皇沢。使等商量。所申道理。至是。官議奏聞。奏可。余道諸国亦准於此。

例えば、右によれば、もともと寺封戸と神封戸は恩免の対象となっていなかったが、神護景雲二年以降、公民と同様に恩免の対象となった。しかし、「和泉監正税帳」では穴師神戸の税に関して「当年田租、依天平九年八月十三日恩勅免訖、即依民部省天平九年十月五日符、割充正税者」（当年の田租は天平九年〈七三七〉八月十三日の恩免のため、民部省天平九年十月五日符によって正税を充てる）と記載されているように、神戸に対しても恩免があったのであり、

神護景雲年間の紀広名の「言」とは矛盾する。また、「周防国正税帳」にも「以神命、自天平八年迄十年、合参箇年田租免給者」（神命によって天平八年から十年までの三年間、田租を免ずる）という恩免の記載がある。確かに神戸は、旱魃によって諸国の田租の半分が免ぜられても、その適用外だったことがあるが[3]、臨時的に恩免の対象となる神戸の事例もあったのである。

ただし、神護景雲二年以降の史料には、恩免に際してわざわざ「神寺之稲又宜准此」という記述があるから、もともとは「神税は基本的に恩免の対象外」とされていたと考えられる。

神税とは神戸の租・調・庸を指すのであるが、神戸・神税については、諸先学による詳細な研究がある[4]。戦前に祝宮静氏が神社経済について詳細な研究を残したが[5]、それによれば、神戸は神社に賜与された封戸の一種であり、かなり特殊な性格を有していると指摘した。この「神戸＝封戸」は通説的に理解されてきた。

これに対し、熊田氏は、神戸は封戸の一種ではなく、封戸とは別枠の、独自の構造と特質を有するものであることを指摘した[6]。熊田氏は、神税の管理において、八世紀前半と『延喜式』成立段階との差は、前者が神税を正税帳に付記あるいは書き上げるものであったのに対し、後者では別個に作成される点であると指摘する。さらに、『政事要略』所収の税帳枝文では、「神税帳」と「神封租帳」とは明らかに別建てであるとし、神税が神祇官財政の重要な財源となっていることと考え合わせれば、少なくとも租については神戸と神社封戸とが区別されていたことは明らかであると論じた。そして、「神封」という語は神戸＝封戸であることを意味するのではなく、神戸が「神封」に組み込まれたことを示すのであり、神戸それ自体の変質を考えるべきであると指摘した。そして、神社封戸は、その租庸調が「神用」に充てられることには変わりないが、封戸自体は基本的には経済的意味以外もたぬものであり、神社との従属関係もほとんど形式なものにすぎないとしたのである。熊田氏は、神戸と神社封戸とを区別し、神戸は神社祭祀を支える従属性の強い祭祀専業者集団であり、神社封戸は神社との従属関係がないものと捉え、「神封」とは、その神戸と神社封戸とを総称したものであり、神戸が神封に組み込まれていったと結論付けたのである。

熊田氏は、さらに、封戸の実体は公戸であり、封戸制は公戸の一部を割いてその租庸調を封主に給する給与制度と考えるべきであると指摘した。したがって封戸自体は、戸籍上、公戸籍に付貫されると考えるべきであって、封戸籍の存在が確認できないのも当然であると論じ、神戸（特殊籍）は戸籍上、封戸（公戸）からも排除されているとした。

熊田氏が「『神寺諸家封戸』（新抄格勅符抄、延喜式）と総称される封戸の中にあって、神社封戸のみが、禄令諸条文の中にその片鱗さえも見せぬということは、きわめて奇異なことといわねばならない」と述べているように、神社に対する封戸賜与規定が存在しないことは理解に苦しむところである。しかしながら、熊田氏の論では、神戸と神社封戸とを包含するという「神封」それ自体の性格や、神戸が「神封」に組み込まれる過程においてどのように変質したのかを明確にすることが求められよう。

また小倉慈司氏は、神戸と神祇官との関係を中心に論じ、神税の管理権は神社ではなく国司が握っており、最終的な管理権は中央（神祇官）にあったことを指摘した(7)。また、神戸は直接の対象として設置された神社に対してだけではなく、神祇官祭祀とも密接な関係をもっていたと推測し、神社との関係のみを強調すべきではないとした。忌部神戸を例として取り上げ、忌部神の神戸でありながら、神祇官祭祀とも関連をもっていたことを指摘した(8)。そして、神税が神祇官に送進されることに注目し、神税が神社の所有物であるよりは、本来的に神祇官の所有物であったと見なされていたのであり、「神戸は、第一には租税を神に奉仕することによってその設定社の祭祀を精神的に国家祭祀の一部として取りこむことを目的として設定されたが、その国家的性格の故、それと共に中央における祭祀の祭料調達の役割も担わされていた」と論じたのである。

小倉氏は、神戸は封戸としての性格はなく、神祇官祭祀のために設置されたものだとしており、神戸と封戸は区別されるべきだと論じている。

小倉氏の論は、首肯すべき点も多く、神祇官への送進は、神戸の性格を考察する上で重要である。ただ、『新抄格勅符抄』「神事諸家封戸　大同元年牒　神封部」に「神封」とあるように、神戸と封戸とは混同されていき、平安時代には、本来的な差異は薄れてしまっている。

さらに、大関邦男氏も神戸の本質は、律令国家の祭祀とのかかわりが考慮されるべきだと指摘した。(9) その上で、神戸は「官社のうち、国家的要請に連なる験をとりわけ強く示すと国家によって設定された神に与えられたもの」だと推測し、「天皇に奉献すべき律令制租税を神に奉献」することは、神が「験を示すことで天皇・律令国家に仕奉すべく位置づけられた」と論じたのである。大王に近侍・奉仕する「トモ」と神に近侍・奉仕する神職が基本的に同じ貢納・奉仕の構造になっていると論じ、氏族が神に対して「トモ」の貢献・奉仕を行い、その神が王権のための験を示すことを通して大王に仕奉していたという歴史的前提を背景として、律令制下に、新たに神戸が設定されたとした。

大関氏は、神験を示す神に律令制租税を奉献することで、その神は験を示して天皇・律令国家に仕奉するべく位置付けられたと論じ、そこに神戸設置の理由があると捉えたとするが、「神が大王に仕える」という捉え方には疑問がある。奉献による神験の希求は、奉斎集団も行うことである。国家が律令制租税を奉献して神験を希求することが「神が国家に仕奉する」のであれば、奉斎集団が奉献して神験を希求することが「神が奉斎集団に仕奉する」ことにならないのは何故であろうか。

祝が神戸から選任されることは、神戸と神社との密接な関係を示している。神戸は国家によって設定されたものであり、その神戸から選任される祝は、国家祭祀を行うために置かれた令制の在地神職である。官社において、氏神・

在地祭祀は奉斎集団が行い、国家祭祀は祝が行うものである。実態として、奉斎集団と神戸や祝が同一である事例は多かったであろうが、両者を同一のものとして規定していたとは考えにくい。(10)なぜなら、『新抄格勅符抄』「神事諸家封戸　大同元年牒　神封部」によれば、その神祇が坐す国とは別の国に神戸が存在することである。少なくとも他国の神戸と奉斎集団とは同一ではないと言えるだろう。また、「神祇令」の神戸に関する条文は、調庸と田租の規定であり、神戸に税以外の義務は課されていない。(11)祝が神戸の中から選ばれている以上、神戸と神社との間に密接な結びつきがあったことは十分に考えられ、神戸と奉斎集団が同一である事例は多かったであろう。しかしながら、その法的根拠はなかったのである。

以上、僅かながらに先論を検討してみたが、神封戸や神税に関する問題点は、未だ膨大である。本章では、「神社経済の一つである神税」という側面を考察してみたい。

二　神税管理の問題とその萌芽

神税の実態としては、神祇官に送進されるものもあるが、「神祇令」では、それぞれの神祇に用いるものとして規定されている、実際に神税を管理・運用していたのは神職であり、国司がそれを検校し、神祇官が把握するのである。延暦二十年（八〇二）に、国司・郡司・神主が祭料を支度することが定められたが、(12)これは、神税の支用に際しては国司・郡司・神主が神税の管理を共に行うことが望ましいとするものである。これは、神税の管理に関して、一つの方向性を示すものであった。

・『類聚三代格』巻一　神封物幷租地子事

太政官符
応令国司出納八幡大菩薩宮雑物事
右得大宰府解偁。太政官去延暦十八年十一月五日符偁。府解偁。太政官去年十二月廿一日符偁。大菩薩幷比咩神封一千四百十戸。宜納府庫者。豊前国解偁。神宮司申云。比咩神封六百十戸之物与大菩薩封物共納府庫。由是春秋祭料無物可用者。所申有実。謹請処分者。右大臣宣。奉勅。宜府官検校割充祭料所残雑物便納神宮。仍即府官宮司相共出納者。府依符旨相共出納。而道路稍遠有煩遣使。加以検前例。神宮当国等司相共検掌出納。望請。准先例。付国与宮共令出納。但年終用状勘録令申。謹請官裁者。右大臣宣。奉勅依請。
大同三年七月十六日

右によれば延暦十七年に、八幡神と比咩神の神封が大宰府庫に納められることになった。しかしながら、その所為で春秋の祭料がなくなってしまったため、翌十八年に、大宰府官が検校して祭料を支度し、祭で残った雑物を神宮に納め、その出納は大宰府官と宮司が共に行うことが定められた。しかしながら、大宰府官が八幡神宮まで来るのは大変であるため、先例により国司と宮司が出納を共に行うことが新たに定められたのである。大同三年（八〇八）時点で「検前例、神宮当国等司相共検掌出納」（前例を検ずれば、「神宮」と国司とが共に出納を行っている）とするのは、前述した「神税の管理は国司・郡司・神主が共に行う」と共通していると考えられるのである。

神社修造の費用として、参考までに天平年間の「周防国正税帳」における玉祖神社の改造費用料と「隠岐国正税帳」における神社修造費用を挙げると次のようになる。

「周防国正税帳」（式内社十座〈小十〉）

玉祖神社の改造費用＝六二一束八把
玉祖神社以外の改造神社費用＝四一四束七把五分

「隠岐国正税帳」

智夫郡の神社修造費用＝六六束四把（式内社七座〈大一・小六〉）
周吉郡の神社修造費用＝二九八束（式内社四座〈小四〉）

改造または修造の費用の割合は異なるが、これは神社の規模などによるものであろう。ちなみに「周防国正税帳」には玉祖神社以外の神社改造費用は、山里純一氏が述べているように、「恐らくこの時改造の対象となった神社が、神戸を持たないいわゆる無封社であったために、太政官符によってその費用を正税から支出したもの」[13]であったのだろう。大同年間にも、神社修造に関して、無封社は正税が用いられている。

また、『新抄格勅符抄』「神事諸家封戸　大同元年牒　神封部」に「一戸」と記載され、「大和国正税帳」にも記載されている神祇の収入と対応させてみると、次のようになる。

生根神（一戸）＝一五〇束八把
畝尾神（一戸）＝九〇束
耳梨山口神（一戸）＝五三束
都祁神（一戸）＝一四六束一把

神祇によって多少があるのは、天平十九年までは封戸の人数が定まっていなかったことが一つの原因と考えられる。玉祖神社はその規模が大きく、神社の修理費用も相当にかかったと推測される。「正税帳」記載の神社修造費用と生根神・畝尾神・耳梨山口神・都祁神の神戸からの収入を比べてみれば、神戸による神税は、一戸でも、「祭料」などの恒常的支出に対してある程度の意味があったと考えられる。

三　神税管理権の変遷

前節で論じたように、八世紀では、神税の管理は国司と令制神職が行うものであったが、九世紀前半の天長年間（八二四～八三四）になると、神主が神税の管理を行っていた様子がうかがえる。

・『貞観交替式』

太政官符

　諸社封物令国司検校事

右参議弾正大弼従四位下橘朝臣常主奏状云。拠令。神戸調庸。及田租者。並充造神宮及供神調度。皆国司検校。申送所司者。而今所行。一委神主。不問所須。犯用任意。動闕祀事。宮社頽落。無意修造。伏望。一委国司。除造神宮及供神調度之外輙用者。拘国司解由者。奉勅。依奏。

　天長元年八月廿日

（神祇令の規定では、神戸の租調庸を用いた神宮の修造・祭料の支度は、国司が検校せねばならないのに、それをせず、すべて神主に委ねられている。神主は神戸の租調庸を意のままに用いているので、祭祀を怠け、社殿が荒廃しても修理しようともしない。これ以後は国司に委ね、国司は神宮の修造と祭料以外に神戸の租調庸を用いることは禁止する）

右では、まず「神祇令」の規定を引き、神戸の租調庸は国司が検校するものであることを確認している。次に、実態としてはそれらすべてが神主に委ねられ、神税が神主の恣に用いられ、それにより、祭祀を怠り、社殿が荒廃しても修造しないことを指摘している。そのために、神税の管理を国司に委ね、国司も勝手に用いることがないように規定したのである。これは神税の管理権を問うものであり、神主の神税管理に規制を加えたものである。

もともと禰宜・祝は国司がその考を勘定するものであったが、神主のそれは国司が勘定するものではなかった。しかしながら、それでは任期中の神主の功過を調べることができないので、神主の考も国司が勘定することになった。弘仁三年（八一二）に、交替の日に解由を与えられることが定められた神主ではあるが、その時点では、直接、神祇官に属するのか、禰宜・祝のように国司の検校を受けるのか、未だ曖昧であった。そのため、「一委神主、不問所須、犯用任意、動闕祀事、宮社頽落、無意修造」（神事を神主に委ねきっており、国司は検校を行わない。そのため神主は神税を恣意的に用い、しばしば祭祀も闕怠し、神社を修造しようともしなくなった）という状況になったと考えられる。全国的には、神主は制度的に未整備であったため、神主が神税を恣に用いても処罰されないのが実情であったと考えられる。

弘仁年間の神社修理規定には「神主」の語は見られないが、実際は神主にも社殿管理に対する義務が生じていた(14)。神主に対して、「祈禱を行い、神社を修理することに専念せよ」とあるように、祭祀と神社修理の義務が明確化されたのである。

•『類聚三代格』巻一　神社事

太政官符

応以大社封戸修理小社事四箇条之初条

右撰格所起請偁。太政官去弘仁十三年四月四日下大和国符偁。得彼国解偁。検案内。太政官去弘仁三年五月三日符偁。有封之社。令神戸百姓修造。無封之社。令禰宜祝部等永加修理。国司不存検校有致破壊者。遷替之日拘其解由者。国依符旨行来尚矣。而今有封神社已有治力。無封神社全無修料。仍貪幣祝部無由修社。吏加検責各規遁隠。推其苦跡誠有所以。仍検神苗裔本枝相分。其祖神則貴而有封。其裔神則微而無封。仮令飛鳥神之裔天太玉。臼瀧。賀屋鳴比女神四社。此等類是也。望請。以無封苗裔之神。分付有封始祖之社。則令有封神主鎮無封祝部。然則社有修掃之勤。国無祟咎之兆者。右大臣宣。奉勅依請者。事施一国。遵行有便。伏望。下知四畿内及七道諸国者。中納言兼左近衛大将従三位藤原朝臣基経宣。奉勅依請。

貞観十年六月廿八日

（弘仁三年に、有封の神社は神戸が修造・修理し、無封の神社は禰宜や祝が行うこととなったが、実際にそれを行ってみると、有封の神社は社殿修理の費用が存在するが、無封の神社にはそれがまったくないために、祝などは神社を管理することができなくなった。官吏は神社の修理が行われていないことを責めているが、神社の管理が行われなくなったのは、このような理由があったのである。そこで神の苗裔を調べてみると、祖神には神封が存在し、裔神にはそれがない。そこで、有封の祖神の神主に無封の裔神の祝部を支援させ、神社の管理を行わせたのである）

右では、天長元年の時点と異なり、神主に神封の運用を委ねている。天長元年には、国司が各神社の神事をすべて神主に委ねている状況が批判され、神税の管理は神社に委ねてよいものではないとしていたが、弘仁十三年の大和国、または貞観十年（八六八）の全国では、「祖」「裔」という神社間の関係を明確にし、さらに「令有封神主鎮無封祝部（有封社の神主が無封社の祝部を鎮める）」とあるから、神主に神封を委ねられていたのである。[15]

もちろん、すべての神事を各神社に委ねていたわけではないであろうが、それまでは、「今所行、一委神主、不問所須、犯用任意、動闕祀事、宮社頽落、無意修造」（神事を神主に委ねきっており、国司は検校を行わない。そのため神主は神税を恣意的に用い、しばしば祭祀も闕怠し、神社を修造しようともしなくなったのである）、「諸国牧宰不慎制旨、専任神主禰宜祝等、令神社破損、祭礼疎慢、神明由其発祟」[16]（国司は官符に遵わず、神事を神主・禰宜・祝に委ねきっているため、神社は破損し、祭礼は疎かになっている。そのため神祇は、祟りを起こすのである）とあるように、国司が神主などに神事を委ねてきって検校を怠っている状況が非難されていた。それにもかかわらず、貞観年間に、「神主に神社経済を含めた神事を委ねる」という記述に変化した理由としては、いくつかの理由が考えられる。

一つ目の理由は、神主の令制下における位置付けである。天長元年に国司が神社の神事を神主に委ねきっていることを朝廷が批判していることは前述したが、天長元年の時点では、神主は国司の検校を受ける立場にはいなかった。「禰宜祝等考者。国司勘定。而今至于神主不隷国司」とあるように、神主は国司による考課の勘定を受けない職であった[17]。

つまり、天平年間は、国司には神主を検校する法的根拠がなかったのであるが、貞観年間になり、「件神主考。国司随状褒貶。以旌善悪」と規定したことで、神主は国司から検校を受ける職として規定されたのである。

以上のように、全国的に、神主は国司によって検校される職であることが法的に明確になったため、神主に神社管理を委ねても、国司の検校によって徹底されると判断されたのであろう。

さらに、神社帳の作成・伝達・勘合を厳しく定めたことも同様の理由であろう。これは、「令制神職」「国司」「神祇官」それぞれの怠慢を防ぐためのものであり、それぞれの職務を正しく執行させるためのものであり、実質的にも、ある程度の成果があったと考えられる。国司は無封社の禰宜・祝にも自己負担で神社修理を厳しく行わせた結果、無封社の禰宜・祝が困窮する状況に陥ったのである。神主に神社の神事を委ねても、国司の検校により闕怠を防ぐことができるし、文書伝達の徹底によって、国司の検校に闕怠が生じることを防ぐことができたのである。

神主に神社のことを委ねた二つ目の理由としては、実際の神社の神事は、現場の神職に委ねたほうが円滑であるという、現実的な事情である。気比神の神税を官庫に納めたことによって、祭祀の闕怠が起きてしまい、結局は神庫に納めさせたことなどは、その一例であると考えられる。[18]

また、弘仁年間に大和国に下された符には、神税の管理が、ある程度、個々の神社に委ねられていたことが示されている。ここで注目したいのは「有封神主鎮無封祝部」（＝有封社の神主が無封社の祝部を援助する）という記述である。これによれば、有封神社の神主による無封神社の祝部への経済援助が定められているが、神税の管理には、神主が携わっていたことになるであろう。これは、「神社の修理・神税の管理＝神戸・禰宜・祝・神主」、「神社の検校＝国司」という構図が、有効性があると判断されたためであろう。[19]

貞観七年には、全国諸社の祝部は、白丁を補任することを禁止し、八位以上・六十歳以上の神事が行える者を補任することが定められた。

・『類聚三代格』巻一　神社公文事

太政官符

　応三年一進諸神祝部氏人帳事

右得伊予国解偁。検案内。太政官去貞観十年九月十四日下当道諸国符偁。貞観八年四月十一日符偁。去年五月廿五日符偁。右大臣宣。諸社祝部。停補白丁。択八位以上及六十以上人堪祭事者令補之。自今以後立為恒例。但先是置者令終其身者。今諸国所行。専忘本符。偏偁氏人幷神戸悉擬補課丁。論之政途。事乖公平。大納言正三位藤原朝臣氏宗宣。雖是氏人幷神戸百姓。而先尽八位已上及六十已上堪事者。若無其人乃擬年少。但至称氏人無蹤実。仍須神主禰宜祝部等氏。毎社令勘申細由。国司覆検造帳申送。永備計会者。国随符旨。六位以上社祝部氏人帳。毎年勘造附朝集使進官。今件帳期限無程。煩頻勘造。尋其勘拠於公無益。望請。官裁准郡司譜図。一紀一進以備勘会。謹請官裁者。従二位行大納言兼左近衛大将源朝臣多宣。奉勅。宜三年一進。諸国准此。

元慶五年三月廿六日

しかしながら、多くの課丁が、その神社の氏人または神戸であると自称し、神主・禰宜・祝などに補任されてしまうという問題が生じてしまった。そこで朝廷は、たとえ神社の氏人や神戸であっても、まずは八位以上・六十歳以上で神事が行える者を祝部に補任し、あてはまる者がいなければ、年齢の若い者を祝部として補任させた。また、多くの課丁が神社の氏人や神戸であると自称する問題に対しては、国司に、神社ごとの神主・禰宜・祝に補任されるべき氏人帳を作成させた。国司は、それぞれの神社から詳細を報告させ、それを検校して氏人帳を作成し、それを中央に送ったのである。

主に課丁が氏人・神戸を自称して祝部となることを問題としており、「白丁補任の禁止」、「八位以上・六十歳以上の補任」、「祝部氏人帳の作成」の施策は、課丁が祝部となることで課役免除の対象となることを抑制する意図によって規定されたのであった。斉衡三年（八五六）に三位以上の神祇の神職に把笏が許された際には、「白丁は把笏が許されない」とあるから、もともと、白丁が祝に補任されるケースも多かったと考えられるが、貞観年間に、白丁が「課役免除」目的で祝部にならないよう、白丁による令制神職への補任を禁止したのである。

しかしながら、紀伊国においても、神戸の課役は軽く官戸の輸貢は重いことから、課丁が神戸に入ってしまい、その結果、神戸では一戸につき二、三十人もいる一方、官戸では一戸につき一、二人、ひどい場合にはまったく人がいないという状況が生じてしまっていた。

- 『類聚三代格』巻八　調庸事

太政官符

応同率神戸官戸課丁事

右得紀伊国解偁。検案内。官戸課丁少数常煩所司勘出。尋彼由緒。官戸悉為神戸百姓之所致也。何者此国有封神社総十一処。所充封戸二百卅二烟。可有正丁千二百七十六人。此則依式毎戸以五六人所率之数也。而今神戸所領正丁之数。或戸十五六人。或戸二三十人。官戸所有課丁之数。或戸僅一二人。或戸曽無課丁。詳検其由。神戸課役頗軽。官戸輸貢尤重。因斯脱彼重課入此軽役。謹案式云。戸以正丁五六人為一戸。其神寺封丁。若有増益者随即減之。死損者不須更加。而国造幷禰宜祝等。寄事神祇曽無改正。積慣之漸忽然難変。望請。不論神戸官戸。総計国内課丁。毎戸同率貫附。弁定之後。若有輙改替者。尋其所由。依法科罪。謹請官裁者。右大臣宣。依請。

寛平六年六月一日

先に、諸国で課丁が神社の氏人・神戸を自称したのも、課役の軽減や免除を望んだためである。課役の対象にならない者を祝部に補任するため、白丁が祝部に補任されることを禁止し、八位以上・六十歳以上の者を祝部に補任したのである。また、祝部氏人帳の作成も、神社に関係のない課丁が、神社の氏人・神戸を自称することを防止するためだったのである。

四　神社経済の基盤

前節では、神税の管理について論じたが、本節では、神税の実態について少し稿を割きたい。例えば、伊勢では、神宮司が伊勢国の多気・度会両郡の雑務を預かり[20]、神税を検納している[21]。また、摂津国の住吉神は筑前国より神封戸の調庸が送られ[22]、気比神宮でも、国司と宮司が封租穀を共に出納するように定められていながら、[23] 神封物の出納に関して「是れ宮司の処分にして国宰の行うところにあらず」とされる場合もあった。[24]

このように、神社経済の実態は多様であったと考えられる。

また、神税は神社経済を支えるものではあるが、神税以外にも、神社経済を支える要素が存在した。その一つの手掛かりが次の史料である。

・『類聚三代格』巻一　神社事

太政官符

応充行宗像神社修理料賤代徭丁事

従良賤十六人。正丁。在筑前国宗像郡金埼

充行徭丁八人。大和国城上郡四人。高市郡二人。十市郡二人

右得彼社氏人従五位下守右少弁兼大学頭高階真人忠峯等解状偁。件神坐大和国城上郡之内。与坐筑前国宗像郡従一位勲八等宗像大神同神也。旧記云。是天照大神之子也。大神勅曰。汝三神降居道中。奉助天孫。為天孫所崇祭者。今国家毎有禱請奉幣件神。是其本縁也。唯筑前社有封戸神田。大和社未預封例。因茲忠峯等始祖太政大臣浄広壱高市皇子命。分氏賤年輸物令修理神舎。以為永例而年代久遠。物情解体。氏衰路遥。不堪催発。須依貞観十年六月廿八日格。申請祖神封物。以充修理料。而大神宮事既異諸社。氏人等狐疑猶予。空経年序。所在神舎既致破壊。今件賤同類蕃息已有其数。望請。進件賤為良。将令備調庸。其代永請随近徭丁以充修理料。謹請官裁者。大納言正三位兼行左近衛大将皇太子傅陸奥出羽按察使源朝臣能有宣。奉勅依請者。仍須件徭丁待彼氏高階真人長者幷神主等共署申請充之。差充之後不得輙差他役。但其死闕及耆老之代。又同待請充之。永以為例。

寛平五年十月廿九日

（大和国城上郡に坐す宗像神は、筑前国宗像郡に坐す宗像大神と同じ神である。しかし、筑前国の宗像神社には封戸と神田があるが、大和国の宗像神社にはそれがない。そのため、高市皇子が修理費用などを負担し、それが代々の例となっていたが、時代の経過とともに事情も変化した。高階氏は経済的に衰え、神社修理の費用を負担することができなくなってしまった。そこで、もともと筑前国宗像郡金崎の良賤の年輸物は、修理料として大和宗像社に送られていたから、筑前国宗像郡の良賤一六人を正丁にし、大和国の徭丁八人を修理料に充てた）

右によれば、氏神社（＝大和国の宗像神社）は氏族（高階氏）の経済力を背景にしていたことが知られる。それが、寛平年間（八八九～八九八）には、高階氏の衰退によって、大和宗像社の経済的背景も消滅したのである。奉斎集団と神社との関係は、国家も認めるところであり、氏神を祀るための場所を賜る例もあった。[25] また、神社に私地を奉じる事例もあり、[26] 無封社の多くは、各氏族の負担、さらには各在地の負担によって維持されていたのである。古代の神社経済の基盤は、「神税」と「奉斎集団の経済力」が主であった。国家は、官社に対して国家祭祀を行ったが、幣帛以外の祭料の支出、人件費、祭場の惟持費などの支出を多くの官社には設定していない。これは、神社が本来的に奉斎集団の施設であり、国家祭祀はそれを前提として成立した制度だったからである。国家祭祀とは、国家が幣帛を奉じることに重点を置いた制度であり、奉斎集団の経済基盤なくして成立しえなかったのが実態だったのである。

おわりに

以上、本章では、古代の神税管理について取り上げて論じた。

神税とは、神祇官経済を支えるものでもあり、国家祭祀を支える経済基盤でもあった。「神祇令」の規定では、神税とは国司が検校するものであり、実際の神社管理は個々の神社に委ねられるケースが多かった。個々の神社に支用を委ね、神職の考を国司が勘定し、それを神祇官が点検することを制度化、神税の管理を徹底した。ただ、国家祭祀の祭場である神社であっても、基本的に奉斎集団の施設である神社は独自の前例をもち、律令成立後も継承されたため、その実態も多様であった。神税も国家の管理を受けるべき事項であったが、実際の支用は個々の神社に委ねられていたため、その影響を受け、多様な特色があったと考えられる。

註

（1）『令義解』によれば、「謂、租税者、並是田賦、唯新輸曰租、経貯曰税也」とあり、神税とは、厳密に言えば貯蔵された租のことを指すとしている。
（2）井上辰雄『正税帳の研究』（塙書房、一九六七年）、薗田香融「出挙」（『日本古代財政史の研究』塙書房、一九八一年）など。
（3）『続日本紀』天平宝字元年（七五七）八月己丑条。
（4）福尾猛市郎「神戸に關する一二の考察」（『史林』一九―二、一九三四年）、岩橋小彌太「神戸、神郡」（『神道史叢説』吉川弘文館、一九七一年）、山田英雄「神戸雑考」（森克己博士古稀記念会編『対外関係と政治文化』第二、吉川弘文館、一九七四年）、野々村安浩「神戸の田租」（『続日本紀研究』二〇八、一九八〇年）、奥野中彦「古代における神社の経済」（『鹿児島県立短期大学紀要　人文・社会科学編』三二、一九八一年）、熊谷保孝「道鏡政権下の神祇」（『律令国家と神祇』第一書房、一九八一年）、林陸朗・鈴木靖民編『復元　天平諸国正税調』（現代思潮社、一九八五年）、荒井秀規「神郡の田租をめぐって―伊勢国神郡を中心に―」（『三重――その歴史と交流』雄山閣出版、一九八九年）など参照。
（5）祝宮静「律令時代に於ける神社の経済生活」（『神道・神社・生活の歴史』祝宮静博士古稀記念著作集刊行会、一九三一年）。
（6）熊田亮介「神戸について」（『文化』三八―三・四、一九七五年）。
（7）小倉慈司「神戸と律令神祇行政」（『続日本紀研究』二九七、一九九五年）。
（8）小倉氏は、神祇官祭祀との関連性を明らかにできる神戸はごく僅かであり、こうした事例が例外と考えられることも指摘している。

(9) 大関邦男「古代神社経済の構造」(『国史学』一五一、一九九三年)、同「神戸に関する試論」(『國學院雑誌』九五―一二、一九九四年)。
(10) 大関氏は、神戸と在地の奉斎集団との違いに着目しており、奉斎集団が必ずしも神戸であったのではないと論じている。
(11) 『類聚三代格』延暦二十年(八〇一)五月十四日官符「定准犯科祓例事」では、祭祀に関与した神戸の存在が記載されている。しかしながら、わざわざ「祭に預る神戸の人」との記述は、神戸が神祭りをすることは一般的ではなかったことを示しているのではなかろうか。
(12) 『類聚三代格』弘仁十二年(八二一)官符「応令伊勢大神宮司検納神郡田租事」。
(13) 山里純一「神税考―律令制下における運用―」(『國學院雑誌』八〇―六、一九七九年)。
(14) 『類聚三代格』貞観十年(八六八)六月二十八日官符「応停官人任諸社神主事」。
(15) 弘仁十三年(八二二)の時点では、神税の管理を神主に委ねてはならないとする天長元年(八二四)官符は出されていないので、神主に神税の管理が委ねられていたことは問題とならない。
(16) 『日本三代実録』貞観六年(八六四)七月二十七日辛亥条。
(17) 『類聚三代格』貞観十年(八六八)六月二十八日官符「応令国司定神主考事」。
(18) 『類聚三代格』元慶八年(八八四)九月八日官符「応収納神庫充用祭料気比神宮封租穀事」。
(19) 『類聚三代格』承和四年(八三七)七月三日官符「応令塡諸国神税帳勘出物事」によれば、国司は神税を検校し、神税帳を作成し、それを民部省に移送するとあるが、これは「神祇令」神戸条の古記に「古記云、所司何司、答、依文、神祇官、但今行状者、自大弁至民部、々々至神祇官、給至所在故、云所司耳」とあるのと一致する。
また、同官符には、神税の勘出が多いにもかかわらず、国司がそれを塡納していなかった実情が記載されている。国司・神主両者の勘出によって、国家は、神税を勘出して塡納しない状況を打開しようとしていたと思われる。その背景としては、『類聚三代格』貞観十七年(八七五)二月一日官符「応停止官人品官等季禄依自解文給諸国神税事」などによれば、軽物に交易された神税が神祇官に納められ、官人や宮主の季禄に用いられている実態、つまり、神税が神祇官経済を支えていた実態があったためであろう。天平期の正税帳を見ると、神税の利用は「神祭」「酒」が主で、貯蔵される租は多く、その余剰に神祇官が注目したと考えられる。
(20) 『類聚三代格』弘仁八年(八一七)十二月二十五日官符「応多気度会両郡雑務預大神宮司事」。

(21)『類聚三代格』弘仁十二年（八二一）八月二十二日官符「応令伊勢大神宮司検納神郡田租事」。
(22)『類聚三代格』貞観十三年（八七一）五月二日官符「応永附貢綿使運進住吉神封調庸綿事」。
『新抄格勅符抄』「神事諸家封戸　大同元年牒　神封部」には「住吉神　卌六戸」（筑前国）の記述があり、貞観十三年官符に見られる租・調・庸は、筑前国の住吉神戸であると考えられる。
(23)『類聚三代格』元慶八年（八八四）九月八日「応収納神庫充用祭料気比神宮封租穀事」。
(24)『類聚三代格』寛平五年（八九三）十二月二十九日官符「応令停止分神封郷寄神宮寺事」。
(25)『日本紀略』天長六年（八二九）四月乙丑条、『続日本後紀』承和元年（八三四）正月庚午条。
(26)『日本三代実録』元慶五年（八八一）十一月二十五日条。
ただし、朝廷は、この私地の奉献を、格式が制するものであるとして禁止しようとしていた。

第四章　国家祭祀と神主

——国家と奉斎集団とをつなぐ神職——

はじめに

古代祭祀においては、まず、祈願主を明確にすることが重要である。国家祭祀は国家が祈願主であり、氏神祭祀は氏族が祈願主であり、在地祭祀は在地集落が祈願主となって祭祀を行う。そして、国家祭祀においては、国家によって幣帛が準備され奉献される。

祭祀は、祭祀者によって行われる。国家祭祀においては「祝」と称される令制の在地神職が祭祀を行った。氏神祭祀においても、氏族から祭祀者が選ばれた。各祭祀では、それぞれ祭祀者が設定され、祭祀が行われていた。

八世紀末から九世紀初期にかけて、令制の在地神職は神社の「管理者」として規定される。①神社建物を公費によって建てた、②官社は国家祭祀の場であった、③神社の破損や汚穢が祟りを発生させているとの報告が頻繁になった、などの理由によって、国家は神社管理の徹底に迫られた。神社は基本的に奉斎集団の施設だが、奉斎集団は法制下で明文化されたものではないため、国家による統制を受けなかった。国家としては、令制の在地神職を対象に神社管理を規定するしかなかったのである。

こうした状況の中で、国家はどのようにして神社管理を徹底しようと意図したのか、本章で考察していく。

一　奈良時代の「神宮司」と「神主」

「祝」は、令制当初から「職員令」に規定されている職であった一方で、「神宮司」「神主」は、その職掌が令に明確に規定されていない。神宮司・神主は、いったいどの時点で国家的神事を担う神職となったのか、史料を検証しながら考察したい。

まずは、奈良時代の神宮司について考察していく。

•『続日本紀』宝亀七年（七七六）九月庚午条

始置越前国気比神宮司。准従八位官。

右では、宝亀七年に越前国の気比神に神宮司が置かれ、従八位の官職に准じるとされた。気比神宮司は、律令制における官位相当が適応され、令制の職として位置付けられたのである。

問題は、何故、八世紀後半に神宮司が令制の職として位置付けられはじめたのか、という点である。

•『類聚国史』延暦十七年（七九八）正月乙巳条

勅。掃社敬神。銷禍致福。今聞。神宮司等。一任終身。侮黷不敬。祟咎屢臻。宜天下諸国神宮司。神主。神長等。択氏中清慎者補之。六年相替。

右の延暦十七年の勅によれば、「神宮司・神主・神長を終身の職にしておくと、「掃社を侮り社を黷す」「神を敬わない」ことが祟りや咎を引き起こすため、氏族の中から「清慎」の者を選んで補任し、六年ごとに交替させよ」とある。これによれば、奈良時代の神宮司・神主・神長は「終身の職」であり、補任される氏族が基本的に定まっている「譜第の職」でもあった。神宮司・神主・神長は、延暦十七年以前は「終身・譜第の職」であり、延暦十七年以後、「六年交替・譜第の職」へと変化したことになる。

任期が六年と定められた延暦十七年の四月に、神宮司の考が四考から六考に改定された(1)。「長上官に准じて四考」であったものが「番上官に准じて六考」に改められたのであるが、この変更は、神宮司の地位が、長上官相当から番上官相当へと変化したのではなく、神宮司が六年ごとに交替する規定にあわせ、考も四考から六考に改められたと考えられる(2)。

また、神宮司は、喪に遭えば解任され、服闋した後に復任しており(3)、服喪の対象であった。これは神主も同様である。神祇伯も服喪・服解が義務付けられている。大中臣諸魚は「中臣朝臣は「天照大神の神主」であるから喪に遭っても服解されないはずである」と主張した。これは、服喪は神祇と関係ない儀礼であるということが根拠となった主張であろう(4)。結局、諸魚の主張は退けられ、しかも、服喪は神祇伯には関係ないとする態度は、諸魚の卒伝において「他に才能なし、哀制ありといえども、興に乗じ□（憂カ）を忘る(5)」と手厳しく批判されたのである。服喪の制度は、律令制下の職においては義務であり、神祇伯といえども、適応外ではありえなかった。服喪・服解が律令制下の職にとって義務であるとすれば、その義務の対象である神宮司も官職として位置付けられていたと考えられる。

延暦二十三年になると、「常陸国鹿島神社」、「越前国気比神社」、「能登国気多神社」、「豊前国八幡神社」の神宮司の補任に関して問題が表面化する。

•『日本後紀』延暦二十三年六月丙辰条

制。常陸国鹿島神社。越前国気比神社。能登国気多神社。豊前国八幡神社等宮司。人懐競望。各称譜第。自今以後。神祇官検旧記。常簡氏中堪事者。擬補申官。

先述したように、神宮司は譜第の職であり、補任される氏族が定まっていた。鹿島・気比・気多・八幡神社の宮司になることを熱望する人々が「譜第」を自称するという問題が生じたのである。それに対して、神祇官に「旧記」を調べさせ、譜第の氏族の中から神事に堪えられる者を補任させたのである。

また、文書が「気比神宮司から直接神祇官に上申され、[6]さらに、「越前国気比神社」、「豊前国八幡神社」の神宮司は、国司に準じて」遷替の日に解由が与えられるなど、神宮司は、神祇官が直接的に管掌する職として位置付けられていった。[7]

・『日本後紀』大同四年（八〇九）閏二月丁酉条

制。越前国気比神。豊前国八幡大菩薩宮司等。遷替之日。准国司与解由。

神宮司は、八世紀を通して、律令制下の職として徐々に整備され、最終的には、神祇官直轄の職として位置付けられたのである。

二　奈良時代の神主

それでは次に、奈良時代の神主について、同様に史料を検証しながら考察していきたい。

神主も、令に明確な規定がなく、史料上、その性格を知ることは困難である。

「神主」という語が見られるのは、天武天皇六年（六七七）の勅に「天社・地社の神税の三分の二を神主にたまう」とあるのが早い例である。[8]

平安時代初期には、神社で神事を担う神職として、神主・神宮寺のほかに「神長」などが存在したことが史料に記載されている。

- 『類聚三代格』巻一　神宮司神主禰宜祝事

　太政官符

　　神主遭喪解任服闋復任事

右検案内太政官去延暦十九年十二月廿二日下神祇官符偁。諸国神宮司等。並限以六年補替之事。先立例訖。右大臣宣。件神宮司未満限年。若有服解不得補替。仍令神主幷祝等行事。服闋之日復任満限者。今右大臣宣。奉勅。神主服限年一同宮司。服闋復任豈可異例。自今以後宜同復任。又或社有任神長。事乖通例。其有官符任神長者。宜改為神主。

　　大同二年八月十一日

右の通り、結局、神長は「神主」の名称に統一されてしまうわけだが、神主は神宮司と同様、「終身で譜第の職」として位置付けられていた。

「神主」の語源は明確でないが、天武天皇六年の勅の「神主」は、おそらく漠然と「神職」を指していると考えられる。また、大中臣諸魚は中臣氏の家譜を引用して、「中臣朝臣は神祇伯に任ぜられる氏族であり、天照大神の神主である」と主張したが、ここでの「神主」も「神祭りを行う者」の意であり、特定の職を指す語とは考えにくい。「神主」という語は、特定の職を指すほか、広く「神祭りを掌る者（＝祭祀者）」の意で用いられていたと考えられる。

また、神主に対する規定ではないが、「神祇令」相嘗祭条の解釈にも「神主」の語が解釈されている。相嘗祭については いくつかの先行研究があり(9)、義解の「神主」と釈説注記のそれとの性格の違いが高嶋弘志氏(10)によって指摘されている。紀伊国の日前神・国懸神は紀伊国造が神事を掌っていたと考えられるので、同社の「神主」は「神祭りを掌る者」を指していると考えられよう。

上卯相嘗祭謂。大倭。住吉。大神。穴師。恩智。意富。葛木鴨。紀伊国日前神等類是也。神主各受官幣帛而祭。釈云。大倭社大倭忌寸祭。宇奈太利。村屋。住吉。津守。大神社。大神氏上祭。穴師神主。巻向神主。池社池首。恩智神主。意富太朝臣。葛木鴨鴨朝臣。紀伊国坐日前。国県須。伊太祁曽。鳴神。已上神主等。請受官幣帛祭。古記無別。

祝の任用は、師説で「国司が神戸の中から選んで太政官に申し上げ、神社に神戸がなければ庶人から選ぶ」と解釈するが、神主にはそうした規定がない。しかし、延暦十七年（七九八）に「神主は一度補任されると終身であったが、今後は、氏の中から潔清廉貞の者を選んで補任し、六年で交替させよ」とあるから、延暦十七年以前の神主は、神宮司と同じく、「終身で譜第の職」であったと考えられる。『令義解』においても、相嘗祭の祭祀者になる氏族は各社で定まっており、「譜第の職」であることは明らかである。『常陸国風土記』には、努賀毘咩が産んだ蛇をその子孫が社を立てて祭り絶やすことがなかったとする伝承があるが、[11] 一族で神事を継承する慣習が反映されていたと推測される。

大同年間（八〇六～八一〇）には、神主の服喪の制度が神宮司と同様に定められた。神主の服喪の期間は神宮司と同じであるのに、服闋して復任できないのはおかしいということで、神主も服闋したら復任できることが定められた。[12]『令集解』の古記説によれば、祝も「服闋復任」すると解釈されており、祝も神宮司や神主と同じく服喪の対象であった。

神主の解由に関しては、「越前国気比神社」、「豊前国八幡神社」の神宮司に解由が与えられた三年後の弘仁三年（八一二）、交替の日に解由を与えることが定められた。

•『日本後紀』弘仁三年十月戊子条

令諸国神社神主。相替之日与解由。

この時点で神主は、「六年毎に交替される譜第の職」であり、「交替の日に解由が与えられる職」として規定されたのである。これは神宮司の性格と同様であり、神宮司と神主は律令制下において、同じ性格の職として位置付けられていったのである。

奈良朝初頭においては、神宮司と神主は、譜第的性格が強く、令制下における性格や位置付けは曖昧な職であった。「職員令」にも神宮司・神主の規定は存在せず、令制の当初から、両者が律令制下の職として位置付けられていたとは言い難い。

平安時代に入ると、神主は、国家祭祀を行う祭祀者として、徐々に令制の職に位置付けられていったのである。

三　平安初期の神主の性格

延暦年間（七八二～八〇六）以降の神主に対する規定としては、大同年間（八〇六～八一〇）に「神長」が廃されて「神主」に統一されたこと、弘仁年間（八一〇～八二四）に神主の補任に際して解由が与えられたことは先述したが、さらに、大和国に対して次の官符が下された。

・『類聚三代格』巻一　神宮司神主禰宜事

太政官符

一応任用神主事四箇条内

右太政官弘仁十二年正月四日下大和国符偁。彼国解偁。部内名神其社有数。或為農禱歳。或為旱祈雨。至排災害荐有徴応。仮令大和。大神。広瀬。龍田。賀茂。穴師等大神是也。而頃年之間。事乖潔斎。不祥之徴間々不息。本尋所由黷依神主。太政官延暦十七年正月廿四日下五畿内諸国符偁。奉勅。掃社敬神。銷禍致福。今神主等。一任終身。侮黷不敬。祟咎屢臻。宜自今以後。簡択彼氏中潔清廉貞堪神主者補任。限以六年相替。秩満之代点定言上者。国依符旨選点言上。而或点上外被任他人。愚吏商量事背符旨。望請。点上之人一切任用。以尋泊酌之信。且待神聴之声者。右大臣宣。奉勅。依請。

一応停官人任諸社神主事

右太政官同日下同国符偁。彼国解偁。有官之輩若兼任神主。全直本職不労神社。神社傾覆職此之由。望請。択抽無官一任神主。専事祈禱。令修理神社者。同宣。奉勅。依請。

一応令国司定神主考事

右太政官同日下同国符偁。得彼国解偁。禰宜祝等考者。国司勘定。而今至于神主不隷国司。因茲任中功過無由検覈。望請。件神主考。国司随状褒貶。以旌善悪者。同宣奉勅。依請。

以前撰格所起請偁。上件事条遵行有便。伏望。下知四畿内及七道諸国者。中納言兼左近衛大将従三位藤原朝臣基経宣。奉勅依請。

貞観十年六月廿八日

まず「応任用神主事」であるが、これは主に官吏に対する規定である。国司が、特定の氏族の中から「潔清廉貞」にして神主に補任しても問題ない人物を選んで中央に言上しても、官吏がそれを無視して、別の人物を神主に補任してしまう事例を問題視している。おそらく、その氏族の中で朝廷に出仕する人物が、国司が言上した以外の人物を神主に補任するように官吏に申し込む例があったものと思われる。そのため、国司が言上した人物を神主に補任する規定が再確認されたのであろう。ここでは、官吏が「符旨に背く」ことを問題視しているのであり、国司の権限が再確認されたと言えるだろう。

次に「応停官人任諸社神主事」であるが、これは、官職に就いている者が神主に補任されることを禁止して、無官の人物を神主に補任し、神事に専念させようと意図したものである。同時に、神主は神社修理の義務を負うことが明確にされた。それまで神主に課せられる義務について具体的に定めたものは見られなかったが、ここで神主の義務規定が明文化されたのである。具体的には、大和国においては、神主の職掌には、「祈禱」と「修理神社」が義務付けられたのである。

そして、さらに、神主に対する罰則が明文化される。「応令国司定神主考事」によれば、もともと国司は、禰宜・祝の考は勘定するが、神主の考は勘定しないものであったが、「褒貶」を的確に行い「善悪を旌す」ために、国司が神主の考を勘定することが定められた。弘仁三年、神主は相替に際し解由が与えられたが、大和国では、神主の考課は国司の検校を受けたのである。

弘仁十二年に大和国に下された官符をまとめると、

①氏族から申請のあった人物を神主に任用することの確認。

②官人と神主の兼任不可。

③神主の考課を国司が行う。

以上の三つの事項が定められたことが整理される。

とくに②は、官人と神主とを兼任すると、神社の神事が疎かになるので、無官の人物を神主に補任せしめて神事を専らにさせているが、これは筑前国・出雲国における公務と神事の兼掌の禁止につながるものである。筑前国では

「郡司と神主とは職掌が異なるものであり両者の兼任は制度上不具合である」、出雲国では「郡司と国造との兼任は公務が疎かになる」、大和国では「官人と神主との兼任は神事が疎かになる」という理由から、公務と神事との兼掌が禁じられたのである。

官人と神主との兼任は、奈良時代から見られ、相嘗祭における「大神社」「大倭社」の「神主」もその一例であると思われる。「大神神主」は「大神社。大神氏上祭」とあるから、「大神神主大神朝臣伊可保」[13]は、大神氏の氏上であり、相嘗祭という国家祭祀の祭祀者でもあった。また、「大倭社」も「大倭社。大倭忌寸祭」とあるから、大倭氏が相嘗祭の祭祀者となっていた。「大倭五百足」が大倭氏の氏上として神祭を掌っているから[14]、相嘗祭でも大倭氏の氏上が祭祀者となったのであろう。奈良時代における大倭社の神主としては、「大倭五百足」と「大倭水守」の二人が確認できるが、この二人が神主として大倭社に常住し、神事全般を掌っていたわけではない。大倭五百足と大倭水守は、大倭氏の氏上であり、大倭社の祭祀者であるが、同時に、大倭五百足は「神主」のほかに「刑部少輔」[15]、大倭水守は「大外記」[16]としても史料に記載されており[17]、官人としての勤めを果たしていたからである。

大神社・大倭社の例をもって、すべての神社に「氏上＝神主」という構図が敷衍できるわけではないが、氏上が神事を掌る例は多かったのではないかと推測できる。

また、官人が請暇をして、氏神祭祀に奉仕するのが一般的だったと考えられる。

・『正倉院文書』

八木宮主解　申請暇日事

合伍箇日

右、為祠祀、所請如件、以解、

宝亀二年四月十日
（別筆）法師奉栄

氏部小勝謹解　申請暇事
合三日
右、為私神祀奉、請暇如件、以今状、謹解、
宝亀二年四月十一日
（別筆）法師奉栄

安宿広成謹解　申請暇事
合三箇日
右、為私神祭祀、請暇如件、以申、
宝亀二年四月十五日
（別筆）法師奉栄

右、以今月十四日、欲鴨大神又氏神祭奉、由此二箇日閑受給、以謹解、
四月十三日

美努石成解　申請暇事
　合伍箇日
　右、依可私氏神奉、暇所請如件、仍注状、謹以解、
　　　　　　　宝亀三年十月廿八日
　　　　　　　　　（別筆）上真継

本来、神主は官人が兼任するものなのである。

そして、氏神祭祀の祭祀者が国家祭祀も担う点に、弘仁十二年に大和国への官符が発給された背景がある。平安時代に入ると、大和国では、「官人」＝「神主」は神社の神事を疎かにするものとされ、その兼任が禁止されたのである。

平安時代初期という時代背景を考えると、大和国から山城国への遷都が官符発給の大きな理由と考えられる。大和国に都が存在した場合、官人も大和国に居住するため、大和国内の神社の神事を行うことは、ある程度、容易であったと推測できる。しかしながら、都が山城国に移り、官人とその一族も山城国に移住してしまったことで、大和国内の神社の神事が疎かになってしまったのであろう。官人であるからには、大和国に居住するわけにもいかないであろうから、「有官之輩若兼任神主、全直本職不労神社」（＝官人が神主を兼任しても、官人としての職務ばかりつとめて、神社の職務を果たさない）という状況が生じ、その結果として、神社が「傾覆」してしまったと推測できる。そのため朝廷は、大和国に居住しても問題のない無官の人物を神主に補任させ、神社の神事を専らにさせたのであろう。

つまり、大和国では、遷都によって、神主を兼任していた官人が平安京に移り、氏神社に対する意識が薄れたため、国家祭祀の闕怠や神社の頽廃が生じた。そこで国家は、神主を専任として、国家祭祀と神社管理を徹底させることで、祟り・咎を防ぎ、国家の保全を図ったのである。

また、大和国は、官人の氏神社が官社に指定された神社も多い国であった。そのために、大和国では、官人と神主の兼職による問題がいち早く生じたのであろう。

さらに、「部内名神其社有数」と記述されているように、大和国には名神の数も多くの数も多い。名神は、平安時代から国家的祈願において重視されていたから、朝廷としては、名神の神事を徹底する必要性に迫られていたと考えられる。

奈良時代において神主は、令にも明確な規定がないにもかかわらず、国家祭祀を担当する職でもあった。氏上または奉斎する氏族のうちから官職を得ている人物が神主となり、神社の神事を掌る例が多かったと考えられる。神主は、国家祭祀の祭祀者でありながら、特定の神社に由縁をもつ氏族の中から補任されている。大神氏や大倭氏の氏上は、国家祭祀の祭祀者であると同時に、氏神祭祀の祭祀者でもあるから、国家祭祀の祭祀者と氏神祭祀の祭祀者は同一の人物であったのである。

平安時代に入ると、「補任条件の法的確認」、「終身から六年交替制への変更」、「解由制の導入」、「官人との兼任禁止」、「国司による考の勘定」などが定められていき、令制の職として整備されていった。また、延暦二十年に、祭祀料を国司・郡司・神主が支度するべきことが定められているように[18]、神税の管理に関しても、神主の権限は明確化されていく。

しかしながら、ここで疑問となるのは、何故、神主なのか、ということであろう。官社の神事を徹底させるのであれば、令制の在地神職である祝に行わせるのが妥当ではなかろうか。神主の性格を令制下に位置付け、神事を神主に専らにさせる国家の意図とはどのようなものであったのか。この問題点を考えてみたい。

四　神社における氏族的性格

官社には、「もともと氏族集団や在地集団が奉斎していた神・神社が、朝廷によって霊験が認められて、神祇官帳に名が記載され、国家から幣帛が奉じられる」側面がある。それでは、官社となることで、従来執り行われていた奉斎集団の祭祀と国家祭祀とはどのような関係性になるのだろうか。本節では、官社化した神社がどのように変質するのか論じてみたい。

官社に関する様々な研究の中[19]で、大関邦男氏は、官社は二つの性格を有することを指摘した。[20]大関氏は、官社化にともなって、神は「天皇・国家を加護する神としての性格」と「従来からの奉斎集団にとっての守護神としての性格」の二つの性格をあわせもったとし、「律令制神職による新しい祭祀」と「従来からの奉斎集団による祭祀」という二つの祭祀の形態が併存したとした。そして、「律令制神職による新しい祭祀」の側面のみをもつ神が官社の最も本質な存在であるとし、「従来からの奉斎集団による祭祀」の側面をもつ多様な神々には、新たに律令制神職を設定して天皇の幣帛を頒布することで「律令制神職による新しい祭祀」の側面を加えていき、天皇・国家を守護する神々の体系（＝官社制）が形成されたとした。大関氏は、在地の奉斎される神々にとっての官社化とは王権神・国家神化であり、官社化された神々が総体として天皇・国家を加護する体制が生み出されたと指摘した。

大関氏の指摘する「官社化に伴う新しい祭祀」とは国家祭祀であろうし、「従来からの奉斎集団による祭祀」とは、氏族や在地などの奉斎集団の祭祀であろう。[21]この「官社には二つの性格が併存する」という指摘については基本的に支持したいが、官社化することで、果たして神々は王権・国家のもとに位置付けられたのであろうか。

古代の神社を考察するにおいて「官社」は最も重要な要素の一つとされる。官社になると神名帳に記載され、祝が置かれる。神祇官では参集した祝に祈年祭幣帛が頒かたれ、祝はそれを持ち帰って奉納する。国家の幣帛を奉じることをもって国家祭祀とされた。

一方で、奉斎集団の祭祀には、官人が奉仕し、奈良時代には「私神」「氏神」「私氏神」を祭るための請暇解が見られるし、九世紀末にも国家は官人に対して、氏神の祭祀を疎かにさせていない。(22) また、藤原良継の病のために、藤原氏の「氏神」である鹿島社・香取神に神位が奉られており、(23) 紀氏の「氏神」が官社になっており、(24) 官社であっても「氏の神・氏の神社」という性格が、国家から意識されている。さらに、紀・伴両氏は、氏神を祭るための土地を賜っている。(25) 伴氏の氏神とは伴氏神社のことであると考えられるが、一般に神戸・神田は神社に充てられるものであるが、神社ではなく、伴氏に賜るということは、氏神祭祀のための土地を国家から提供されたと考えてよいであろう。さらに、小野・大春日・布瑠・粟田の諸氏は、請暇解に対する符を待たずに氏神祭祀に参加できたことになる。(26) これらの事例は、官社に指定された神社では、国家祭祀と奉斎集団の祭祀が行われており、国家は後者の性格を積極的に認めていたことを示している。

官社とは、国家祭祀を執行するために祝が置かれ、神祇官で神社と祝の名簿が管理される神社であるが、奉斎する氏族の存在も認められており、氏人による独自の祭祀も執り行われていた。官社化する際、その氏神的・在地的性格を否定せず、原則的に神社の伝統的性格はそのままに、国家祭祀を新たに加えて行ったのである。つまり、氏神祭祀・在地祭祀が行われる神社が国家祭祀が行われる神社へと変化したのではなく、「氏族のための祭祀」、「在地のための祭祀」が行われていた神社に、国家の幣帛を奉ることで、その霊験を国家にも向けさせ、新たに、五穀豊穣・災害予防などの「国家のための祭祀」が恒常的に行われるようになったのである。官社となった神社には、氏神・在地の神としての性格と国家から幣帛を奉られる神としての性格が併存しており、「国家のための祭祀」と「氏族・在地のための祭祀」が併存していたのである。

そして、奉斎集団が存在する官社において、神主がいる場合、神主は両祭祀を行っていた。

それでは、奉斎集団の祭祀を認め、九世紀末においても「先祖之常祀」を奨励することは、国家にとってどのような利点だったのだろうか。

官社においては、奈良時代の後半ごろから、社殿修理の規定がしばしば出されるようになる。宝亀八年（七七七）[27]、大同四年（八〇九）[28]、弘仁二年（八一一）[29]、同三年[30]に出された規定により、神社の修理は、有封社（神戸・神田の存在する神社）は神税をもって祝や神戸が行い、無封社（神戸・神田のない神社）は禰宜・祝が費用も負担して修理を行うべきことが定められた。大和国では、弘仁十三年に、神社修理に関して、「有封の祖神」が「無封の裔神」の修理費用を負担することが規定されている[31]。これは、有封社は社殿修理の費用があるが、無封社にはその費用がないので、神社を祖神と裔神とに分類し、有封の祖神に無封の裔神の社殿修理費用を負担させるというものであり、神社の互助的なシステムであった。官社には、神戸・神田などの経済基盤が国家によって設定されている神社と、それらがまったくない神社があった。官社であっても、必ずしも神戸・神田が設定されて経済的支援を国家から受けられるわけではなく、神戸・神田が充てられない官社も多かった。そのため、有封社・無封社の互助的なシステムを考え出さねばならなかったのである。

それでは、無封社の経済基盤はどこにあったのであろうか。国家は「神社の清浄」の維持費用をどのように考えていたのであろうか。

まず、「私地をもって神社をたすけ奉る」といった、氏族による土地の奉納が挙げられる[32]。公田を寺に施入し、私地を神社に奉納することは、国家にとって望ましいことではなかったが、実際にはしばしば行われていたようである。その一例として挙げられるのが、高階氏と大和国宗像社との関係である。高階氏は、大和国城上郡の宗像社に対して、「神宝」や「園地」を奉っていた。(33)大和国宗像社は、元慶四年（八八〇）に官社となったが、(34)それまでは、高階氏が大和国宗像社の祭祀を執り行い、神社を維持していた。大和国宗像社には封戸が充てられなかったため、高階氏の始祖である高市皇子が「氏賤年輸物」をもって神社の経済基盤に充てたが、(35)神賤は筑前国宗像郡金埼におり、年月を経るうちに、高階氏の勢力は衰え、大和国と筑前国という距離もあって、年輸物は神社に届かなくなってしまったのであった。翌、元慶五年には、高階氏の申請によって、大和国宗像社に神主が置かれたが、その申請によれば、「高階氏の人々が神社の神事を行うはずが、氏人たちの怠りにより、神宝は失われ、祭祀の闕怠が見られるようになってしまった。こうした状況を打開するために、神主の設置を申請した」とある。(36)

こうした例は大和国宗像社に限らず、他の神社でも起きていた。摂津国の住吉社には筑前国に封戸があり、そのうち、租を筑前国から摂津国までの調庸の運搬費用に充て、調庸を祭祀などの神事に充てていた。しかしながら、それらが送られてこなくなったので、大宰府の貢綿船に調庸を運ばせている。(37)

住吉社は貢綿船を利用したが、大和国宗像社の場合、社殿修理費用における祖・裔神社の互助システムを利用しようとしたと考えられる。筑前国宗像社を有封の祖神、大和国宗像社を無封の裔神と位置付け、修理費用を筑前国宗像社に負担させようとしたのである。結局これはうまくいかず、筑前国宗像郡金埼の一六人の賤を良とし、代わりに大和国城上郡・高市郡・十市郡の徭丁を修理費用に充てることで解決したのであった。

高階氏は神宝や園地を奉納し、神事を掌っていたが、年月を経るうちに、神社の神事に対する高階氏の意識が低下し、神宝の紛失や祭祀の闕怠などの問題が生じた。そこで高階忠峯は、大和国宗像社が官社となったことを機に、神主の設置を申請し、その神主に神事を専らにさせて神社の荒廃を防ごうとしたのであった。また、高階氏の経済的衰退から、氏族による支援も厳しくなっていたので、神社修理の費用を、祖・裔神社のシステムに求めたのであろう。

大和国宗像社の事例から言えることは、無封社では、高階氏のような氏族の援助が不可欠だったということである。氏族は氏神社を私地を奉納することで、人的にも経済的にも支えていた。国家は、官社化によって幣帛を奉納しても、経済的支援を保証しているわけではない。それは、もともと神社は奉斎集団氏が維持するものだったからである。ところが、氏族の衰退や在地村落の移動によって、経済基盤がなくなると、神社は荒廃してしまうのである。

大和国宗像社の神主は、高階氏の氏長が選んだ人物が補任され、「国家祭祀」「氏神祭祀」「神社修理」などを掌った。有封の神社の場合は、このほかに、神税の管理なども神主が行い、神社の財産（神宝・神地など）も神主が管理しなければならなかった。(38) 神主は、神社のあらゆる神事に対して責任があったのである。

神社の奉斎氏族から補任された神主に神事を行わせることで、奉斎氏族の経済的支援を想定したものと考えられる。つまり、「氏族内から神主を補任する」ことを明文化することで神社と氏族との関係を明確にし、神主に国家祭祀や神社の管理を行わせることで、氏族による経済的支援を期待したのであろう。神主は、国家と氏族とを間接的に結びつける存在として期待されたのである。

氏神祭祀や在地祭祀は、国家が踏み込めない領域であることが不文律であった。崇神天皇の大田田根子伝承は、当時の価値観をよく反映している。神主のもつ氏族性は不文律的側面であった。祝ではなく神主に国家の神事を委ねた理由としては、氏族を背景としているという不文律的要素が最も大きかったと考えられる。

神主の補任の条件の一つとして「氏中清慎者」が挙げられており、それは幾度も再確認されている。その一方で、任期が終身から六年交替と定められ、解由が与えられるなど、しだいに律令制下の職としても整えられていく。こうして、氏族的性格と官職的性格を兼ね備えていった神主は、実態に最も則した祭祀者であると考えられよう。

また、在地の奉斎集団によって維持されていた官社もあった。豊前国の辛国息長大姫大目命・忍骨命・豊比咩命は、霊験が認められて官社となったわけだが[39]、もともと祈禱をしていたのは郡司や百姓であり、在地の奉斎集団によって祭祀が行われ、維持されていたと考えられる。

古代において、多くの神社を経済的に支援していたのは、奉斎集団である氏族や在地村落だったのである。神社経済は奉斎集団を基盤としていたため、国家祭祀は氏族祭祀もしくは在地祭祀との併存なくしては成り立たなかったのである。人的な面からも経済的な面からも、氏族性・在地性が必要であり、奉斎氏族から補任される神主に神社の管理を任せるのが最も実情に沿っていたのである。そのため、九世紀を通じて、神主の恣意的な神事が目立つようになるのだが、それでも国家は神主の存在を否定しようとはせず、制度を徹底することで対処したのである。

五　神封に関する「神宮司」と「神主」の関与

ここまで、神宮司と神主が令制下の神職として位置付けられたことを論じてきた。しかし、神主が祝と同様に、国司の管理を受ける職となった一方で、神宮司は、神祇官から直接管理される側面をもつようになり、神宮司と神主の性格はしだいに異なってくる。本節では、神封戸の管理者という面から、神宮司と神主の差異について考えてみたい。

まず、天長年間（八二四〜八三四）に、神主は、神封物を管理することが禁じられた。

・『貞観交替式』

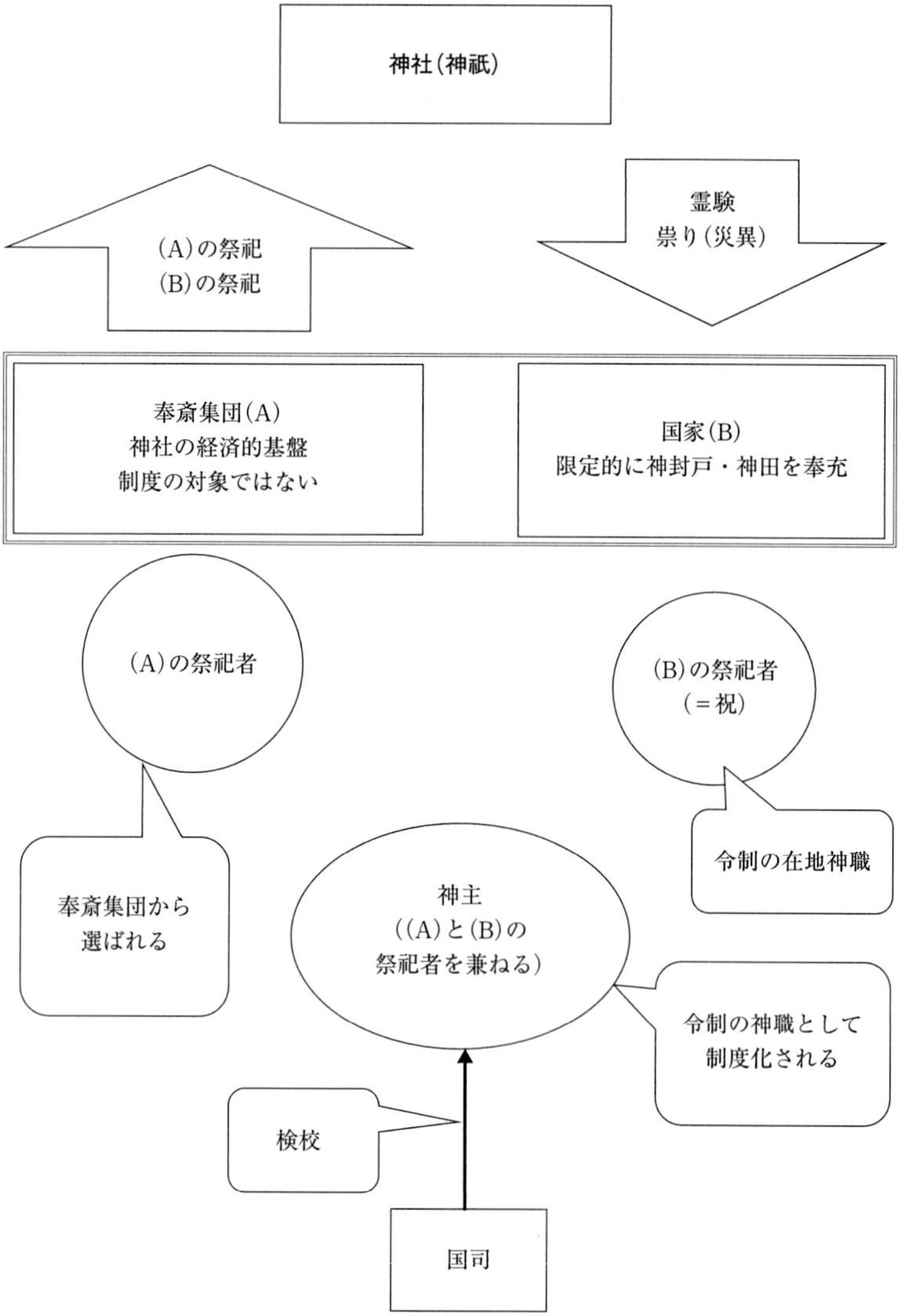

図21　神　　主

※「神社建物・神税などの管理＝神主の義務」として，法的に定められる。神主の背景にある，奉斎集団の経済基盤に期待していた。

太政官符
　諸社封物令国司検校事
右参議弾正大弼従四位下橘朝臣常主奏状云。拠令。神戸調庸。及田租者。並充造神宮及供神調度。皆国司検校。申送所司者。而今所行。一委神主。不問所須。犯用任意。動闕祀事。宮社頽落。無意修造。伏望。一委国司。除造神宮及供神調度之外輙用者。拘国司解由者。奉勅。依奏。
　天長元年八月廿日

右によれば、令の規定では、神戸の租調庸は、神宮の建造や供神の調度に充てるべきもので、国司がそれを検校して、神祇官に申送することが定められているにもかかわらず、国司は、すべてを神主に委ねきって検校もしないため、神主が神封物を恣に用い、祭祀を闕怠し、社殿が荒廃しても修造しようともしないという状況が生じていた。そこで、神封物の管理を国司にさせ、神宮の建造・供神の調度以外の用途に用いないように定めたのである。

神主に神封の管理を任せきりにしている国司が多いという状況に対し、国司に管理させることになったのである。大和国では、有封の祖神社が無封の裔神社の修理費用を負担するという互助システムが弘仁年間（八一〇〜八二四）に制度化され、有封社の神主が神封を管理していたのが実情であろう。また、奉斎氏族から選ばれる神主に神社の管理を委ねるのが最も実情に沿っていたため、神税の管理も神主に委ね、検校も行わなかったのであろう。こうした状況に対して、国家は、諸封物を管理するよう、国司に強く命じたのである。

一方、神宮司の神封に関する発言力は、かなり強いものがあったと思われる。例えば、八幡大菩薩宮と比咩神の出納に関しては、神宮司と国司（大同三年〈八〇八〉までは大宰府）が共にそれを検校している(40)。神主の場合は神封の管理を検校される立場であるから、神封に対する八幡神宮司の権限は、神主に比べて大きいと言えるだろう。

・『類聚三代格』巻一　神封物并租地子事

太政官符

応収納神庫充用祭料気比神宮封租穀事

右得神祇官解偁。彼神宮司大中臣安根解偁。検案内。太政官去延暦十二年二月廿七日下越前国符偁。宮司大中臣魚取解偁。封租穀須勘納神庫充用祭料。而国更徴納官庫充用他色。臨彼祭時不肯下行。度々祭事由其闕怠。望請。勘納神庫充用祭料。謹請官裁者。右大臣宣。依請者。国依符旨行来既尚矣。而去弘仁元年介橘朝臣永継与宮司有所相論。以件租穀更納官庫。而宮司無意相争。専任国行。自今以後。積習為例充用遠郡。運漕之間殆過祭期。神事疎略大概在茲。貢神之物豈可如此。望請。徴納神庫以省申請之煩者。官検案内。件租穀専尽神用不充他色。然則納於官庫還無公益。納於神庫尤有便宜。望請。重仰国宰拠准旧例。徴納神庫以充祭料。謹請官裁者。右大臣宣。依請。但至于出納件物。国司宮司相共行之。

元慶八年九月八日

また右によれば、気比神宮司は、「神封租は気比神宮の神庫に納めて神事に用いるべきものであるのに、国司がそれを官庫に納めて神事以外のことに用いるので、気比神宮の神事に度々闕怠が生じてしまう」と奏上し、神封租を神庫に元通り納めることに成功している(41)。その後、再び官庫に神封租が納められるようになってしまっても、それが理由で神事に闕怠が生じていると奏上して、また再び神庫に納めることに成功しているのである。

右では、延暦十二年（七九三）の裁断では、神宮司による神封租の管理については触れられなかったが、元慶八年（八八四）には、国司と気比神宮司とが神封租を共に出納することが定められている。これはおそらく、共に出納させることで、神宮司と越前国司の恣意的な使用を防止したのであろう。次の通り、国司は神封戸に、神事以外の公役を充てており、国司にのみ神封租を管理させることも、神事の闕怠という問題を生じさせたと判断したのであろう。

・『日本三代実録』元慶八年九月九日丙寅条

太政官処分。越前国気比神宮封租穀。勘納神庫。充祭祀費。国宰宮司相知出納。又停国司充神封戸百姓於他役焉。

「神祇令」では、神税は「国司が検校し、所司に申し送れ」と規定され、史料にも「諸神に准じて国司が検収する」と記述があるように、(42)封租穀を検校するのは国司であった。しかしながら、国司に検校を受けながらも、神宮司の神封に対する権限は強かったと言えよう。次の史料中に見える斉衡三年（八五六）四月七日符では、気比神宮の神封物の出納は、「気比神宮司」と「気比神宮寺別当」とが共に「勘知」するものであり、「国宰の行うところにあらず」とされているのである。

・『類聚三代格』巻一　神封物并租地子事

太政官符

応令停止分神封郷寄神宮寺事

右得神祇官解偁。坐越前国正一位勲一等気比大神宮司中臣清貞解偁。検旧例。太政官去斉衡三年四月七日下国符偁。寺別当与神宮司共可勘知封物出納者。自爾以降相共勘知。先納神宮。後分寺家。是宮司之処分非国宰之所行。而国去九月二日送神宮寺移云。依別当僧平鎮牒状分足羽郡野田封郷為神宮寺料者。宮録無例之状。副郡司禰宜祝等申文再三移送。而曽無報移。又未改行。因茲平鎮等入接封郷徴妨調物。供神之物先為僧侶之食。役社之輩還称寺家之人。国宰所行宮司難制。望請。官裁被停分郷。但宮司依例惣納封物。供神之後随色頒行者。中納言兼右近衛大将従三位行春宮大夫藤原朝臣時平宣。奉勅依請。

寛平五年十二月廿九日

また、神宮司は、神祇官に「隷」しており、神封に関する発言力も国司と争論するほどのものだったのである。

・『続日本後紀』承和六年（八三九）二月戊寅条

越前気比大神宮雑務。停預国司。隷神祇官。

一方、神主は、神封物の恣意的な使用が批判され、神封の権限に関して、国司の検校を受けることが明文化されている。神封の検校は国司の職掌の一つであり、神主が恣に神税を使用しているのは、国司による検校が疎かにされている所為であると判断されたのである。

神宮司・神主は、延暦から弘仁期にかけて、律令制下の職として位置付けられたが、その後、神宮司は神祇官の直轄とされ、さらにはその神社の神事については国司と争論するような立場にいたのに対し、神主は、国司に考課を勘定され、検校される立場に位置付けられたのである。

気比神宮は、国司の管轄になった時期はあったものの、国家による直轄的性格が強い神社であったと考えられ、神宮司においても、「国家祭祀の祭祀者」、「国家的施設の管理者」としての性格が強く、奉斎集団を背景とした神主とは、性格が異なるものであったと考えられよう。

おわりに

以上、古代の神社の性格を、神主の制度的変遷を中心に論じた。

古代の神社は、官社に預かってからも、国家祭祀と氏神祭祀・在地祭祀などが併存して行われていた。氏神祭祀とは、氏族に所属する施設である神社において、氏のために行われる祭祀である。一方、国家祭祀とは、国家のために、諸国の霊験のある神社に対して「災いを攘い、福を招」く祭祀であり、幣帛を奉じることが必要であった。幣帛を奉じることで、神社の霊験を国家にも向け、保全を図ったのである。

令制当初、神宮司と神主は令に規定がない職であった。とくに神主は、神社を奉斎する氏族との結びつきが強く、氏族内の祭祀者を指す語でもあった。

平安時代になると、神主に関する規定は徐々に定められていき、それにともない、神主は官人との兼任を禁止されるようになった。これは、神事行政を担う神主と一般行政を担う官人が兼職されることで生じる弊害を取り除くものであった。神主と官人に補任される人物を別にし、神事と公務を専らにさせるのが国家の意図するところであった。神主は神社を奉斎する氏族から補任され、氏族と神社との結びつきは継承された。古代の神社は、奉斎集団の所属の施設であり、官社に預かっても、国家から経済的に保証されるわけではなかった。幣帛が奉納されるものの、社殿・神地の維持は個々の神社の負担であった。つまり、神主の背後にある奉斎氏族を排除することは、国家を経済的に圧迫するものであるから、神主の氏族性を認め、奉斎氏族による経済的支援を維持することは、国家にとって必要なことだったのである。国家は「氏族―神社」と「国家―神社」それぞれの紐帯を神主に求めながら、神主を国家祭祀の祭祀者として制度化していったのである。

一方、神宮司は、神祇官が直接的に関与していたから、神主と神宮司とは、整備された時期は同じでありながらも、奉斎集団の背景をもつ神主に比べれば、神宮司は国家的背景が強く、官職的性格の強い神職であったと考えられる。神主と神宮司は、制度化された時期は同じであるものの、その性格は異なるものであった。

註

（1）『類聚国史』延暦十七年（七九八）四月己未条。

（2）野村忠夫『律令官人制の研究』（吉川弘文館、一九六七年）。
ここでの考は、野村氏が「律令用語としての「考限」が、「成選に必要な考の年数」を示す用語であったと推定して大過ないのではなかろうか」とした論に従いたい。
（3）『類聚三代格』大同二年（八〇七）八月十一日官符「神主遭喪解任服闋復任事」。
（4）天応元年（七八一）の光仁太上天皇崩御により、諸国の国司・郡司が挙哀を命ぜられたが、神郡だけは例外とされた（『続日本紀』天応元年十二月丁未〈二十三日〉条）。また、皇太后の崩御により、諸国に服喪と挙哀が命ぜられたが、「神郷」は例外とされた（『続日本紀』延暦八年〈七八九〉十二月丙申〈二十九日〉条）。
国造や神主は国家祭祀の祭祀者であり、祭祀において喪は禁忌であった。神郡によっては、郡司は国造や神主を兼ねることがあったため、神郡は例外とされたと考えられる。神郡の祭祀者と神宮司との間に性格上の差異があったことが指摘できる。
（5）『日本後紀』延暦十六年（七九七）二月丁丑条。
（6）『類聚三代格』元慶八年（八八四）九月八日官符「応収納神庫充用祭料気比神宮封租穀事」。
（7）寛平年間（八八九～八九八）に中臣清貞が気比神宮司をつとめているが（『類聚三代格』寛平五年〈八九三〉十二月二十九日官付「応令停止分神封郷寄神宮寺事」）、神宮司は譜第の職であるから、当初から中臣氏が気比神宮司であった可能性は高い。これは鹿島神宮司も同様で、中臣氏が宮司・禰宜・祝をつとめている。鹿島神は藤原氏の氏神とされ（『続日本紀』宝亀八年〈七七七〉七月乙丑条）、気比神も藤原氏と関係する神社であったと考えられる。
（8）『日本書紀』天武天皇六年（六七七）五月己丑条。
（9）黒崎輝人「相嘗祭班幣の成立」（『日本思想史研究』一三、一九八一年）、菊地照夫「律令国家と相嘗祭―幣物の性格をてがかりに―」（虎尾俊哉編『律令国家の政務と儀礼』吉川弘文館、一九九五年）、同「相嘗祭の祭祀形態について」（『延喜式研究』一五、一九九八年）、熊谷保孝「相嘗祭の二、三の問題」（『政治経済史学』三七〇、一九九七年）、丸山裕美子「斎院相嘗祭と諸社相嘗祭―令制相嘗祭の構造と展開―」（『愛知県立大学文学部論集　日本文化学科編』四八、一九九九年）など参照。
（10）高嶋弘志「神祇令集解相嘗祭条の検討」（『続日本紀研究』二二四、一九八二年）は、釈説注記の神主を姓と捉えている。
（11）『常陸国風土記』那賀郡条。
（12）『類聚三代格』大同二年（八〇七）八月十一日官符「神主遭喪解任服闋復任事」。

(13)『続日本紀』天平十九年(七四七)四月丁卯条。
(14)『続日本紀』和銅七年(七一四)二月丁酉条。
(15)『続日本紀』神護景雲三年(七六九)十月癸亥条。
(16)『続日本紀』天平九年(七三七)十一月壬辰条。
(17)天平九年(七三七)に、小東人と水守の二人に宿禰の姓を賜っているが、位階が上の小東人は散位である。小東人・水守が宿禰の姓を賜り、大倭氏の人々が連の姓を賜った理由として「神宣あるためなり」と史料に記載されているが、神宣とは大倭神宣の意であろう。神宣により小東人と水守に宿禰の姓をとくに賜ったということは、水守も大倭社の神事に深く携わっていたと考えられる。
(18)『類聚三代格』弘仁十二年(八二一)八月二十二日官符「応令伊勢大神宮司検納神郡田租事」。
(19)岡田精司「律令的祭祀形態の成立」(『古代王権の祭祀と神話』塙書房、一九七〇年)、同「古代における宗教統制と神祇官司」(『古代祭祀の史的研究』塙書房、一九九二年)、川原秀夫「律令官社制の成立過程と特質」(林陸朗先生還暦記念会編『日本古代の政治と制度』続群書類従完成会、一九八五年)、巳波利江子「八・九世紀の神社行政―官社制度と神階を中心として―」(『寧楽史苑』三〇、一九八五年)、早川庄八「律令制と天皇」(『日本古代官僚制の研究』岩波書店、一九八六年)、矢野建一「律令国家の祭祀と天皇」(『歴史学研究』五六〇、一九八六年)、小倉慈司「八・九世紀における地方神社行政の展開」(『史学雑誌』一〇三―三、一九九四年)など。
(20)大関邦男「官社制の再検討―奉斎制度の側面から―」(『歴史学研究』七〇二、一九九七年)。
(21)氏神祭祀の先行研究については、義江明子「氏と氏神」(『日本古代の氏の構造』吉川弘文館、一九八六年)、宮崎健司「「氏神」の形成とその背景」(『大谷大学大学院研究紀要』四、一九八七年)、日野昭「氏上と祭祀」(『龍谷大学仏教文化研究所紀要』二七、一九八九年)、田中久夫「祖先崇拝」(『国立歴史民俗博物館研究報告』六八、一九九六年)など参照。
(22)『類聚三代格』寛平七年(八九五)十二月三日官符「応禁止五位以上及孫王輙出畿内事」。
(23)『続日本紀』宝亀八年(七七七)七月乙丑条。
(24)『類聚国史』天長元年(八二四)八月丁酉条。
(25)『日本紀略』天長六年(八二九)四月乙丑条、『続日本後紀』承和元年(八三四)正月庚午条。

(26)『続日本後紀』承和元年(八三四)二月辛丑条、『同』承和四年二月癸卯条。
(27)『類聚三代格』宝亀八年(七七七)三月十日官符「督課諸祝掃修神社事」。
(28)『日本紀略』大同四年(八〇九)四月辛卯条。
(29)『類聚三代格』弘仁二年(八一一)九月二十三日官符「応令神戸百姓修理神社事」。
(30)『日本後紀』弘仁三年(八一二)五月庚申条。
(31)『類聚三代格』貞観十年(八六八)六月二十八日官符「応以大社封戸修理小社事」。
(32)『日本三代実録』元慶五年(八八一)十一月二十五日己巳条。
(33)金田章裕「地図に表現された古代の土地管理法」(『古地図からみた古代日本』中央公論新社、一九九九年)。金田氏は、園地とは、土地利用としては畠であり、租を負担しない土地であったとする。
(34)高階氏と大和国宗像社との関係については、西山徳「上代における氏神信仰の一考察—高階氏について—」(『皇学館大学紀要』一一、一九七二年)、瀧音能之「宗像氏と大和国宗像神社」(『明治大学大学院紀要　文学篇』一九—四、一九八一年)など参照。
(35)『類聚三代格』元慶五年(八八一)十月十六日官符「応准筑前国本社置従一位勲八等宗像大神社神主事」。
(36)『類聚三代格』寛平五年(八九三)十月二十九日官符「応充行宗像神社修理料賤代傜丁事」。
(37)『類聚三代格』貞観十三年(八七一)五月二日官符「応永附貢綿使運進住吉神封調庸綿事」。
(38)『類聚三代格』元慶三年(八七九)七月二十二日官符「応勘造住吉社神財帳三通事」。
(39)『続日本後紀』承和四年(八三七)十二月庚子条。
(40)『類聚三代格』大同三年(八〇八)七月十六日官符「応令国司出納八幡大菩薩宮雑物事」。
(41)神税は普通の庫(公庫)と神庫に区別されて納められていた。
(42)『類聚三代格』弘仁十二年(八二一)八月二十二日官符「応令伊勢大神宮司検納神郡田租事」。

あとがき

平成二十三年（二〇一一）三月十一日十四時四十六分ごろ、日本列島の三陸沖の太平洋を震源に、東北地方太平洋沖地震が発生した。この地震は、日本の観測史上最大規模で発生し、多くの建物が倒壊した。さらに大津波が押し寄せ、街を飲み込み、多くの人命が失われた。後に「東日本大震災」と呼ばれるこの地震の被害は、日本史上、類のない規模であった。東日本大震災は、日本の人々の価値観にも影響を与えた。自然災害を畏怖し、その後に各地で起きた自然災害にも意識が向けられるようになり、それによって、日本列島が災害大国であることを認識するようになった。

実は、本書の構想は、東日本大震災をきっかけに生まれたものではない。平成二十三年二月、『國學院雑誌』に「律令期神祇制の再検討―霊験と祟りをめぐる神事のシステム化を中心に―」という拙論を発表した。これは、「古代祭祀の本質は自然災害に向きあう社会の必須事項である」という視点が基になっている。この拙論を発表したわずか一ヵ月後に大地震が発生したのである。皮肉にも、社会の混乱・人々の不安・それに対する政府の対応といった、自然災害に向き合う社会の様子を目の当たりにすることになった。拙論のきっかけになったのは、わが師岡田莊司が平成十九年に明治聖徳記念学会で発表した「古代～の法制度と神道文化―天皇祭祀に関する不文の律、不文の法―」である。これにより、「自然災害を神の祟りと捉えた古代の価値観が、体系化され、国家祭祀の成立につながった」とする構想が生まれた。大学院生のころ、古代祭祀を支配構造に組み込む諸論に対して、そのような現代的な解釈の枠に当てはめてよいのかと、ずっと疑問を感じていた。だが、みずからの論の軸は、なかなか見出せずにいた。それが約十年を経て、ようやく先述した構想にたどり着いたのである。一方、師は古代祭祀に対して「神祟論」を提唱し、それにより、愚生もさらに論を展開することができた。

東日本大震災後も、多くの自然災害が頻発し、さらには外交不安も生じている。現代では、科学的知識・技術を駆使し、さらに人知を尽くして対応している。社会不安に対して、できる限りの手段を用いて対応したのは、古代においても同様である。ただ、現代のような知識・技術がない以上、その対応手段が、迷信的であったことはやむを得ないだろう。それは古代律令国家においても例外ではなかったのである。

平成三十一年には御代替りがあり、改元が行われる。昭和・平成は、さまざまな社会不安が生じた時代であったが、おそらく、新元号の時代も何かしらの社会不安は起こるであろう。しかし、なるべく平安な時代であって欲しいと思う。

最後に、上梓に至るまでの研究においては、多くの先生方にご意見・ご助言を賜った。本書はその成果である。この場を借りて衷心から御礼を申し上げたい。また、出版に多大なご尽力を賜った吉川弘文館の並木隆氏、歴史の森の関昌弘氏にも深く謝意を表したい。

本書は、國學院大學出版助成（乙）による刊行物である。

平成三十年十一月

小林宣彦

索　引

あ　行

か　行

さ　行

た　行

な　行

は　行

ま　行

や　行

ら　行

わ　行

神祇制度史年表

年　号	西暦	神　　　祇
天　武　6	677	*5*－ 天社・国社の神税は三分の一を供神に用い，三分の二を神主に給う。
10	681	**正**－ 畿内および諸国の天社・国社の神宮を造営。
慶　雲　3	706	**閏正**－ 諸仏寺ならびに神社を掃浄。*2*－ 甲斐・信濃・越中・但馬・土左にある19社は祈年幣帛の例に入る。神名を神祇官記に具さにする。
養　老　7	723	*5*－ 神戸の丁数を定め，増減のないようにする。
神　亀　2	725	*7*－ 国司長官が自ら幣帛を執り，清掃を行う。
天　平　9	737	*8*－ 霊験はあるが，幣帛に預かっていない神は，悉く供幣の例に入れる。*11*－ 五畿七道の諸国に神社を造営させる。
12	740	天下の神宮を増飾する。
天平神護元	765	*11*－ 諸国の神社を修造。
神護景雲2	768	*3*－ 神戸も公民と同じく恩免を被る。
宝　亀　6	775	*6*－ 頒幣の日に来ない祝部は速やかに解替する。
7	776	*4*－ 専当の国司一人が神社の掃修を検校し，それを毎年申上する。違反した場合，違勅の罪を科す。*8*－ 諸社の祝が洒掃せず，神社を損穢させた場合，祝の位記を奪う。
8	777	*3*－ 諸社の祝が掃修せず神社を損穢させた場合，位記を奪い由状を申上する。
延　暦　10	791	*9*－ 百姓が牛を殺して漢神を祭ることを禁止。
16	797	*10*－ 祝部は禁忌を犯し潔斎をしなければ解却する。
17	798	**正**－ 神宮司・神主は氏内の者を補任し6年交替とする。*4*－ 神宮司を番上官に准ずる。*9*－ 祝は入京せずそれぞれの国で祈年祭幣帛を受ける。
19	800	*7*－ 神戸は2町を限りとし租は15束とする。*12*－ 神宮司は，服喪でも交替せず服闋のあとで復任する。
20	801	*5*－ 禁忌を犯した場合に科す祓料を定める。*7*－ 神社の祭料は国司・郡司・神主が支度することが定められる。
大　同　2	807	*8*－ 神主は，服喪でも交替せず服闋のあとで復任する。神長の名称を神主に改める。
4	809	*4*－ 在所長官による神社修理。有封社は神税，無封社は正税をその費用とする。
弘　仁　2	811	*2*－ 散斎の前日に諸司に頒告する。*9*－ 神戸による神社修造と国司の巡検。
3	812	*5*－ 神戸のいない神社は禰宜・祝が修造。国司の巡検。修理しない場合，有位の者は位記を奪い，無位の者は杖百。*10*－ 神主は交替の日に解由を与えられる。
4	813	*9*－ 国司交替のときに神社が破損していた場合，後任者が，前任者の公廨または私物を用いて修造。
7	816	*7*－ 全国の官長は，風雨に対して名神奉幣。
8	817	*2*－ 頒幣の日に来ない祝部は解替し，永くその任を停める。
12	821	**正**－ 大和国において，神主は国が言上した者を任用することが再確認される。大和国では，官人と神主とを兼任すると神事が疎かになるので，無官の者が神主になって祈禱と神社修理を行う。大和国では，神主の考は国司が勘定する。*7*－ 名神には，全国レベルの祈願をすることが確認される。
13	822	*4*－ 大和国では，系譜上，有封の祖神社は無封の裔苗神社の神社修理を援助。

天長	元	824	8－ 神戸の租庸調は造神宮・供神調度に用い国司が検校するものだが，神主が管理すると目的外に使用し祭事・社殿修造の闕怠が生じるので，神戸の租庸調は国司が管理する。
	2	825	12－ 禰宜・祝が両方いる神社は，女を禰宜に任用する。
	10	833	6－ 諸国の寺塔および神社を修理。
承和	5	838	9－ 天下の定額寺堂舎ならびに仏像経論および神祇諸社を修理。
	7	840	4－ 再び諸国に神社修造を下知。禰宜・祝に怠りがあれば解却・決罰。国司は修造の数を毎年言上。以後3年のうちで破壊している神社があった場合，国司・郡司に違勅の罪を科す。
	10	843	3－ 諸社の調・庸・封物の塡納に返抄を与える。
	14	847	7－ 神税の中から勘出した物を塡納する。
嘉祥	3	850	12－ 官社か否かを問わず有位の神は神位一階を増し，無位の神には六位を叙す。無位の大社・名神には従五位下を叙す。
仁寿	元	851	正－ 無位の神のうち，大社・名神以外の神には正六位上を叙す。
斉衡	2	855	5－ 武蔵・下総・安房・常陸・若狭・丹後・播磨・安芸・紀伊・阿波の官幣の神社には，幣を貢調使・大帳使に附けて送る。
	3	856	4－ 三位以上の名神の神主・禰宜・祝には把笏。ただし白丁は把笏できない。 6－ 諸神社の封戸の調・庸・雑物に関する返抄の作移を停止し，日収に印を捺す。
貞観	元	859	2－ 諸国に神社修理を下知。国司長官が修理の色目を朝集使に付けて言上。
	5	863	9－ 神社破損の色目が載せられている神社帳を，神祇官から式部省にも送る。
	6	864	7－ 五畿・伊賀・伊勢・志摩・遠江・相模・上総の諸社は修餝を加える。
	7	865	5－ 祝部は白丁ではなく八位以上・60歳以上の者を補任する。
	10	868	6－ 系譜上，有封の祖神社は無封の裔苗神社の神社修理を援助。神主は国が言上した者を任用することが再確認される。官人と神主とを兼任すると神事が疎かになるので，無官の者が神主になって祈禱と神社修理を行う。神主の考は国司が勘定する。新たに三位以上となった神社は，女を祢宜に任用する。五畿内と近江国では，頒幣の日に来ない祝部はまず祓を科し，それでも改めなければ解替する。
	17	875	2－ 神税を自解文で官人等の季禄として給うことを禁止。3－ 神祇官に取りに来ない幣は，税帳使・大帳使・朝集使に附けて送る。ただし，頒幣の日に来ない祝部は祓を科し，それでも改めなければ解替する。
元慶	3	879	7－ 神寺王臣諸家は毎年堤防を修理する。
	5	881	3－ 神社の祝部氏人帳を3年に1度作成する。
寛平	5	893	3－ 四箇祭に預かる神社は，官司・官長が祭祀の斎敬を監臨する。官司・官長が監察を怠れば重責に処せられ，神主・禰宜・祝が怠ればまず祓を科し，それでも改めなければ解替する。
	6	894	このころ，紀伊国で神戸の課丁が増加し，官戸の課丁が減少する問題が起こる。 11－ 畿内・近江・紀伊では，祈年祭・月次祭において，国司が禰宜・祝部を率いて神祇官で幣帛物を受け取る。また，祭の前日，見参する祝部の名を神祇官に言上する。
	7	895	12－ 氏神の祭祀は，申請をすれば官宣を下して参加できるが，意に任せて留連して遊蕩すれば意勅罪に処す。
昌泰	3	900	4－ 祭使への饗は禁止する。

料金受取人払郵便

本郷局承認

5788

差出有効期間
2025年1月
31日まで

郵便はがき

113-8790

東京都文京区本郷7丁目2番8号

吉川弘文館 行

愛読者カード

本書をお買い上げいただきまして、まことにありがとうございました。このハガキを、小社へのご意見またはご注文にご利用下さい。

お買上**書名**

＊本書に関するご感想、ご批判をお聞かせ下さい。

＊出版を希望するテーマ・執筆者名をお聞かせ下さい。

お買上書店名　　区市町　　書店

◆新刊情報はホームページで　http://www.yoshikawa-k.co.jp/

◆ご注文、ご意見については　E-mail:sales@yoshikawa-k.co.jp

ご氏名《ふりがな》		年齢　　歳　男・女
〒 □□□-□□□□	電話	
ご住所		
ご職業	所属学会等	
ご購読新聞名	ご購読雑誌名	

今後、吉川弘文館の「新刊案内」等をお送りいたします(年に数回を予定)。
ご承諾いただける方は右の□の中に✓をご記入ください。　□

注文書

月　　日

書　　名	定　価	部　数
	円	部
	円	部
	円	部
	円	部
	円	部

配本は、○印を付けた方法にして下さい。

イ. 下記書店へ配本して下さい。

(直接書店にお渡し下さい)

(書店・取次帖合印)

書店様へ＝書店帖合印を捺印下さい。

ロ. 直接送本して下さい。

代金(書籍代＋送料・代引手数料)は、お届けの際に現品と引換えにお支払下さい。送料・代引手数料は、1回のお届けごとに500円です(いずれも税込)。

＊お急ぎのご注文には電話、FAXをご利用ください。
電話 03－3813－9151(代)
FAX 03－3812－3544

著者略歴

一九七四年　栃木県に生まれる

二〇〇五年　國學院大學大学院文学研究科博士課程後期修了

現在　國學院大學神道文化学部教授

〔主要論文〕

「神階奉授に関する一考察—奈良時代を中心として—」（岡田莊司編『古代諸国神社神階の研究』岩田書院、二〇〇二年）

「嘉禎本日本書紀解題」「三嶋本日本書紀解題」（岡田莊司責任編集『國學院大學貴重書印影叢書』第四巻、朝倉書店、二〇一六年）

律令国家の祭祀と災異

二〇一九年（平成三十一）二月十日　第一刷発行
二〇二四年（令和　六　）六月一日　第二刷発行

著　者　小《こ》林《ばやし》宣《のり》彦《ひこ》

発行者　吉川道郎

発行所　株式会社　吉川弘文館
郵便番号一一三—〇〇三三
東京都文京区本郷七丁目二番八号
電話〇三—三八一三—九一五一〈代〉
振替口座〇〇一〇〇—五—二四四番
https://www.yoshikawa-k.co.jp/

組版＝亜細亜印刷株式会社
印刷・製本＝株式会社デジタルパブリッシングサービス
装幀＝山崎　登

ISBN978-4-642-04654-1

岡田莊司・小林宣彦編

日本神道史（増補新版）

四六判・四一六頁・原色口絵四頁

三五〇〇円

古来、神は日本人の精神的より所としてあらゆる場所に存在し、国家成立に大きな位置を占めるようになった。天皇祭祀、神信仰のあり方など基本事項を詳細に描き、現代神社の信仰分布を解明する。初版刊行から一〇年、沖ノ島や律令国家祭祀に新たな知見を加えるなど、記述を全面的に見直しよりわかりやすく編集。今も生活に息づく神道の世界へ誘う。

（価格は税別）

吉川弘文館